U0646164

幼儿园岗位工作必备丛书

幼儿园班长
工作指南

刘亚明　乔　梅 主编

北京师范大学出版集团
BEIJING NORMAL UNIVERSITY PUBLISHING GROUP
北京师范大学出版社

图书在版编目(CIP)数据

幼儿园班长工作指南/刘亚明,乔梅主编. —北京:北京师范大学出版社,2017.10(2025.6重印)
(幼儿园岗位工作必备丛书)
ISBN 978-7-303-22227-8

Ⅰ.①幼… Ⅱ.①刘… ②乔… Ⅲ.①幼儿园—管理—指南
Ⅳ.①G617-62

中国版本图书馆 CIP 数据核字(2017)第 071696 号

出版发行:北京师范大学出版社 https://www.bnupg.com
　　　　　北京市西城区新街口外大街 12-3 号
　　　　　邮政编码:100088
印　　刷:北京虎彩文化传播有限公司
经　　销:全国新华书店
开　　本:787 mm×1092 mm　1/16
印　　张:17
字　　数:320 千字
版　　次:2017 年 10 月第 1 版
印　　次:2025 年 6 月第 5 次印刷
定　　价:39.00 元

策划编辑:罗佩珍　　　　　责任编辑:齐　琳　陈　倩
美术编辑:焦　丽　　　　　装帧设计:焦　丽
责任校对:陈　民　　　　　责任印制:赵　龙

版权所有　侵权必究
读者服务电话:010-58806806
如发现印装质量问题,影响阅读,请联系印制管理部:010-58800608

编委会

主　　编：刘亚明　乔　梅

顾　　问：郎明琪　祁建新

策划协调：乔　梅

编　　委：胡晓慧　杨晓丽　孙伟伟　付　雁
　　　　　白　戈　胡素华　安春梅　褚潇蕊
　　　　　马晓曼　兰　茜　梁宏娟　于瑾萍
　　　　　杨　静　胡禹燕　褚京雪　翟丽娜
　　　　　赵　颖　耘戈　张雁　王程霞

作　　者：安春梅　白潇蕊　付华　高兴慧
　　　　　褚京莹　褚侯梅　胡素冰　胡晓飞
　　　　　韩燕　华冬凤　黄平　姜梁艳
　　　　　胡兰茜　李刘佳　李敬萍　刘亚明
　　　　　刘迪　马晓曼　刘晓萌　马祎伟
　　　　　刘源　商艳　马尚魏　孙伟英
　　　　　马云霞　王红靖　王瑶斯　邢铁丽
　　　　　唐雨娜　闫静　杨静　杨晓蕊
　　　　　徐海瑾　于芳妍　于月波　翟张涛
　　　　　于春华　张利先　张浙燕
　　　　　张小倩　张　　赵颖　周

序 一

幼儿园班长是每个班级中的领头雁，是每个班级的第一责任教师。班长的工作能力直接影响幼儿园的质量提升，因此，对班长的选拔、培养、培训、任用尤显重要。从 2015 年开始，由北京市西城区部分骨干班长组成的研究组一起研究、验证、梳理了班长的工作职责与工作策略，并具体研究了幼儿园班长的工作程序、内容与要求等，这些理论对实践具有较强的指导意义。

目前，世界范围的教育改革越来越关注教育的本质问题。有人认为，教育的问题在根本上都是哲学问题。比如，教育的目的是什么？教育的出发点是什么？我们如何关注、回归教育的本源？

确实，作为教育工作者，我们要扪心自问："我是谁？""我要做什么？""我该如何做？"只有这样发自肺腑、痛彻心扉的反思和追问，才能触及对教育本质的思考，也才有可能引发思想和行动上的改变。

那么，教育是什么？何为教育之本？"教育"这个词在拉丁文中的原意是"引出"，即把一个真正的人引出来，塑造出来。所以有人说，所谓教育就是把一个人的内心真正引导出来，帮助他成长为自己的样子。有的幼儿园做了大量的工作，但往往是从成人的视角出发，看似费力不少，却本末倒置，偏离了以孩子发展需要为出发点的轨道。所以，我们要加强反思与追问，在反思与追问中不断接近教育的本质，万变不离孩子和教师发展之本。

作为教师，应如何回归教育的原点呢？教师要在工作观念、态度、方式上发生根本的转变。幼儿教育工作实际上是每位幼教工作者所持的儿童观的产物。正如一位外国学者所言，"我们每个人都要依据自己对童年的理解、对儿童是什么及儿童应该是什么的理解，来建构关于每个儿童和童年的不同概念"。正是基于对孩子有一个深入的认识和认知，我们才能够对孩子发自内心地欣赏，才能够和孩子进行越来越多的正面、积极的互动，传递满满的正能量。这样一个正能量的循环过程，自然会给教师逐渐带来职业的幸福感和满足感。

谈到教育最根本、最实质的问题，不得不落到"关系"二字上。班级，作为幼儿园的最基本单位，是幼儿园系统关系中重要的关系承载单位。在幼儿园管理系统中，班长工作是幼儿园班级管理工作中最基础的工作之一，它影响着班级保教质量的提升以及园所整体建设的发展。幼儿园教育活动是以班级为基本单位来开展的，班级是幼儿园这个机体中的一个细胞，它的健康与否，对幼儿园来说至关重要。班级中的人际关系如何，班级中的学习、工作氛围如何，日常保教工作开展得如何，等等，都与班级的领头人班长所起的作用密切相关。一个好的班长就决定了一个班级优良的人际氛围、工作作风和工作质量。

作为一班之长，要带好头，关键要自强并且强他。记得有这样一个故事：一个年轻人去买碗，来到店里后他顺手拿起一个碗，然后依次与其他碗轻轻碰击。碗与碗之间相碰时立即发出沉闷、浑浊的声响。他失望地摇摇头，然后去试下一个碗……他几乎挑遍了店里所有的碗，竟然没有一个让他满意的，就连老板捧出的自认为是店里的碗中精品也被他摇着头，失望地放了回去。老板很是纳闷，问他老是拿手中的这个碗去碰别的碗是什么意思。他得意地告诉老板，这是一位长者告诉他的挑碗诀窍。当一个碗与另一个碗轻轻碰撞时，发出清脆、悦耳声响的，一定是个好碗。老板恍然大悟，拿起一个碗递给他，笑着说："小伙子，你拿这个碗去试试，保管你能挑中自己心仪的碗。"他半信半疑地依言行事。让人惊奇的事情发生了，他试的每一个碗都在轻轻地碰撞下发出了清脆的声响……老板笑着告诉他："道理很简单，你刚才拿来试的那个碗本身就是一件次品，你用它试，声音必然浑浊。你想得到一个好碗，首先要保证自己拿的那个碗也是个好碗……"

就像一个碗与另一个碗的碰撞一样，一颗心与另一颗心的碰撞，需要付出真诚才能发出清脆、悦耳的响声。你付出真诚就会得到相应的信任，你献出爱心就会得到尊重。作为幼儿园最基础单位的带头人，班长只要肯剔除自己"碗"里的"杂质"，微笑着迎接另一个"碗"的碰撞，就会发出清脆、爽朗的笑声！总之，做最好的自己，才能碰撞出最好的别人！只有自己强大，努力加强自己的学习力、思考力和行动力，才能带动整个团队不断前行！

北京市教育科学研究院早期教育研究所

苏婧

2017 年 1 月

序　二

自从 2010 年《国务院关于当前发展学前教育的若干意见》(简称"国十条")发布后，全国开启了学前教育大发展的春天，特别是教育部启动第一期和第二期学前教育三年行动计划后，全国幼儿园如雨后春笋般多了起来。随着幼儿园的规模扩大与发展加速，教职工队伍建设问题也被提上了重要的日程。保教服务质量是幼儿园的生命线，保障幼儿园质量的关键是师资素质，更严格意义上讲，师资队伍的培养与管理成为重中之重。

北京市西城区长期以来重视学前教育师资队伍的培养与建设。特别是近十年来，我们采取经验总结、交流式培训、专题班培训、课题研究式培训、竞赛式培训、挂职交流等方式，先后举办了园长、副园长、保教主任、班组长、保健医、炊事员等岗位基本功的系列培养培训活动，对从业人员上岗后开展继续教育，提高其从业的基本功。这些年来，大家边研究边实践，总结出了各岗位的管理工作经验，对新上岗人员有了一些帮助，使他们在起步阶段不会手忙脚乱，有个拐棍可以拄。俗话说，"扶上马送一程"，当从业者能够自我体验、总结经验、找到工作规律后，工作起来就会轻松自如许多。

班级是幼儿园行政管理中最基础的单位。因此，班长就是幼儿园最小的"官"。班长工作直接影响班级的保教质量乃至幼儿园的保教服务质量。幼儿园教育活动是以班级为基本单位来开展的，班长是班级的核心人物与直接管理者，全面负责班级的保教工作、家长工作，以及对本班教师和保育员的指导与管理。班长在班级管理中起着主导作用，其教育理念、管理能力等直接影响班级工作的整体水平，进而影响幼儿的发展水平和为家长服务的水平。因此，班长在幼儿园全面质量管理系统中占据着不同寻常的地位。班长必须能够发挥领导作用，调动班员工作的积极主动性，凝聚集体智慧，才能更好地为幼儿、家长、教师以及幼儿园服务。要想成为一名优秀的班长，不仅需要明确班长的多重角色，还要明确班长的职责以及班长应具备的素质要求等。

本书是举北京市西城区全区幼儿园班长之力，在西城区教育研修学院学前教研室教研员的带领下，对通过理论联系实际摸索出来的班长岗位工作制度、工作内容、工作策略、管理心得等所做的总结。它为新任班长开展工作，提升班长岗位胜任能力，提供了必要的支持与帮助。希望本书能够成为幼儿园班长有益的工作助手。

北京市西城区教育委员会

乔梅

2017 年 3 月

前　　言

　　班长是幼儿园中最小的干部，但幼儿园的每项任务和重大变革都要通过每一位班长带领着班级来落实。幼儿园班长全面负责班级文化建设、日常工作管理、保教质量提升、家长工作，以及对班员教师的指导与管理工作等。幼儿教育工作的特点需要班长有强烈的责任感及工作热情，能带动班级中的教师、幼儿及家长全面贯彻落实幼儿园的各项工作。班长的工作能力直接影响着幼儿园各项工作的落实与质量提升，其责任重大。因此，对班长的选拔、培养、培训与任用十分重要。

　　从2015年开始，北京市西城区组织区内部分骨干班长组成研究组一起研究、验证和梳理班长的工作职责与工作策略，并具体研究了幼儿园班长工作的程序、内容与要求，尤其是班长工作的原则及对班长工作的评价。

　　一年前，学前科乔梅科长提出要由我来带领西城区的骨干班长研究、梳理班长工作。接到这一任务时，我感到既激动又光荣。激动的是这让我不断回想起自己曾经在幼儿园当班长的幸福时光。那时的我，虽然年轻，但一直与班上的老师们为班级里的每一个教育梦想的成功实现而不断努力。能把优秀班长的经验汇集成一本书来出版又让我感到无比光荣，尤其是在学前教育大发展的今天，很多新建幼儿园不断涌现，各园扩班又使得很多新手班长上岗，他们对班长的系统工作程序不明、内容不清、要求不高，更缺少可以借鉴的工作策略和工作规范，这影响着幼儿园整体工作的落实与质量提升。特别是我们在查阅文献时发现，市面上还没有一本专门介绍幼儿园班长工作的书籍，这更加坚定了我们研究和编写此书的决心。加强班长教师的培训，提升班长教师的素养，都亟须一本理论与实践经验相结合的书籍作为指导。

　　在为期一年的时间里，我们带领本区的优秀班长代表一起切磋，几经修改，现在这本《幼儿园班长工作指南》终于付梓。一年来，我们不断地研究如何将班级工作的优秀管理经验以更清晰的脉络展示出来，奉献给同行，以及如何将这些优秀经验用案例的方式表达出来，以启示同行。在研究和梳理的过程中，我深深地感受到这些优秀班长身上的智慧力量。他们以高度的责任心去诠释对事业的热爱，让我们体验着班级管理与教育质量对于园所整体提升的重要作用，体会到班长领头雁、带头羊的作用对于办一所优质园所的重要意义。

非常感谢唐雨红、张涛、杨静、李平萍、周浙燕、张妍、华冬梅、马云霞、徐海娜、王红、马晓萌、侯蕊、程娜、高兴霞、韩莹、刘敬伟、马祎、闫靖、商艳、陈雪、刘佳、王斯玛、黄冰、邢铁英、尚巍、李凤、张小倩、刘迪、姜飞、张芳、刘源、张利先、于月波、张春华、于静、赵燕等老师无私地奉献自己的智慧和经验。非常感谢胡晓慧、杨晓丽、孙伟伟、付雁、白戈、胡素华、安春梅、褚潇、马晓曼、兰茜、梁艳、于瑾、杨静、胡燕、褚京宏、翟蕊、赵颖、禹耘、张娟等编委会的老师们，能有机会与他们一起工作，我感到非常荣幸。他们认真严谨地梳理以往的优秀经验，在智慧碰撞中解决新问题。有效的工作过程与工作方式使我们有了今天这样一个丰富并能有效指导实践工作的成果。与北京师范大学的研究生胡晓慧、杨晓丽、孙伟伟一起编研的工作过程令人难忘，她们的辛勤付出使得此成果更富逻辑性和理论性。特别感谢学前教研室付雁、白戈老师的共同付出。特别感谢西城区学前科乔梅科长对我的信任和对此项工作的多次指导与支持。更感谢西城区教育顾问、我的师傅郎明琪老师知我懂我，一如既往地大力支持我。在此，我还要感谢北京教育学院宣武分院的领导和西城区各个幼儿园给予的支持，特别是很多园长还为我们这项工作提出了具体可行的宝贵建议，并输送了优秀的班长和我一起担当此项工作，促使这项工作得以圆满完成。

刘亚明

2017 年 1 月

目　　录

目
录

第一章 你准备好当班长了吗

班长工作是幼儿园班级管理工作中最基础的工作之一，它关系着班级保教质量的提升以及园所整体建设的发展。班级是幼儿园保教工作的基本单位，幼儿园教育活动是以班级为基本单位来开展的，班长则是班级的核心人物与直接管理者，全面负责班级的保教工作、家长工作，以及对班员教师和保育员的指导与管理工作等。班长在幼儿园全面质量管理系统中占据着不同寻常的地位，在整个班级管理中起着主导作用，其教育理念、管理能力等直接影响班级工作的整体水平，影响班级保教质量，进而影响幼儿的发展水平等。班长职位的设定也有利于调动班员教师工作的积极性与主动性，发挥集体智慧，从而更好地为园所、教师、家长以及幼儿服务。要想成为一名优秀的班长教师，不仅需要明确班长的多重角色，还要明确班长职责以及班长应具备的素质要求等。因此，加强班长培训，提升班长岗位胜任能力，成为幼儿园教师队伍建设的重中之重。

第一节 我眼中的班长

班长的角色就是班长在幼儿园中的身份和承担的职责。班长是班级管理的第一责任人，班长工作的好坏直接关系到幼儿园的声誉和整个保教工作的成败。虽然班长是幼儿园最小的官，但是很多事情都需要亲力亲为。只有本着一切为了孩子的信念，明确班长需要扮演的多重角色，如管理者、引导者、协调者和服务者等，不断学习、反思，提升班长岗位胜任能力，尝试自己解决班级管理中的问题，扎实做好日常工作，才能确保班级工作正常运转，逐步形成班级管理特色，建立班级文化。在管理上要能引领，能组织，能担当，当班级的主心骨；在工作上要爱思考，爱劳动，爱同伴，当班级的领头雁；在态度上要能受委屈，能容忍，能原谅，当班级的好"家长"；在服务上要为教师，为家长，为幼儿，当园所的好帮手。

一、班级的主心骨

（一）园所工作的执行者

班长一般要参与幼儿园常规工作和重大、重要工作的研究过程，一旦形成园里的决议，班长就要接受上级布置的任务，并认真领会其中的含义，之后跟班员教师一起共事商讨。作为园所工作的执行者，班长发挥着上传下达、组织协调的作用，需要负责班级文化建设、常规制定及管理、教育教学计划制订及实施、幼儿发展计划及评价等，是园所工作的重要落实者。

（二）班级工作的思考者

巴尔扎克曾指出，一个能思想的人，才是一个力量无边的人。教育是充满生机和创造性活动的事业，教学内容丰富多彩，幼儿个性千差万别，教学环境千变万化。班长要在这复杂多变的海洋里游泳，就得充分发挥创造性。正是这种工作性质，决定了班长必须善于思考，每时每刻都要开动脑筋，依据幼儿的认知水平、个性特点，依据班员教师的独特优势，创造性地制订班级计划并做好管理工作。如果一个班长仅仅满足于获得经验而不进行深入的思考，那么，即使是有"20年的工作经验，也许只是一个工作的20次重复；除非……善于从经验反思中吸取教益，否则就不可能有什么改进"。总之，善于思考的班长才有力量使班员教师信服，使幼儿能够用心地倾听他的每一句话，才有力量激发学生学习的兴趣，从而更好地管理班级工作。

（三）班风建设的引导者

班长的言行举止、为人处世的态度方式、与幼儿的互动模式、处理幼儿问题的方式等都会形成班级的文化氛围，潜移默化地影响着班级中其他教师的言行举止，进而形成本班特有的精神环境，即班风。班风作为一种精神风貌，一种共同目标，虽是无形的，却又无处不在。班长如果能很好地发挥班风建设的引领与引导作用，就可以让教师们对待事情积极主动、充满干劲，工作起来如鱼得水、轻松自如。此外，班长的个人兴趣、爱好等都会直接影响班级特色的建设。

（四）班级活动的组织者

班长要把一个班级搞好、搞活，就必须有自己的独特魅力和管理能力，如果仅跟着潮流走，必定会被时代所抛弃。因此，无论是在班级管理中，还是在教育教学中，班长都要根据本班的实际情况，采取民主集中的讨论方式，与班员教师团结一致，齐心协力，共同分析班级状况，商讨班级的管理办法，并充分发挥自身的特长，努力探索出自己班级的特色和教学风格。此外，班长还应该具有全局意识，努力做好统筹规划工作，争取把班级搞得更好，将活动搞得更具特色。

（五）班级问题的担当者

班长虽是幼儿园最小的干部，但也需要主动承担园所任务与班级工作等。班级工作内容繁多，如班级文化建设、班级工作管理、家长工作等。要做好这些工作，第一，班长要有担当。班长要愿意接受园所布置的任务，发挥承上启下的作用，遇到重大或突发事件不惧怕，能冷静思考、沉着应对。第二，班长须敢担当。一事当前，勇于承担责任，敢于触及矛盾，善于解决问题，集中体现和反映了班长教师的综合素质。第三，班长要能担当。班长要有素质和能力担负起这个责任，真正把这份责任变为内心深处的价值追求，在本职岗位上尽职尽责、兢兢业业，遇到决策能定夺，做到应该做的事顶着压力也要干，必须负的责迎着风险也要担。第四，班长要善担当。善担当是一种才情，一种智慧。班长能够就某个问题多出主意，并会巧妙选用方法做出合理决定。班长在做事之前，一定要想事、谋事，从而奠定干大事、干成事的基础。

二、班级的领头雁

(一) 以身作则的好榜样

班级工作是一项整体性很强的工作，教师间的相互信任、相互帮助、相互补位是和谐相处之关键。作为班长，既要处处以身作则，起好带头模范作用，又要做好指挥、协调工作。

针对班级的主体——幼儿，班长的引导作用可贯穿于他们一日生活的各个环节。例如，在教育活动中要做到备好教具，备好课，引导幼儿"在乐中学、在玩中学"；在户外活动或室内游戏环节，不能游离在外，要确保自己身处幼儿之中，用自己的教育智慧引导他们投入活动，提升能力，养成习惯，享受乐趣，还要密切关注是否存在安全隐患，并能及时消除和解决。

针对班级的核心力量——教师团队，班长的引导作用更应该体现在集思广益、身先士卒、合理分工上。例如，园领导分配了新任务之后，班长就要尽快组织其他教师进行商议，让他们提出个人想法和意见，再通过讨论共同商定出最佳方案，带领其他教师做到期望一致，要求一致，方式、方法一致。

班长只有做到以身作则，严格要求自己，才能提高班级的工作质量，更好地促进幼儿发展。相反，如果班长每次做事都很随便，对待卫生等检查工作也敷衍了事，就很难在班级中树立威信，也不会令班员教师信服。

(二) 传帮带的好"师傅"

传帮带是指前辈对晚辈或者老手对新手在工作或学习中亲自传授文化知识、技术技能、经验经历等的通俗说法。传帮带既可以是方式和方法，又可以是氛围和风气，是中国一种传统的技艺教授方式，其形式和效果也一直被人们所认同。幼儿园新手教师，可以在经验丰富的班长的传授、帮助、带领下成长，学习如何管理班级，从而较快地进入角色。同时，班长应注意带头引路，及时总结与表扬，调动新教师的主观能动性，做好"传、帮、带"工作，提升新教师的教育指导水平，营造和谐共助的氛围。班长发挥带头和正确导向作用，带动班级教师一起在班级管理方面不断努力，逐渐形成新思想，产生新行为，创出新特色，实现共同进步。

（三）伙伴研究的推动者

伙伴研究就是班长带领班员教师共同针对某一问题进行研究，这里的伙伴是指班员教师。班长教师对班员教师的教科研能力具有一定的指导作用。一般而言，班级中的有些问题可以通过一次活动解决，有些问题则需要通过一段时间持续的反思和调整改进才能解决，对于后者的解决，实际上就是研究能力的展现。[1] 因此，班长应发挥组织、引领伙伴研究的作用，督促并推动班员教师一起思考与讨论，努力将理论与实践结合起来，共同探讨幼儿园教育、教学管理等实际问题的解决办法。此外，班长要善于发现教育教学管理中的问题，和班员教师共同探讨适宜的研究方式与研究方法，形成一种研究风气，从而达成共识，完成工作。

三、班级的好"家长"

班长是幼儿园里最小的管理者，但是班长工作又是幼儿园不可缺少的部分，它起着承上启下的作用。作为一名幼儿园班长，和普普通通的班长一样，既要认真执行园里的工作，又要管理自己的班级。班级就像一个小家，班长就是"一家之长"，要及时发现"小家"中每个人的喜怒哀乐，并且调动每个人的积极性，协调好教师之间、教师与幼儿之间、教师与家长之间的关系。

（一）真挚情感的维护者

班长和班员教师是合作关系，要想合作愉快，就要有心灵的交流，只有互相帮助、以诚交友、以诚办事，才能换来与他人的合作和沟通。真诚永远是人类最珍贵的情感之一。在日常工作中，班长应事事想在前，走在前，不怕脏，不怕累，成为一名实战型的协调者。对于班级一系列的事情，班长还要及时与班员教师交流、沟通，这样既融洽了教师之间的关系，又有利于对幼儿的教育。在工作中，班长要学会换位思考，理解、体谅，并时时、处处、事事为班员教师着想，一切以工作为重，从而营造出一个宽松、愉悦的工作环境。

幼儿是班级的主体，是教师关注的主要对象。作为班长，要善于观察幼儿，摸清幼儿的心理特点，体会他们的内心需求；还要注意幼儿的个性特征，如能力、气质、性格等。一个人的思想感情往往会通过表情或动作流露出来。在班级活动中，班长要有意识地通过表情、动作来表达自己对幼儿的情感，达到与幼儿心灵交流的目的。比如，赞许的点头、会心的微笑、亲切的抚摸、严肃的手势等都可以表达班长对幼儿的关心与爱护，使幼儿有一种被重视感或被关怀感。班长的情感投入一定要面向全体幼儿，不能对幼儿有所偏爱，因为任

---

① 吴红霞：《幼儿园班长教师的角色及应具备的能力》，载《学前教育》（幼教版），2014（4）。

何偏爱都会失去教育的力量。

（二）教师发展的支持者

班长不仅是教师专业发展的组织者、引导者，更是支持者、合作者。班长要支持班员教师开展班级相关工作，充分调动他们的积极性与主动性，鼓励他们提出不同的想法和建议，努力发挥自己的特长，大胆创新。在工作中班长不能过分计较个人利益，应与班员教师互相尊重，对配班的工作要给予肯定，自己不能光说不练，去命令别人，要营造和谐宽松的班级环境，努力创设一个班长与班员教师学习与研究的共同体，让班员教师愿意与班长沟通交流，愿意参与到活动中来，共同为班级服务。

（三）人际关系的沟通者

在幼儿园这个以女性为主的特殊环境中，班长是一个调解矛盾、协调工作的好角色。在工作中班长应努力协调各方面的关系，为幼儿和教师创造一个和谐的班级学习、生活环境。

为此，班长应主动理顺并协调好以下关系：一是协调好自己与幼儿的关系，平等关爱，统一目标，达成共识；二是协调好自己与配班老师之间的关系，增强默契，形成良性组合，发挥最佳效力；三是协调好幼儿与配班老师之间的关系，形成尊敬师长、热爱孩子的良好风尚；四是协调好幼儿与幼儿之间的关系，积极努力，友爱互助，敢于争先；五是协调好班级与幼儿园领导及各职能部门之间的关系，做到上通下达，积极配合；六是协调好平行班之间的关系，形成既相互竞争又相互合作的新型关系；七是协调好幼儿与家长之间的关系，达到家园一致，形成教育合力。[①] 班长如果可以妥善处理好这些关系，就能够达到事半功倍的效果。

四、园所的好帮手

作为班长，在工作中的基础角色是服务者。班长必须牢固树立服务意识，为园所、为教师、为家长、为幼儿服务。

为园所服务——班长可为园所积极提出建设性意见，身体力行，做好上传下达工作，将园所工作落实到班级当中，从而促进园所的整体发展与建设。

为教师服务——班长作为班级管理的责任人，有责任与义务为班员教师服务，班长可指导他们解决在班级管理、观察幼儿、环境创设、家长工作等方面存在的问题与疑惑。

为家长服务——幼儿园不仅是一个教育机构，也是一个社会服务机构，负有为在园幼儿家长服务的职责。幼儿园保护和照顾幼儿有助于解决因家长参加

---

① 朱爱武：《幼儿园班主任的多重角色》，载《山东教育》，2009（C6）。

工作、学习而子女无人照顾的问题。因此，如何让家长参与到我们的教育教学活动中，与幼儿园的教育形成合力，促进幼儿发展，是班长一直在思考的问题和努力通过实践做好的工作。

为幼儿服务——幼儿就是幼儿园的一切，上述的服务都是以幼儿服务为宗旨的。班长及教师们首先要树立这样的观点：为幼儿服务大于所谓的权威。要善待幼儿，时刻将幼儿利益放在第一位。幼儿的安全是重中之重，那些所谓的规章制度都是为了更好地促进幼儿园顺利发展，以及充分维护和保障幼儿的利益而制定的。

班长应始终站在为他人服务的角度，并将这一理念内化在心灵深处。人生的意义不在于享乐，而在于创造；人生的价值不在于索取，而在于奉献。班长要不断创造和奉献，只有这样才能真正做到"捧着一颗心来，不带半根草去"。

总之，作为班长，要明确园所工作的重点和自己的职责，要时刻想到自己是一名班长，是班集体的核心和带头人。遇到事情要提前准备、积极主动，面临任务要有目的地做好计划，不能盲目从事，这样也能使班内其他两位教师内心踏实，三人同心完成每次任务。班长虽然头衔不大，但责任重大。班长工作的复杂性，决定了其角色的多重性，但班长只要用心扮演好管理者、引导者、协调者和服务者的角色，就能成为一名称职、优秀、名副其实的领头人。

第二节　我能当班长

"素质"是一个较为宽泛的概念，一般而言指人们在先天遗传条件下，经过环境熏陶、教育培养和自身活动的历练而形成。它是稳定的、潜在的、长期起作用的基本品质、基本能力、基本观念。[①] 幼儿园班长首先是一名幼儿园教师，应当具备教师的基本素质。我们通过对不同研究者关于教师素质范畴的研究进行分析，并结合《幼儿园教师专业标准（试行）》，将幼儿园班长应具备的素质归纳为专业理念与师德、专业知识以及专业能力三个方面。

一、专业理念与师德

师德是幼儿园教师最基本、最重要的职业准则和规范。每一位教师都必须秉持"师德为先"的理念。我国对教师有统一的道德规范要求，教师应严格遵守。《幼儿园教师专业标准（试行）》中将专业理念与师德作为专业标准的首要内容。这是幼儿园教师最基础的，也是班长必备的素养。幼儿园班长作为班级工作的引导者，应当发挥榜样示范的作用，因此更需要"身先士卒"，模范地遵守《中小学教师职业道德规范（2008年修订）》（教育部规定：幼儿园教师

---

① 刘书林：《成功人才素质论》，7页，北京，高等教育出版社，2007。

适用这一道德规范）和《幼儿园教师专业标准（试行）》中对教师提出的具体要求，以自己的实际行动带领班员教师学习专业理念的要求，用自己优秀的师德感染班员教师，构建良好的班级风貌。

资料链接1

中小学教师职业道德规范（2008年修订）

一、爱国守法。热爱祖国，热爱人民，拥护中国共产党领导，拥护社会主义。全面贯彻国家教育方针，自觉遵守教育法律法规，依法履行教师职责权利。不得有违背党和国家方针政策的言行。

二、爱岗敬业。忠诚于人民教育事业，志存高远，勤恳敬业，甘为人梯，乐于奉献。对工作高度负责，认真备课上课，认真批改作业，认真辅导学生。不得敷衍塞责。

三、关爱学生。关心爱护全体学生，尊重学生人格，平等公正对待学生。对学生严慈相济，做学生良师益友。保护学生安全，关心学生健康，维护学生权益。不讽刺、挖苦、歧视学生，不体罚或变相体罚学生。

四、教书育人。遵循教育规律，实施素质教育。循循善诱，诲人不倦，因材施教。培养学生良好品行，激发学生创新精神，促进学生全面发展。不以分数作为评价学生的唯一标准。

五、为人师表。坚守高尚情操，知荣明耻，严于律己，以身作则。衣着得体，语言规范，举止文明。关心集体，团结协作，尊重同事，尊重家长。作风正派、廉洁奉公。自觉抵制有偿家教，不利用职务之便谋取私利。

六、终身学习。崇尚科学精神，树立终身学习理念，拓宽知识视野，更新知识结构。潜心钻研业务，勇于探索创新，不断提高专业素养和教育教学水平。

资料链接2

幼儿园教师专业标准（试行）——专业理念与师德

维度	领域	基本要求
专业理念与师德	（一）职业理解与认识	1. 贯彻党和国家教育方针政策，遵守教育法律法规。 2. 理解幼儿保教工作的意义，热爱学前教育事业，具有职业理想和敬业精神。 3. 认同幼儿园教师的专业性和独特性，注重自身专业发展。 4. 具有良好职业道德修养，为人师表。 5. 具有团队合作精神，积极开展协作与交流。

维度	领域	基本要求
	（二）对幼儿的态度与行为	6. 关爱幼儿，重视幼儿身心健康，将保护幼儿生命安全放在首位。 7. 尊重幼儿人格，维护幼儿合法权益，平等对待每一个幼儿。不讽刺、挖苦、歧视幼儿，不体罚或变相体罚幼儿。 8. 信任幼儿，尊重个体差异，主动了解和满足有益于幼儿身心发展的不同需求。 9. 重视生活对幼儿健康成长的重要价值，积极创造条件，让幼儿拥有快乐的幼儿园生活。
	（三）幼儿保育和教育的态度与行为	10. 注重保教结合，培育幼儿良好的意志品质，帮助幼儿养成良好的行为习惯。 11. 注重保护幼儿的好奇心，培养幼儿的想象力，发掘幼儿的兴趣爱好。 12. 重视环境和游戏对幼儿发展的独特作用，创设富有教育意义的环境氛围，将游戏作为幼儿的主要活动。 13. 重视丰富幼儿多方面的直接经验，将探索、交往等实践活动作为幼儿最重要的学习方式。 14. 重视自身日常态度言行对幼儿发展的重要影响与作用。 15. 重视幼儿园、家庭和社区的合作，综合利用各种资源。
	（四）个人修养与行为	16. 富有爱心、责任心、耐心和细心。 17. 乐观向上、热情开朗，有亲和力。 18. 善于自我调节情绪，保持平和心态。 19. 勤于学习，不断进取。 20. 衣着整洁得体，语言规范健康，举止文明礼貌。

二、专业知识

幼儿园班长要想更好地履行教育者和班级管理者的相关职责，就要具备与教育相关的知识、法律法规知识以及与管理相关的知识。知识是实践的基础，只有掌握了相关的理论知识，才能更好地指导与反思实践，为科学的教育教学和班级管理工作奠定基础。

（一）与教育相关的知识

班长作为幼儿园班级教师的直接管理者，首先应具备幼儿教育的专业知识。根据《幼儿园教师专业标准（试行）》中的要求，幼儿教育的专业知识包括幼儿发展知识、幼儿保育和教育知识以及通识性知识三个方面。幼儿园教育工作以促进幼儿发展为出发点，因此了解幼儿身心发展特点及规律，了解特殊需要儿童的教育需求以及了解幼儿发展中的问题是促进幼儿发展的基本要求。同时，在幼儿园教育阶段，保教结合是其重要特征。因此，班长不仅要关注教育教学工作，也应当关注本班的保育实施状况，更应该熟悉相关的安全应急预案，掌握意外事故的处理方式。在班级发生重大事故时，班长是班级的主心骨和顶梁柱，需要具备处理问题的知识和能力，这样才能成为班员的靠山，赢得班员的尊重与信服。班长还要具备通识性知识，一方面能够对幼儿千奇百怪的问题做出及时回应，另一方面也能够为其他教师解答相关问题，让幼儿和班员教师对自己更加信服。

（二）法律法规知识

《中华人民共和国教师法》《中华人民共和国未成年人保护法》《中华人民共和国义务教育法》是教师必须了解的法律规范。这些法律规范中明确规定了教师的权利与义务，以及对待幼儿的行为底线的要求。教师要品读条文，对照自己，反思自己是否按照相关规定指导实践，规范自己的行为。法律法规并不仅仅是对教师的要求，同时也是对教师权利的保护。作为班长，只有自身的法律法规知识丰富，才能保障班级教师和幼儿的权利。

（三）与管理相关的知识

由于幼儿园的一切教育活动最终都要通过班级管理来实现，所以班级管理的内容不仅涵盖了幼儿园管理中的一切管理内容，还包括教师之间的协调工作、幼儿班级建设工作和针对每个幼儿的具体工作。[1] 简言之，就是实现对班级"人、财、物、时间、空间、信息"的最优化管理。班长作为班级的核心人物，应该对班级管理掌握主动权，主动了解相关的管理知识。20 世纪 80 年代以来，陆陆续续出版的有关学前教育管理的专著中就有谈到幼儿园班级管理工作，如 1997 年唐淑、虞永平主编的《幼儿园班级管理》、2010 年张莅颖主编的《幼儿园班级管理》等。不少论文也专门对幼儿园班级管理进行了相关的研究。处理好班级管理工作能够建立起良好的班风，并使得教育活动取得事半功倍的效果。

三、专业能力

幼儿园班长作为班级的直接管理者，肩负着上传下达的职责。要更好地传达并落实上级的要求，适时适度地向上级反映本班的情况，就要求班长具备相关的行政能力，包括全面思考的意识和学习能力、领导组织落实的执行能力、信息和情感沟通的交流能力、舆论引导和化解矛盾的团结能力。同时，班长作

---

① 张莅颖：《幼儿园班级管理》，1 页，北京，高等教育出版社，2010。

为一个班级的大家长，要形成良好的班风，带领班员开展教育教研工作，树立班级积极正面的形象，就需要在提高自我的专业能力之外，具备相关的教学能力，包括计划与策划能力，专业学科指导能力，观察、分析、诊断的评价能力以及文字和口语表达能力四个方面。

（一）行政能力

1. 全面思考的意识和学习能力

作为班长，班级建设最重要的是树立起本班良好的班风。我们都希望自己的班级是一个积极进取、阳光向上的集体。这种氛围的创造首先需要班长对班级的发展有个明确的规划，了解班级建设之前的状态，发现教师和幼儿中存在的核心问题，并树立班级建设的阶段性目标，让幼儿的发展看得见，班员教师的发展也看得见。在促进班级发展的过程中，教师的系统思考与规划能力尤其重要。其次，在班级常规管理的过程中，班长需要制定本班的工作规则。不管什么个性的教师，都要有一致的方面，那就是遵守班级规则。比如，要求大家积极向上，有利于团结的话多讲，不利于团结的话少讲，尤其不能在别的班面前诉自己班的苦；有问题了大家内部协商，共同解决；在幼儿园组织的各项评比中，要有"只争第一，不争第二"的精神和态度，尤其是在评比与荣誉和奖金挂钩的情况下，大家要团结一致，克服困难，积极争取。如此就会形成一个良性循环，积极向上的班风也就在这样不断地努力中建立起来了。最后，在实际工作中，不可避免地会遇到各种各样的突发事件。一个人不可能天生具有应对各种问题的能力，因此，就需要在遇到问题时不断地学习。学习政策法规，寻找保护自己的依据；学习教学和管理策略，提高自身水平；学习他人的经验，为己所用。

2. 领导组织落实的执行能力

面对幼儿园众多的工作安排，要在班级中很好地落实，班长就需要具备领导组织落实的执行能力。组织工作开展时，班长要对班员的工作进行合理的安排，发挥他们的长处，取长补短。班长的确应发挥榜样示范作用，但榜样并不意味着自己一个人把活都做完，而是带头去做，亲自带领大家投入到工作中来。班长在组织和安排工作时要因人而异，让教师之间相互补台，从而提高工作效率，发挥"1+1＞2"的作用。同时，班长要切实跟进班员的工作，了解班员在具体工作中遇到的问题，推动工作进程。班长应从整体上把握工作进展情况，做好统合及整理工作。

3. 信息和情感沟通的交流能力

沟通是组织运行畅通的重要手段，也是班级工作效率的保证。在班级管理过程中，信息沟通是基础，情感沟通是催化剂，思想认识是沟通的重点。在与班员沟通的过程中，班长要以尊重为前提，不是命令的下达，而是信息的告知。同时，在任何人遇到问题时，要先在情感上予以支持和理解，维护彼此的形象。在与家长沟通的过程中，要首先在班级内部达成一致意见，将信息较为清晰准确地传递给家长，避免引起不必要的误会；要理解家长的心情，站在家长的角度看待问题，并帮助他们分析问题，以求得到较好的解决方法，最终达成思想上的共识。

4. 舆论引导和化解矛盾的团结能力

班长开展工作一定要顾全大局。遇到矛盾和问题时，首先应该学会宽容，尽量不将班级中的矛盾曝于公众视野之下，对外要树立和维护班级良好的形象。学会利用舆论引导，说话应讲究分寸，注意内外有别。例如，当家长与教师在班外发生争执时，如果任其发展下去，人会越聚越多，事情就会越描越黑。这时候班长就应该先请家长进班来说，了解清楚情况并理清自己的思路后，主动与家长沟通，并把事情解释清楚。如果是班员的问题，班长也应当主动帮助他一起解决，成为他的依靠。如此，班员才更愿意与之共进退，为班级建设贡献更多的力量，同时班长也收获了一位朋友。

（二）教学能力

1. 计划与策划能力

班长的重要工作之一就是制订班级的各项计划，包括本班的学期教学计划、卫生保育计划以及教科研计划等。有些幼儿园对其中一些计划，如班级教科研计划，并没有强制性的要求，但是若想成为优秀班长，就需要针对班级的具体情况，带领班员一起进行相关主题的研讨。研究可以使事情越辩越明。好的幼儿园是以科研引领园所发展的。课题或者研究并不是一件非常高深的事情，任何一件小事都有探究的价值。例如，班级环境要怎样创设，幼儿的良好行为习惯要如何养成，如何更好地应对各种节日，在这些经验的梳理中体现了怎样的儿童观和教育观，这些活动的设计是否符合该年龄段幼儿的发展水平，什么活动能更好地促进幼儿的发展，等等。

遇到相关活动时，班长要做好相应的工作方案，并且要将方案尽可能细化，不仅要交代清楚时间、地点、事件，而且要对活动过程中可能发生的问题进行预估，并做好相应措施。例如，在春、秋游的亲子活动中，除了告知具体的时间、地点外，班长还应向家长说明：在活动过程中，家长自身要履行对幼儿的监管，要对自己孩子的安全负责；如果中途离开，也应提前告知等。科学而详细的策划，能够最大限度地确保活动安全有序地开展。

2. 专业学科指导能力

班长要让班员信服，必须在专业学科能力上带领大家进步。新任班长面对老班员时，表现出的专业能力可能相对较弱，说话没有底气，但是知识是不断更新的，尤其在学前教育领域，我们会向国外学习很多先进的理念、方法等。班长应具有很强的学习能力，不仅要向老班员学习好的经验，还要不断吸收先进的教育理念，同时能够结合本班的具体情况，将一些抽象的理论具体去落实，具体到每个阶段、每个人，这样就能有的放矢地去提高自身的专业能力了。对于初入职的班员，班长更有责任和义务帮助他们成长。班员的工作做好了，班级的活动才能更好地开展下去。班长在教学实践中只有能够学做合一、说做合一，具有学科指导能力，才能立得住。

3. 观察、分析、诊断的评价能力

观察幼儿是一切工作的出发点，只有真正了解幼儿的需要和兴趣，才能发现每个幼儿的最近发展区，实现因材施教。班长带领、引导班员观察幼儿，能有效地提高教育教学水平，提高分析、诊断的准确性和科学性。在遇到问题时，班长不能盲目地处理，而是应具备自省和评价能力。要敏感地察觉到保教实践和班级管理工作中的问题，并进行反思、自省，再在自己思考的基础上，带领班员一同进行分析和研究。此外，班长可以建立一份班长手册，及时记录班级工作状况以及班员的工作状态。对于问题的记录、观察和梳理，有利于班长发现班级建设工作中要解决的核心问题；对于良好行为的记录、表彰，有助于发挥榜样作用以及形成互相学习的氛围。这些记录能够最为实际地反映班级建设状况，能够促进班员的成长，也为制订下一阶段的班级计划打下基础。

4. 文字和口语表达能力

对班级各项工作的协调、组织和开展要求班长具有相应的文字和口语表达能力。在决策过程中，班长应多与人沟通，这样就有机会获得更多的信息，就能够减少一些失误。在班级管理过程中，班长应清楚明确地表述工作内容，制订工作计划，这样有利于减少任务下达过程中由于理解偏差而引起的不必要的冲突；在工作总结会议中，班长应能够将自己班级工作的闪光点展现给园长和其他教师，这样有利于班级工作的评比和班级形象的树立等。

第三节　我愿当班长

幼儿园"保教并重"的特殊性与原则决定了幼儿园班长不同于中小学的班主任。班长就像班级这个大家庭的家长，既要承担班级的安全、保管、计划、评估等任务，又要管理组织好幼儿的一日活动、学习，安排、协调班级成员间的工作及分工，同时，要做好家长工作，在家园和谐共育中，发挥桥梁纽带作用。对于幼儿园来说，拥有一支业务水平高、协调能力强的班长队伍显得尤为重要。[①]那么，幼儿园班长的职责应落在何处？不同类型幼儿园的班长职责有什么不同？班长的选拔与聘用需要具备什么条件？本节将会详细阐述。

一、幼儿园班长的岗位职责

幼儿园班长首先是一名幼儿园教师，幼儿园班长的职责也是在幼儿园教师职责基础上的延伸和扩展。因此，我们首先有必要了解幼儿园教师的职责，才能在此基础上对幼儿园班长的职责掌握得更加准确、深入。幼儿园教师的岗位职责主要包括以下几个方面。

第一，认真贯彻执行《幼儿园工作规程》，结合本班幼儿的特点和个体差异及时制订好各类教育工作计划，并认真实施，有计划、有步骤地开展班级保教工作。

第二，树立正确的儿童观、教育观，热爱幼儿，尊重幼儿，对幼儿做到关心、细心、耐心，不偏爱，坚持正面教育，严禁体罚和变相体罚。

第三，认真、及时地制订教育活动计划，钻研教材，研究教法，引导幼儿主动学习。观察、分析并记录幼儿的发展情况，因材施教。

第四，科学、合理地安排幼儿一日活动，认真执行幼儿园各项教育常规及幼儿园安全、卫生保健制度。定期进行总结，不断提高工作质量。

第五，进班前，必须做好一切准备工作，带班时精力集中、尽心尽责，不随便离开班级，密切关注幼儿的活动及需求，及时提供适当的指导。注意幼儿安全，预防事故发生。

第六，努力学习幼教专业理论，积极参加教育研究和各种业务进修学习，勇于改革、创新，不断提高自身的业务素质。

第七，根据教育内容，定期更换、精心布置体现幼儿主体地位的活动室环境，为区域活动提供符合本班幼儿发展水平、操作性强、卫生、丰富的玩具和材料。管理好班内一切物品，保持班内环境、物品的整洁，做好保管区内的清洁工作。

第八，认真做好家长工作，定时和每个幼儿家长保持联系，了解幼儿家庭教育情况，和家长商议符合幼儿特点的教育措施，共同配合完成教育工作。

第九，定期向园领导汇报工作，并接受其检查和指导。

班长的任职条件包括幼教中专以上学历，有两年以上班级教师工作经验，善良宽容，有责任感，有一定的组织管理才能和良好的沟通能力。幼儿园班长

---

① 张莅颖：《幼儿园班级管理》，108 页，北京，高等教育出版社，2010。

的岗位职责主要包括以下几个方面。

第一，负责本班全面的班务，如安全、团结、纪律、卫生保健、教育教学、考勤等各项工作任务的完成。

第二，结合本班实际制订并落实学期计划和撰写学期工作总结。

第三，负责组织本班教师根据幼儿的实际发展水平，制订近期安排或主题教育活动。

第四，带领全班保教人员为幼儿创设适宜的精神及物质环境，促进本班幼儿全面、和谐地发展。

第五，定期召开班会，研究改进本班工作。当遇有特殊情况或新问题时，还应及时召开班会，并做好班会记录。

第六，负责组织本班教师共同做好家长工作，安排好家园联系工作。

第七，以身作则，带动班员完成各项工作，并有针对性地做好本班保教人员的思想工作，形成团结、和谐、积极向上的工作氛围。

第八，负责做好本班"双向选择，择优上岗"的聘用工作，根据需要服从幼儿园安排。

第九，负责本班班级财产的管理，账物记载清楚、准确，账物相符。

第十，园内有特殊情况时，主动协助园长做好各项工作，不分分内分外。

第十一，督促班员教师做好班级每天的交接工作。

二、不同类型幼儿园班长的职责

幼儿园因建园时间、现状及发展的定位等不同，会有不同的制度设计。基于此，不同类型的幼儿园应该根据本园发展的实际，制定适合本园发展的各项规章制度。幼儿园班长职责作为其中一项重要内容，更应该得到充分关注。幼儿园应本着实事求是、因地制宜的原则运行班长的职责。处于不同阶段的幼儿园也应该根据其自身情况，实行不同的班长组织形式。本书以成熟型、成长型、新建型三种不同类型的幼儿园为范例，落脚于不同类型幼儿园在制定本园班长职责时需注意的点和不同的班长组织形式，旨在帮助幼儿园建立合理的、适宜的、规范的班长职责。

(一) 成熟型幼儿园

借鉴成熟型教师的定义，本书将成熟型幼儿园定义为，办园时间长达 10 年以上，整个幼儿园处于"自我完善"的发展阶段，具有比较稳定且具有自身特色的教学理念，各项制度相对完善、规范的市区示范园。处于这一发展阶段的幼儿园制定的班长职责应以发现问题、解决问题为目标，对每一个职责标准进行再细化，并提出更高的要求，从而带动班长能力的再提升。

成熟型幼儿园的教师队伍构成相对比较合理，教师配备充足，老教师较多，幼儿园可以发扬老教师的优良传统，发挥其优势，同时又注入新鲜的年轻教师，从而保持教师队伍整体的活力，为幼儿园储备有潜力的后备军。

资料链接

××幼儿园班长职责呈现

1. 树立正确的儿童观、教育观，热爱幼儿，尊重幼儿，对幼儿做到关心、细心、耐心，不偏爱，坚持正面教育，耐心细致地做幼儿的思想工作，在各方面为幼儿做出表率。禁止任何形式的体罚或变相体罚。

2. 自觉执行幼儿教师职业道德规范，遵守各项规章制度。

3. 教书育人，为人师表，仪表整洁大方，语言文明，举止端庄，态度和蔼，动作轻柔，不戴耳环，不穿奇装异服，不在教室里化妆和饮食。

4. 努力学习幼教专业理论，钻研教材，研究教法，积极参加教育研究和各种业务进修学习（课题、教研活动等），注重研究、探索过程；做到有分析，有目标，有实施方案，有记录，有总结，不断提高自身的业务素质。

5. 认真贯彻执行《幼儿园工作规程》和幼儿园培养目标，结合教研组计划及本班幼儿的特点和个体差异及时制订好班主任计划、各种教育教学工作计划，并认真实施、调整，有计划、有步骤地开展班级教育教学工作。做好各项活动的记载和效果记录，并定期进行工作总结，积累经验，找出差距，研究改进，不断提高教育质量。每周至少有一次活动或反思记录，学期末有总结。

6. 按教学计划认真备课，认真书写教案，认真上好每节课。自制教具、玩具，不断改进教法，努力提高教学质量。

7. 科学、合理地安排幼儿一日活动，引导幼儿主动学习，寓教育于游戏中。因材施教，促使幼儿和谐、健康地发展。

8. 每周定期参加集体教研、备课和专题班主任会议，总结安排班级周工作及各项班级活动，要有记录。

9. 进班前必须做好一切准备工作，带班时做到"人到、心到、手到"，精力集中，尽心尽责，严格执行幼儿园一日作息制度，确保各项活动顺利开展及幼儿的健康和安全。不随便离开班级，密切关注幼儿的活动及需求，及时提供适当的指导。不私自串课。带班时发生事故，立即汇报，并及时采取措施。若教师离开班级而发生事故，以失职论处。

10. 做好交接班工作。接班老师未进班，交班老师不能离开幼儿，幼儿离园时，一定要将幼儿交给保育老师后才能离开。每日做好交接记录。

11. 认真执行幼儿园各项教育常规及幼儿园安全、卫生保健制度，保教结合，对教育行为与过程及时进行反思、调整，不断提高工作质量。

12. 负责对本班幼儿进行思想品德和日常良好行为习惯的培养。加强幼儿的卫生教育，培养幼儿良好的卫生习惯。加强幼儿的纪律教育，教育幼儿遵守课堂、课间、户外活动纪律。组织好上午课间和课间操活动。

13. 配合和帮助、指导其他教师做好本班日常工作，发挥团结协作精神，打造阳光团队。

14. 安全教育常抓不懈，积极处理班级幼儿的偶发事件。做好晨午检和午餐工作，杜绝责任事故的发生。

15. 根据教育需要，及时创设良好、适宜的环境。班级的环境布置做到美观、实用，有教育意义。做好班级财产物品登记、保管、清理等工作，做好教室内的卫生清洁工作。

16. 做好家长工作，平时要加强与家长联系，做好家访工作（每学期每个幼儿至少一次，要有记录）。了解幼儿家庭教育情况，和家长商议符合幼儿特点的教育措施，与家长共同配合完成教育工作。幼儿缺席三天及以上，教师要进行家访，主动和家长配合，共同教养好幼儿。

17. 精心策划、设计教育活动，组织好园区及班级各类大活动，做到有方案，重实施，好反思。

18. 组织班员教师建立好幼儿档案，观察、记录幼儿的行为。

19. 积极完成幼儿园、学校分配的各项任务，创造性地开展工作。

20. 关心幼儿园发展，及时为幼儿园各项工作提出合理建议。

（二）成长型幼儿园

成长型幼儿园处于快速"上升期"，对园所的教育理念、特色等正处于探索阶段，有很大的发展空间。处于这一阶段的幼儿园制定的班长职责应灵活，并适应幼儿园的发展需要，使幼儿园能在原有基础上不断完善。班长的职责应服务于本园特色，有效地调整制度以适应园所发展。

资料链接

××幼儿园班长职责呈现

1. 负责本班全面的班务，如安全、团结、纪律、卫生保健、教育教学、考勤等各项工作任务的完成。

2. 结合本班实际，制订符合班情的学期计划，撰写学期工作总结。

3. 负责组织本班教师根据幼儿实际发展水平，制订学期教育计划和教育活动安排。

4. 带领全班保教人员为幼儿创设良好的精神及物质环境，促进本班幼儿全面、和谐地发展。

5. 定期召开班会，研究改进本班工作，做好班会记录并交园长审阅。

6. 负责做好本班幼儿的家长工作，组织、安排好家园联系工作。

7. 有针对性地做好本班保教人员的思想工作，形成班内团结、和谐、积极向上的工作氛围。

8. 负责做好本班"双向选择，择优上岗"的聘用工作，有权聘任本班保教人员，并负责承担本班聘用合同制的相关责任。

9. 以身作则，带动班员完成好各项工作。

10. 负责本班班级财产的管理，账物记载清楚、准确，账物相符。

11. 园内有特殊情况时，班长主动协助园长做好各项工作，不分分内分外。

（三）新建型幼儿园

新建立的幼儿园成立伊始，园所的教师队伍构成以年轻教师居多。年轻教师在新入职阶段会遇到专业发展、心理适应等诸多问题，处于职业发展的不稳定期。在这一阶段若对班长的要求提得过高、过多，会适得其反，无形之中给年轻教师造成压力。基于此，新建型幼儿园更多的是保障班长最基本的职责，减轻新任班长的压力。

根据新建型幼儿园年轻教师比较多的实际情况，有的幼儿园对班长的岗位设置进行了创新，充分开发老教师这一宝贵的资源，让老教师退居当保育员，并在当保育员的同时承担班长工作，参与班级管理，完成新老交替的自然过渡。这样既保证了老教师的工作积极性，又保证了新教师的能力提升。

资料链接

××幼儿园班长职责呈现

1. 认真做好上传下达的工作，组织本班保教人员落实园里布置的各项任务，起到带头人的作用。

2. 负责组织本班保教人员制订工作计划，学期末做好工作总结。

3. 每月根据需要召开2～4次班会，围绕既定主题或班内有待解决的问题讨论研究，并认真记录。

4. 协调本班同志的关系，使大家心往一处想，劲往一处使，努力完成保教工作任务。

5. 开好生活会，善于发现同志的闪光点，并及时给予鼓励，调动大家的积极性。

6. 负责安排本班的各项活动及各种物品的保管。

三、幼儿园班长的选拔与聘用

班长的选拔与聘用直接影响着班级保教工作的质量。因此，选什么样的人当班长，如何选班长就显得尤为重要。班长选拔和聘用不仅需要考察个人的素养，还要有一定的制度来保证选拔与聘用的公平与公正，同时还要有一定的原则与程序。

（一）班长应具备的素养

1. 热爱幼教事业

班长是幼儿教师中的优秀代表，必须拥有一颗热爱幼教事业的心，严格遵守《中华人民共和国教育法》《中华人民共和国教师法》《中华人民共和国未成年人保护法》，贯彻《幼儿园工作规程》《幼儿园教育指导纲要（试行）》《3～6岁儿童学习与发展指南》的精神。爱岗敬业，自觉维护幼儿教师形象。平等对待和关爱每一名幼儿，把幼儿的生命安全放在第一位，承担起守护和引导幼儿健康成长的重任，坚持正面教育，不辱岗位赋予的神圣使命。

2. 道德品质高尚

学为人师，行为世范。班长只有具备良好的个人品德，严格遵守教师行为规范及各项规章制度，在工作中以身作则，发挥模范带头作用，才能带好班级教师，带好幼儿，在家长和幼儿园之间架起沟通的桥梁。同时，班长还要善于学习，积极参与幼儿园的建设，并提出合理化建议。

3. 业务能力扎实

扎实的业务能力是成为班长的基本条件。班长对自身专业发展要有明确的目标和切实可行的专业发展规划，不仅要具备丰富的幼教知识，还要有创新意识，不断更新幼教理论，紧跟幼教发展趋势；熟知《幼儿园教育指导纲要（试行）》和《3～6岁儿童学习与发展指南》精神，并自觉将其运用到日常工作中，在实践与研究中有效运用幼儿发展的相关知识评价幼儿的发展，支持教师的专业发展，指导教师判断幼儿的常见问题及特殊需求，带领幼儿和班级教师不断进步；带领班级成员做好家园共育工作，做家长工作要有创新、有思考、有方法，工作取得家长的认可、理解、支持与配合。

4. 具备较好的组织管理能力

班长是决定班级和谐发展的重要因素。在日常工作中，班长有责任按照管理的要求制订科学、合理的班级计划，并组织班级教师积极落实。班长不仅需要有较强的专业性，还需要有一定的组织管理能力，对班级成员的履职情况进行监督和检查，有效解决遇到的问题，赢得班级成员的信服，从而做好班级管理工作。

5. 具备良好的群众基础

班长是班级的代言人，直接代表着一个班级的形象。班长只有拥有牢固的群众基础，才能具备一定的凝聚力，使班级成员紧密团结在班长周围，踏踏实实做好班级保教工作，保障日常工作顺利开展。

6. 树立正确的大局意识

班长作为班级代表，经常参与园所大事小情的讨论，只有树立正确的大局意识，合理行使手中的权力，才能带领班级成员团结在园领导周围，服从管理。班长要与主管领导加强沟通，及时请示汇报并落实相关工作，从而形成强大的园所向心力，保证园所整体工作质量在和谐的氛围中稳步提高。

（二）选拔和聘用班长的原则

1. 自荐与他荐相结合

自荐，即自己报名；他荐，即群众推举。自荐与他荐相结合的原则，有助于最大限度地发现人才，进一步激活用人机制，深化园所人事制度改革，为积极要求进步的教师提供更广阔的发展与成长空间。

2. 民主与集中相结合

幼儿园选拔班长应本着公平、公正、公开的原则，可采用民主投票的方式，选出广大教职工信得过的班长候选人，然后通过群众投票和园领导班子表决，综合考量候选人的实际情况，确定最终合适人选。

（三）选拔和聘用班长的程序

为保证竞聘工作的公平、公正、公开，园方应成立竞聘领导小组，明确竞聘条件，制定相应的竞聘程序。竞聘领导小组成员既要有园领导和中层管理人员，又要有一线教师代表。竞聘工作应严格按照竞聘领导小组制定的程序进行。

1. 园方公布竞聘条件与要求

竞聘条件是指依据园内实际情况和聘任岗位的要求所列出的相应内容，包括教师的学历、工作年限、工作业绩、责任意识、组织能力等。园方可依据岗位需求适当增减竞聘条件，并安排专门人员进行解释工作，避免教师对竞聘条件的误读。

2. 进行竞聘动员工作

在竞聘活动前进行适当的动员，有利于更多优秀人才参与到竞聘活动中来，形成良好的竞争机制。园方应鼓励符合条件的教师结合竞聘条件及要求，明确职业理想，理性分析自身的优势和不足，积极准备演讲稿，大胆参与竞聘。

3. 教师积极参与竞聘

依据本园实际情况，竞聘可采用多种形式，常用的有竞聘演讲、业务竞赛等形式。竞聘演讲是指在一个公开的平台上，每一名符合班长条件的教师通过演讲的方式展示自我。演讲的内容包括对自身政治修养、职业素养、业务能力、管理能力等方面的介绍。竞聘者演讲的内容必须真实有效，从而保证大家在公平、公正、公开的基础上进行合理竞争。

4. 园方进行考核聘任

评价管理作为幼儿园管理体系的一部分，通过各种活动评价标准，将幼儿的发展情况借助相关指标表现出来。评价结果具有较强的真实性和科学性，可直接作为考核教师教育水平的依据，也是园方聘任班长的重要参考。

5. 竞聘结果公示

竞聘结果确定后，应进行为期一周的公示。在此期间，园方可以充分听取群众意见，并对参与教师进行个别谈话。关注落选教师的心态，并积极进行引导，维护团队的稳定、和谐。同时，对竞聘成功的教师提出更高的要求，以此带动全园教师工作的积极性和主动性。

（四）参与竞聘的注意事项

1. 仔细阅读应聘条件和要求

各园所因体制不同，存在文化差异，因此在选拔班长时的要求也不同。参与竞聘的教师应当仔细阅读应聘的条件，确保自己符合条件后再进行报名，同时应了解相关要求，确保自己有条不紊地参与竞聘。

2. 竞聘演讲稿怎样写

写竞聘演讲稿是参与竞聘非常重要的一个环节。竞聘演讲稿的结构一般可分为四个部分。

（1）参加竞聘的原因

第一部分写自己为什么要参加竞聘，以及竞争成功与否的态度。首先，要从为国家、为社会、为单位做贡献的高度说明自己参加竞争的目的。其次，要说明自己可以在竞聘的职位上施展才华，发挥长处，实现自身应有的价值。最后，可以表明参加竞聘的态度，既要说明自己参加竞聘的优势和信心，又要说明竞聘不上的正确态度。这部分不能过长，要给人以诚实感、信任感。

（2）简单介绍自己

第二部分简述自己的年龄、学历、专业、工作经历、特长、担任主要职务的时间等。介绍个人内容应实实在在，不用议论的语言。这部分也不能过长，只需简要介绍，使人知道竞聘者的知识情况、实践经验、主要业绩，从而考虑其是否能担任该职务。

（3）竞聘成功后的工作思路

第三部分要层次分明地写一下怎样开展工作和开创新的局面，然后再提完成任务指标的设想。这部分是重点，可适当展开，内容既要实在，又要体现创新精神，使人听了觉得竞聘者有雄心壮志，有办法，有创新，任职后能够胜任新岗位，并将取得出色成绩。

（4）竞聘成功后的工作方法和措施

这部分是第三部分的延伸，可以概括几个观点，写出主要的几条，特别是措施要有可行性。这部分虽然重要，但不宜过长，内容应与第三部分有紧密联系，前后呼应，使听众感到竞聘者所提出的任务指标是可以通过努力完成的。

有了以上四方面的内容，才能成为一篇完整的竞聘演讲稿。

3. 竞聘演讲时应注意的问题

演，是无声语言，给人以视觉形象；讲，是有声语言，给人以听觉形象。竞聘者只有将两者有机地融合起来，才能通过演讲为自己加分。

（1）注意自身形象

一个人给别人的第一印象往往是人们对其做出判断的依据。例如，你见到一个人衣着整洁，表情自然，则会认为此人做事细心，有条有理，进而会想这个人一定有责任心，并且还会联想到这个人会比较有能力。因此，演讲时，竞聘者应注重自身整体形象，服装简洁大方，发型优雅稳重，符合教师身份。

（2）克服紧张心理

以轻松愉快而又热情饱满的精神状态进行演讲，是演讲者给自己树立形象的绝佳机会。要想做到这一点，必须树立自信心，同时，面对竞聘要调整好自己的心态。

（3）音量适中，声调自然

演讲是为了给人听，因此音量应适中，使人听起来舒服；声调既要有起伏，又不能太夸张，夸张了给人做作的感觉，会降低演讲者在听众心目中的可信度。声音应自然而带有感情，给人以娓娓道来的感觉。

（4）保持良好心态

不论是在演讲前、演讲中，还是在演讲后等待竞聘结果时，竞聘者始终都要保持平和的心态。无论竞聘成功与否，都要表现出应有的气度，胜不骄败不馁，一如既往做好本职工作。

以上是对班长选拔工作的简要论述。各园所应根据自身发展的实际情况和岗位需求进行调整并完善，使其更具有针对性与可操作性，从而保证班长选拔工作的有效开展，为园所发展选拔出最适合与最需要的人才。

第二章　班级文化建设

第一节　班级文化的内涵及建设原则

幼儿园文化体现了幼儿园的办学特色、文化底蕴和精神面貌。班级作为幼儿园的基本组成单位，其文化建设自然也是幼儿园文化建设中不可缺少的一部分。班级文化建设不等同于某一种具体的管理模式，很难通过具体的规章制度对班级成员做出强制性的要求，但创建班级文化能够形成具有凝聚力的班风班貌、制度规范和精神气氛等，这不仅是班级建设的核心内容，也是幼儿园得以发展的巨大内驱力。形成温馨舒适、安全有序且充满正能量的班级文化氛围，能够从根本上改变幼儿园的精神面貌与状态。

文化是一个非常广泛的概念，指人类在社会历史实践过程中所创造的物质财富和精神财富的总和。与此相对应，班级文化是以班主任为主导，是由班集体中全体成员共同创造出来的独特的班级生活方式。① 接下来会重点对班级文化的内涵及其建设原则进行阐释。

一、班级文化的内涵

（一）班级的精神文化

精神文化是人的精神食粮，孕育人的精神家园，决定人的精神状态、精神生活、精神本质，是人的本质属性的体现。班级的精神文化是班级文化的核心，"它主要是指班级成员认同的价值观念、价值判断和价值取向、道德标准、行为方式等等，是班级文化建设的深层次要求"②，其作用体现在对班级所有成员所产生的认知力、导向力、推动力和约束力上，是一个班级的灵魂。幼儿园班级精神文化，是形成以本班教师为主导，师师、师幼、家园间和谐团结的，具有凝聚力、向心力、进取力，并充满着正能量的班级的一种精神力量。

建设班级精神文化的根本途径在于树立正确的价值观、儿童观和教育观，并在教师间达成共识。这样就会使教师对班级建设达成共同的期待和愿景，并

---

① 张云杰：《班级文化建设的实践策略研究》，东北师范大学硕士论文，2008。
② 范宝峰：《春风化雨　滋润心灵——班级精神文化建设探索》，载《教育教学论坛》，2011（19）。

乐于将个人的未来与班级紧密相连。如此，幼儿的发展、班级的建设便成了班级教师共担风雨、共享成果的追求。一个充满"正能量"的班级，能够迎接各项困难与挑战，形成一种和谐且具有朝气的班风班貌。反之，教师们若没有在价值理念上达成共识，不仅会在班级管理的各个环节中出现分歧，还会在班级生活中缺乏归属感、自豪感，班级就会成为一盘散沙，没有向心力。

（二）班级的制度文化

广义的制度文化是人类为了自身生存和社会发展的需要而主动创制出来的、有组织的规范体系。而班级制度文化是指根据国家教育方针政策的指向和学校的要求，班级结合自身的实际情况制定的、能够得到班级成员认同的各项规章制度、行为规范及其中反映出来的价值观念、思维模式、精神风貌和道德情操等。①

结合幼儿园的具体实践与班长教师的职责要求，我们将从两个方面对幼儿园班级的制度文化进行解读。其一，在上一级制度的落实方面，教师能够自觉地遵守国家和园内的各项规章制度，规范自我的行为，做到心中有制度。其二，在形成班内的制度上，教师要自下而上的，针对制度的需求展开民主讨论。教师应积极为班级制度文化建设提出合理化建议，具有班级主人翁的意识，并对所形成的制度保持一种开放的心态，接受制度的不断修整和补充完善。

让班级教师做到心中有制度是进行班级制度文化建设的最重要的内容。教师对制度的学习和认可是基础。教师只有真正将制度内化为个人的行为准则，才能在工作中自觉、自律，而非将制度作为一种外部的制约，心生抵触。班级制度文化的建设是确保班级工作顺利开展的基础，也是建立和谐、有序的班级环境的重要保障。

（三）班级的物质文化

物质文化与精神文化相对应，指为了满足人类生存和发展需要所创造的物质产品及其所表现的文化，属于显性文化。幼儿园班级物质文化是指师幼共同创设的，班级内看得见、摸得着的文化实体，主要指教室内的环境创设、区角设置、桌椅摆放、材料投放等内容。例如，在师幼共同设置并投放材料的过程中，创设出"适宜、安全、整洁、有序、多彩"的环境是班级物质文化的重要内涵之一。其中，"适宜"是其核心内容，主要体现于物质环境的设置符合儿童的年龄发展阶段，具有儿童化的特点。"安全"是基本保障。幼儿年龄尚小，

① 何绣伶：《班级制度文化过度规训问题的研究：以四川省 N 中学为个案》，西南大学硕士论文，2012。

教师应为幼儿创设安全的生活、学习环境。"整洁""有序"是具体要求。班级物质环境的创设应处处体现出一种温馨、关爱与和谐的文化氛围。"多彩"是推动物质环境创设的引擎，它不仅意味着环境创设的内容和形式丰富多样，更关注当时当地的主题、幼儿的兴趣，依此对班级物质环境进行不断地调整和创新，让幼儿直接感受班级文化生活的多姿多彩。

物质环境是班级的"第三位老师"。例如，马蹄形的桌椅摆放反映出一种民主和自由的状态，而秧田式的桌椅摆放模式更倾向于权威和约束的状态；区角环境设置与材料投放美观、安全、有序，可以潜移默化地影响幼儿秩序感的建立；让幼儿参与墙面的装饰，不仅为幼儿提供展示的机会，更对培养幼儿的班级归属感具有重要的意义。建设适宜的物质文化是班级文化建设的重要组成部分，对幼儿的成长和班级和谐、有序氛围的形成意义重大。

（四）班级的学习文化

幼儿园教师是一个专业化的群体。为突出教师主动学习，积极促进自我专业化成长的重要性，本部分将学习文化作为班级文化建设的重要内容之一进行专门论述。

学习文化的内涵在于教师主动学习、研讨交流和不断地创新。幼儿教育是一个较新的研究领域，尤其在实践工作中，有很大的空间需要教师去学习和研究。同时，每个幼儿有其独特的个性和需要，如何才能制订出适合本班幼儿的教育计划，也需要本班教师共同研讨和交流。面对困难时，教师应主动提出个人意见，勇于创新，形成智慧的碰撞，为班级更好地发展出谋划策。通过多种学习途径提高专业素养，是提升教师个人工作能力的重要手段，也是积极进取的班级文化氛围的重要体现。同时，各班教研风气的形成也会有力地推动幼儿园保教工作质量的提升。

二、班级文化建设的原则

"原则"是言行所依据的准则。班级文化建设的原则是指其指导思想、基本要求和行为规则。它是我们正确处理好班级文化建设过程中一系列矛盾、关系或问题的指导思想，是对幼儿园班级管理提出的基本要求，是班级文化建设必须遵循的基本行为规则，对整个班级文化建设起着指导作用。班级文化建设的原则主要有以下几点。

（一）儿童优先原则

幼儿园以促进幼儿成长为主要目的。因此，幼儿园班级文化建设的中心原则是以幼儿的身心健康、全面发展为中心。这一原则要求园长、班长以及教师等所有工作人员都要在思想观念上认识到儿童权利的首要意义，并在实际行动中落实。1989 年 11 月，联合国大会通过了保障儿童权利的法律文书《儿童权利公约》。公约的基本精神体现为如下几条原则：无歧视原则，儿童利益优先原则，保障儿童生存、生命和发展的原则，尊重儿童观点和意见的原则。[1] "一切为了孩子的和谐发展"是幼儿园班级文化建设的中心思想和基本准则，幼儿发展的状况是衡量一个班级管理成功与否的主要标准。作为班级文化建设的中心原则，班长需要始终坚持儿童优先原则，在文化建设过程中努力思考：教师看到儿童的能力与自信了吗？听到儿童的真正需求了吗？做到鼓励儿童思考了吗？

（二）平等尊重原则

平等尊重是现代管理的精髓，是"以人为本"管理思想的具体体现，是幼儿园班级文化建设的重要原则。幼儿园班级文化建设遵循平等尊重原则，能够使班员教师积极参与班级的决策和管理过程，发挥其主体作用，最大限度地调动他们的积极性。作为班长需要充分认识到：自身的能力再强，也需要依赖班员教师的整体配合和支持。每个教师的能力、经验都各不相同，因此，班长在文化建设过程中应注意多听取教师的意见和建议，并关心其生活，宽容其工作中的失误，形成平等尊重、以人为本的工作作风；还要做到尊重人，理解人，信任人，关心人和鼓励人。班长可以与班员教师亲情式相处，闺蜜式相待，共同努力建设班级文化。

除了对教师平等尊重之外，班长还要做到对幼儿平等尊重。古代有苏格拉底、亚里士多德，近现代有卢梭、蒙台梭利、杜威、陈鹤琴、陶行知等，都将尊重儿童作为一切教育的根本和依据。[2] 作为班长，首先应该遵循这一原则，在儿童发展的各个方面给予重视并认真对待。第一，班长需要尊重幼儿的经验。"儿童是成长之师"的观点让我们明白幼儿在生活中蕴含着人生的真谛，如求真、好奇、创造等品质，而且随着信息时代的飞速发展，幼儿在某些领域掌握的知识并不比教师少。因此，班长以及教师们应虚心向幼儿学习，尊重幼儿的经验，聆听幼儿的声音。第二，尊重幼儿的情绪情感。幼儿有着丰富的情感世界，但由于语言能力还不发达，往往难以准确地表达出他们的内心感受，所以班长及教师们应该尊重幼儿的情绪表达，帮助幼儿适当宣泄消极的情绪，把消极情绪转化为积极情绪，从而使其心理健康发展。

班长在班级文化建设的各项举措中都需要尊重教师，尊重幼儿，平等相处，让他们在和谐、融洽的氛围中工作、学习、生活、发展。只有遵循平等尊重的原则，班级文化建设才能够深入人心，才能够得到班员教师的自觉接受和认可。

① 袁萍，唐敏：《幼儿园管理》，251页，北京，北京师范大学出版社，2012。
② 袁爱玲：《幼儿园教育环境创设》，76页，北京，高等教育出版社，2010。

（三）和谐一致原则

和谐一致原则是指班长主动组织班级各方面的教育力量，互相配合，共同合作，步调一致地做好班级文化建设工作。班长在建设班级文化的过程中，应当充分发挥主导作用，这种作用表现为担当班级文化建设的联络员和联结班级与家庭的纽带。和谐一致原则体现在以下几个方面。

第一，体现在班级文化与园所文化和谐一致上。比如，各个班级制定的文化词，要与园所文化大体上保持一致。班长也要带领班员教师积极出主意，努力突出班级个性。比如，有的幼儿园园所文化是"书香天地"，那么班长在建设班级文化时就要紧扣阅读主题去开展相关活动，从而为幼儿营造一个温馨舒适的读书环境。

第二，体现在班长与班员教师和谐一致上。教师之间配合的密切程度直接关系到班级常规管理的效果。比如，在班级幼儿的教育上，班长和班员教师之间要保持和谐一致，特别是在幼儿生活常规的制定上，应共同讨论，制定出适合本班的班级常规，并且要求大家共同去执行，从而促使幼儿养成良好的生活和学习习惯。

第三，体现在教师与幼儿和谐一致上。班长应带动班员教师充分尊重幼儿，各项事务以幼儿为核心，切实维护幼儿的利益。当共同制定出班级游戏规则或者一日生活常规后，班长、班员教师和幼儿都要自觉遵守，不违背规则。

第四，体现在教师与家长和谐一致上。幼儿大部分时间都在家中，家长的生活方式、一言一行，无不给幼儿的道德品质、思想行为打上深深的烙印。因此，班长要善于调动班员教师通过家长会、班级宣传栏等方式与家长协商好一些班级要求，让家长在教育幼儿的过程中也按照幼儿园的要求，做到家园协调一致，共同实现保教目标。

（四）以身作则原则

班长是一个班级的教育者和组织者，也是班级文化建设的引领者和指挥者。该原则要求班长应具有高尚的思想品德和作风，加强自身修养，严格要求自己，用自己的榜样力量去影响班员教师，影响幼儿。班长若要求班员教师和幼儿遵循某些规则，自己首先要遵守，从而用自己的"身教"来影响和感染班员教师和幼儿。幼儿喜欢模仿老师，经常把自己的老师作为榜样，所以班长和班员教师都应坚持该原则，为幼儿树立良好的教师形象。比如，班长及班员教师不应该在幼儿面前随便称呼"小李""小张"等，因为幼儿会跟着这样称呼，这是不尊重教师的表现。

此外，"勿以恶小而为之，勿以善小而不为"，班长应该随时检点自己的言语、行为等，努力使自己成为年青一代的榜样和表率。"己所不欲，勿施于人"，班长需要学会换位思考，发挥正能量。身教重于言教，班长只有以身作则，才能使言教发挥更大的作用，从而在班级中产生强大的影响力，在班级文化建设上取得良好的效果。

文化是一个组织的灵魂，对组织的生存与发展起着至关重要的作用。班级文化建设对幼儿园班级可持续健康发展具有重要意义，已经成为幼儿园管理的一项重要任务，是管理者的重要管理策略之一。班级精神文化、制度文化、物质文化、学习文化是班级文化建设的内涵所在，其中，精神文化是核心，制度文化是保障，物质文化是体现，学习文化是推动力，四者相互影响，相互制约，缺一不可。班长只有全面认识文化建设的内涵，才能让班级文化氛围和谐有序。在建设班级文化的过程中，要秉承儿童优先、平等尊重、和谐一致和以身作则的原则。班长在班级文化建设中承担着重任，在建设班级文化的过程中需要加深对这些原则的理解，并尝试将其运用到工作中，力求取得较好的工作效果。同时，这四个原则应该成为班级所有教师工作的共同准则，因为只有真正地认可与实践才能让班级成为儿童快乐成长的家，成为教师专业成长与心灵栖息的地方。

第二节 班级文化建设的窍门

幼儿园的班级文化是班级的灵魂，对班级工作起关键性的引领作用。因此，班级文化建设对班级工作来说至关重要。那么，如何建设幼儿园的班级文化，班长在文化建设中又发挥着怎样的作用呢？这是班长应该思考的问题。本节将从思想观念上的严于律己、处事态度上的以诚相待、实际行动中的协商合作、班级管理上的和谐有序这四个方面，探究班长在班级文化建设中的小窍门，希望能为班长在班级文化建设工作中提供参考。同时，也希望各位班长在班级文化建设中能基于自身的实践，积极思考班级文化建设的策略，优化班级文化，更好地引领班级的发展。

一、严于律己，影响带动班级工作顺利开展

严于律己，一方面，要自觉接受外力的约束，如遵守幼儿园的规章制度、班级的条文规定等，做到问心无愧；另一方面，要自觉管好身边人，也就是带领与引导班员教师，集中教师们的力量和智慧，共同为班级文化建设努力。

（一）以身作则，用自己的言行影响他人

所谓以身作则，是指用自己的行动为他人做出榜样。班长作为班级文化建设的"主心骨""领头雁"，他的一言一行、一举一动都会对班员教师的情绪情感、工作态度、处事风格等产生影响，他甚至决定着班级工作氛围和班级文化

建设。所以在班级工作中，班长不仅需要在观念意识方面保持高标准、高站位、高姿态，还要在日常工作中想在先，做在先，用自己的言行为班员做出榜样，并带动班员共同遵守幼儿园的规章制度和岗位职责要求。

案例

以身作则　身体力行

幼儿园临时安排某班接受一项全国性的教学观摩任务。为了更好地展示幼儿园的风采，为幼儿园和班级争得荣誉，班长和班员教师在紧张地准备着。班上的 A 老师是一位年轻教师，而 B 老师是一位老保育员。由于时间紧，任务重，B 老师在完成日常工作的同时，还要忙大扫除工作。由于年纪大，B 老师身体有些吃不消，偶尔会唠叨几句"这么多的活，干不完呀!""累死了!"等类似的话。B 老师的这些话语对 A 老师的情绪多少有些影响，导致 A 老师也显得有些低落。看到这些，班长在忙完自己的教学准备工作后，主动加班加点，和 B 老师一起搞卫生，脏活、累活抢着干。班长又请 A 老师一起继续完善教学材料，边工作边与她交心谈话，感受工作的乐趣。两位老师在班长的带动下，一起并肩作战，最终圆满完成观摩任务，而且赢得了园长及其他教师对班级工作的肯定。

在事后的班级总结会上，班长特意说明成绩源于三人的团结合作、共同努力，同时也提出，平日的工作要各司其职，各尽其责，把每一天的工作全力做好。两位老师非常同意班长的观点，表示愿意在这个和谐的集体中，相互配合，快乐地享受职业的乐趣。

其实，一个积极向上的集体会给人以力量，使人们心情舒畅地工作每一天。

【分析与启示】

在一个班集体中，班长是班级工作的直接领导者和带头人，在日常工作中，自然要事事冲在前，保持饱满的工作热情和积极的工作状态，带领班员教师共同做好班级工作。案例中的班长正是由于主动帮助 A、B 老师完成工作，才激发了他们的工作热情，从而促使工作圆满完成。因此，班长要积极发挥以身作则和表率的作用，但同时也要注意把握好以身作则的尺度。以身作则不等于无原则地替代班员做事情，班长要注意引导每个班员都能真正承担起本岗位的工作职责和义务。只有这样，班长才能够起到以身作则，用自己的言行影响他人的作用。

(二) 有宽容心，愿意去理解班员

"世界上最宽广的是海洋，比海洋更宽广的是天空，而比天空更宽广的是人的心灵。"这是法国著名作家雨果的经典名言。这句话曾经震撼了无数人的心灵。班长对待同事应常存理解、宽容之心，教师之间也要相互理解、互相包容，这样才能增强班级凝聚力，促进班级工作的顺利开展，使班级工作更加和谐，从而提高办事效率。

案例

关爱身边最亲密的战友

班里的 A 老师是一位工作多年、有着丰富经验的教师，平时对待工作认真负责、耐心细致，把孩子们的生活照顾得细致入微，与孩子们游戏时有极高的热情。但是在近期的工作中，班长发现她时常心不在焉，频繁看手机，发信息，还经常发呆，与班长的交流也少了。在班长的评优观摩活动中，她出现了配课失误的情况，使评优活动成绩受到了影响。评优活动后，A 老师总是有意躲避班长。

针对这种情况，班长利用下班后的时间与 A 老师促膝长谈，并告诉 A 老师，她对工作的兢兢业业、认真负责，以及她对幼儿的教育有方、爱心满满都是非常令人敬佩的。班长耐心地询问 A 老师近期工作状态不稳定的原因。A 老师被班长诚心诚意的态度打动，委屈地流下了泪水。她说她的爱人得了严重的疾病，她在精神上受到严重打击的同时，经济上也很难担负高额的医疗费用。

得知实情后，班长对 A 老师在工作中出现的问题表示理解与包容，并及时疏导她的情绪，缓解她焦急、烦闷的心情。同时，班长也明确指出了 A 老师在工作中存在的具体问题，并鼓励她用积极的心态去对待工作，面对孩子。然后，班长又争取与单位工会联系，积极动员教师们捐款。

事后，A 老师非常感动。她积极调整自己的心态，又恢复到以前认真、积极、主动的状态。班长也在完成自己工作的情况下，尽自己最大的努力去帮助 A 老师，并做一些力所能及的事，减轻她的压力，让她以更好的状态投入工作中。

【分析与启示】

案例中 A 老师出现的配课失误问题，给班级工作带来了一定的影响。当班长看到 A 老师的工作状态后，耐心询问情况，并在交谈的过程中，首先肯定 A 老师的工作态度。在得知 A 老师的家庭情况后，班长尽自己最大的努力给予其关心与帮助。班长的宽容和理解使她尽快恢复了工作状态。

班长应用宽容和谅解的心态与同事相处，并与之保持和谐的关系。当班级工作遇到问题时，能换位思考，在理解的基础上，与班员共同面对，合力解决。班长要将心比心，用友善的态度对待班员，在宽容和理解的基础上，及时沟通，了解问题背后的原因，再针对具体的问题采取适当的策略，以宽容的力量去解决问题。

（三）出现问题，先从自身寻找原因

作为班级工作的管理者，班长的责任重大。班级日常工作烦琐，难免会出现问题。出现问题时，班长要积极面对，主动承担，与班员教师共同分析问题，查找原因，使问题得以顺利解决。这是做好班级工作，建立良好班级文化的有效策略之一。

案例

帮助新教师成长

小班新学期开学不久的一天傍晚，乐乐爸爸焦急地给班长打来电话，说孩子的小内裤上都是便便，孩子说是起床后大便，自己不会擦屁股，然后就没有擦。乐乐爸爸怨气冲冲地问班长："老师您知不知道这件事？晚上我去接孩子时，也没有老师跟我们说呀！"班长第一时间安抚乐乐爸爸的情绪，并答应他一定会在了解情况后给予答复。

下午班的 A 老师刚刚参加工作，是一名新教师。到底是什么情况呢？班长马上和 A 老师通电话了解此事。A 老师表示并不知道此事，晚上离园的时候也忘了检查孩子的衣服，同时发起牢骚："这家长也真是的，孩子自己不跟我们说，我们哪能都知道呀，班上这么多孩子呢！"班长意识到 A 老师缺乏工作经验，对初入园幼儿的特点把握不够，同时，在家长工作方面也有欠缺。于是班长马上对 A 老师说："小 A，入园初期，受身体发育特点和年龄所限，孩子们还不会自己擦屁股。有些孩子胆子小，还不敢跟老师说，这是很正常且很普遍的情况，我们应该及时关注孩子，帮助他们，使孩子们更加信任我们，久而久之他们就会和我们建立起信任的关系，有事就会主动跟我们说的。同时，这个阶段的家长也特别担心孩子，关注老师是否对自己孩子的一日生活进行了细致的照顾。今天这件事是我们关注不到位，是我们的问题我们就要承担，相信乐乐爸爸是可以理解我们的。我也有责任，你经验少，我应该一开始就把孩子的年龄特点和可能发生的问题提前和你沟通，减少这样的问题出现。没关系，以后我们多注意，我跟乐乐爸爸再沟通一下。"

于是，班长主动向乐乐爸爸道歉并说明原因，同时也请家长引导、鼓励孩子有事要跟老师说，老师特别喜欢帮助小朋友，并表示以后工作中也会多照顾乐乐，请乐乐爸爸放心。乐乐爸爸的情绪逐渐缓和下来，说道："我们没有责怪老师的意思，希望老师以后多关注乐乐，谢谢老师的理解，我们也会配合引导孩子的。"第二天早晨，班长与小 A 老师共同与乐乐妈妈再一次解释此事，并表示歉意，使小风波得以顺利解决。

【分析与启示】

A 老师是一位刚刚入职的新教师，由于工作时间短，实践经验相对缺乏，加之对幼儿身心发展特点把握不够准确，因此在独立带班时往往会出现这样那样的问题。当问题出现时，如果班长只会一味地埋怨或责备新教师，往往会无助问题解决，反而激化矛盾，影响班级团结和今后工作的顺利开展。这时候班长不如采用一种亲近的态度去和新教师交流、沟通，在指导帮助他们的同时，也分析、检讨自身的原因，不要高高在上，总以为自己是对的。只有这样，班长才能带动、影响、激励与凝聚班级成员，从而形成和谐向上的班级文化氛围。班长如果采取不回避、积极帮助、从自身寻找原因、主动承担责任的工作方法，就会使班员更容易接受其引导，采纳其建议，改正自身不足，班级问题也就能迎刃而解。推脱责任，只会使问题越拖越久，小事变大事，给班级工作造成不应有的麻烦。

班员间的相互理解及信任是做好班级工作的基础。特别是对于初入职的年轻班员来说，班长的理解、信任与鼓励直接影响其工作热情与积极性。恰当的鼓励能提高教师的自信，也为教师提供锻炼及证明自己能力的机会。

二、以诚相待，用自己的诚心感动他人

真诚是打开别人心扉的金钥匙，因为真诚的人使人产生安全感，减少自我防卫。越是好的人际关系越需要关系的双方以诚相待，也就是把自己的真实想法与人交流。当然，这样做也会冒一定的风险，但是完全把自我封闭起来是无法获得别人信任的。只有大家朝着同一个目标奋斗，我们的工作才能事半功倍。

（一）发现班员的闪光点

人人都有自己的闪光点。不同性格的教师、不同类型的教师、不同年龄段的教师，都会拥有独特的优势。班长作为班中的"大家长"，要善于观察每位教师，发现他们的闪光点，并把这种闪光点发扬传承，帮助他们扬长补短，为他们提供展示自我的机会，使其建立自信。

案例

发现每位教师的闪光点

Z 老师是一名新任教师，由于刚走出校门，缺乏工作经验，她对班级工作总是无从下手，经常会出现"我说的话孩子们怎么听不懂""我给他们的材料他们怎么不爱玩"等言论。她性格内向，总是不够自信。经过一段时间的观察和交流，班长发现Z老师特别擅长美工，尤其在美术方面特别有才华。记得有一次，S老师打扫出一些空塑料瓶准备扔掉，Z老师看到后，随手拿起一个瓶子说道："这个可以做成动物啊，别扔啊。"第二天，她一早拿给我们一个"瓶子动物"，活灵活现，操作既简单，又能激发创造力，真是巧妙！这不正是一个帮助她发展的契机吗！为了使她发挥自己特长的同时提高专业能力，班长决定将班中的美工区活动交给她，想借此机会促使她发现并施展自己的才能，从而引导幼儿游戏。开始时，她有些胆怯，总说自己不会做。为了使她更加自信，帮助她成长，班长不断鼓励道："'瓶子动物'这个点子就不错！你可以和孩子们商量商量，他们会给你启发的，你有不明白的，也可以来问问我们。"周一回来，班长发现窗台上出现了几个形态各异的"瓶子动物"，有制作复杂的，也有简单可以拼装的，让人很是惊喜。Z老师终于大胆地迈出了第一步。这些"瓶子动物"极大地激发了孩子们的好奇心，吸引了他们的注意力。孩子们都很崇拜Z老师，拉着她一起制作"瓶子动物"。一时间，班里放满了孩子们制作的"瓶子动物"，这使得平时不够自信的Z老师也备感开心。在班级环境评比中，该班的班级环境得到了园长及教师们的认可。班长拉着Z老师向大家展示了她的好点子，肯定了她和孩子们的努力。

【分析与启示】

Z老师作为新教师，由于专业技能以及工作经验的不足，在刚迈入社会，独立承担各种工作时，难免会有些不适应，甚至会表现得不够自信，蹑手蹑脚，担心自己不能独自胜任工作。这种心理都是正常的，也是可以理解的。刚毕业参加工作的教师往往都会身怀特长，最重要的是，由于刚参加工作，他们在教学模式上没有太多束缚，不会因为工作时间较长而模式固定化。他们思维比较活跃，想法也比较新颖，如果我们能多鼓励、多支持和帮助他们，给予他们时间，等待他们成长，肯定他们的付出与成绩，保持着与他们共同成长的心态，他们将来一定会成为优秀的幼儿园教师。

不论是青年教师还是老教师，都有自己的优势和特长，班长要善于发现和了解班上每一位教师的闪光点，并且让他们在工作中能闪闪发光，体会到工作的乐趣。有些教师可能自己都不知道自己的闪光点在哪儿，作为班长，要能帮助这样的教师挖掘自己的闪光点，从而使其更加自信。

（二）相信班员的能力

信任是人与人之间沟通的桥梁。每一位教师都有自身的优势和不足，不要因彼此之间的差异而失去相互间的信任。只有在理解、相信、包容的班级文化氛围中，大家才能相互帮助、取长补短，才能拧成一股绳，齐步共前行。

案例
用帮助代替责怪，点燃新教师的工作热情

A 老师是今年新毕业的年轻教师，对工作充满热情，对于班上的任何活动都跃跃欲试，有许多想法。新学期，某小班开展以"我的动物朋友"为主题的活动，需要创设一个关于动物的墙面玩具。这个墙面玩具一方面要具有巩固幼儿对动物常识方面认知的作用，另一方面要使幼儿在与墙面上的小动物进行游戏的过程中，培养对动物的喜爱之情。

A 老师自告奋勇："我来做！我来做！"对于 A 老师的积极态度，班长非常高兴，就把这个任务交给了她。没过多久，小动物玩具就跃然墙上。当 A 老师兴高采烈地让班长看时，班长愣了一下，小动物形象过于成人化、模式化，完全不符合小班幼儿的年龄特点。玩具制作好了，却没有一个孩子去关注，有的孩子即使看了也是瞅两眼就离开。孩子的反应让 A 老师很沮丧，她难过的样子，让班长仿佛看到了刚刚参加工作时的自己，空有一腔热情却不知如何使用。换位思考后，班长知道这个时候 A 老师最需要的是班长的信任、支持和帮助。班长没有放弃这个热情积极的新教师，在保护她的热情与积极性的同时，让她在这次环境创设中有所收获。

于是，班长和 A 老师进行了一次真诚的交流。班长安慰她："是不是自己费了很大力气，孩子们却不喜欢，感觉特别失落？" A 老师不好意思地说："是啊，我觉得我做得很像啊，您怎么知道我想什么？"班长对 A 老师说："这种感觉我也有过，每个新教师都会有这样的经历。从不了解孩子到了解孩子需要一个过程，只要你有信心，多去和孩子们接触，了解他们的想法和需要，一定会好起来的。"

随后，班长和 A 老师就创设这面玩具墙的目的和作用进行了沟通："这面墙要反映出小动物的特点。比如，不同动物生活的地点不同，爱吃的食物不一样，皮毛也不同，在制作时就可以考虑把这些体现在玩具中。同时，这个玩具还要让孩子们喜欢玩，只有他们操作了，才能感受到这些小动物的特点。你有什么想法吗？"在讨论和交流中，班长引导 A 老师明确了这面墙对孩子们发展的意义和教育作用。

接着，班长又提出建议："也许可以问问孩子们，他们想和墙上的小动物做哪些游戏。我相信你的能力，你一定能做好。"

A 老师愉快地接受了建议，在和孩子们的交流中，有孩子说，我想和小熊

33

拉拉手；有孩子说，我想小猫的嘴巴会动，我就能喂它吃小鱼了；还有孩子说，我想和袋鼠宝宝玩捉迷藏……孩子们的话让 A 老师的想法一下子多了起来，她开始找材料重新制作。过了几天，一个崭新的玩具墙出现了，有能喂食的小猫、小兔子，有长着软绵绵皮毛的羊宝宝，有长着硬壳的小乌龟，等等。此后，孩子们经常抢着去喂墙上的小猫、小兔子、小青蛙吃它们喜欢的食物，经常围在羊宝宝身边摸摸软绵绵的羊毛……看到孩子们欢喜的样子，A 老师高兴地笑了。

【分析与启示】

案例中的班长首先对青年教师的优点给予了充分肯定，这样做一方面让青年教师在情绪上更容易接受，另一方面巩固了教师正确的教育行为。青年教师在工作中的某些正确行为是无意识的，他们并不知道自己为什么这么做，也不确定这么做是对是错，所以固化教师正确的教育行为就显得非常重要。其次，与青年教师沟通时，班长还可以通过描述孩子在活动中的具体表现导入。利用具体的问题引入，可以保护青年教师的自尊心。在这样的对话中，班长不是高高在上地告诉青年教师怎么做，而是在平等的关系中，就着孩子们的问题相互讨论，形成的是一种研究的氛围，这样的讨论远比班长的说教更加有效。最后，班长要相信青年教师，引导青年教师自己发现问题，这样青年教师的积极性也会提高。提高教师的反思意识，养成他们对教育行为的反思习惯，也是培养一名优秀教师必不可少的。只有相信他们，并且支持他们在工作中不断地去反思、实践、再反思，才能提高青年教师的工作能力。

青年教师学历普遍较高，理论能力强，由于受自身工作经验的限制，缺乏具体的实践指导策略，理论联系实际的能力不足，在实践工作中容易主观臆断。但他们年轻有活力，想法新颖，对工作积极性高，愿意为班级工作尽自己的一份力量。作为班长，应努力保护教师们对工作的积极性，相信他们的能力。在工作中不仅要教会他们具体的工作方法，更重要的是培养他们对工作进行反思的意识，并且支持他们找到适宜的解决方法。当发现问题时，一定要注意与他们坦诚沟通，用真诚的交流和信任，与教师们搭起心的桥梁。

（三）维护班员的自尊心

自尊心是尊重自己，维护自己的人格尊严，不容许别人侮辱和歧视的心理状态。它是于后天环境中逐渐形成的心理。每个人都有自尊心，所以善待自尊心成了人生中的一门大学问。如果把自己对自尊心的要求平等地给予他人，尽可能减少不必要的情感伤害，同事之间的关系自然可以融洽、和睦。

案例

受冷落的老教师

今年与班长Ａ一起组班的是一位年轻教师和一位拥有三十年教龄的资深老教师。这位在工作中勤奋刻苦、力争上游的Ｓ老师在以前的工作中很有自己的一套经验，经常得到各方面的肯定。近几年根据园所建设和发展的需要，Ｓ老师退到了保育的工作岗位。

小托班的新学期工作是烦琐的，最难的就是帮助宝宝们和家长们正确地面对和度过分离焦虑期，使幼儿尽快熟悉幼儿园的生活。班里的三位教师都十分尽心，特别是Ｓ老师，她热心地帮忙招呼家长，接待宝宝们，这让班长Ａ觉得十分欣慰。有老教师的鼎力支持，班级工作动力十足。但随着观察的深入，班长Ａ也发现了一些问题：家长们更愿意和主班老师沟通，而怠慢了Ｓ老师的热情接待，偶尔还会发生宝宝们和家长们不向Ｓ老师问好的情况；当Ｓ老师主动向家长沟通宝宝在园的哭闹情绪时，却被家长告之自家宝宝喜欢年轻漂亮、温柔甜美的老师，对上年纪的、嗓门大的老师有点儿害怕……这些问题的出现使Ｓ老师的满腔热情付之东流，她在工作中出现了倦怠情绪。

为了解决这一棘手问题，在入园两周后的家长会中，班长Ａ着重向家长们介绍了Ｓ老师的资深经验，列举了Ｓ老师陪伴宝宝们和护理宝宝们生活的很多事例，并用录像回放和照片讲解的方式让家长们体会孩子们的进步，以及教师们用心呵护各位宝宝和服务家长的心，特别是Ｓ老师对待工作的热忱和智慧。Ｓ老师的年纪几乎与家长们的父辈相当，这就一下子拉近了家园互动的关系，Ｓ老师还一度成为家长们纷纷咨询、请教的"专家"。为了满足家长们的需要，班长Ａ在家园栏目中还设计了"Ｓ老师热线问答"小板块，一方面用于服务家长，另一方面用于激发Ｓ老师的工作热情，并带动年轻教师共同学习。只有充分感受到被需要和被认可，教师才会更加有动力。Ｓ老师将自己三十年的工作经验与大家分享，她是班级的优秀资源，是班级团队建设的典范，更是班长的好战友。

【分析与启示】

老教师对于班级工作可以说是一把"双刃剑"，他们有着丰富的实践经验，但同时长久以来形成的教育观念又比较固化。他们愿意参与班级工作，但是又轻易不愿意改变和调整自己，有时候在新观念的冲击下容易故步自封。所以在管理一些比自己年龄大的老教师时，班长有时候可能会有畏难情绪，也许一个不留神就伤到了老教师的自尊心，打击了他们工作的积极性。因此，面对资深老教师，要快速捕捉其优点，谦逊地向他们请教和学习，在家长、小朋友们和同事面前给予其尊重，同时，老教师丰富的教育教学经验也是班级工作中非常宝贵的资源。班长应积极为老教师创设展示自己及分享经验的机会和平台，使其深刻体会到自我存在的价值，感受到被认可和被需要的工作使命感，重拾工作热情，不断发挥示范引领作用。

尊重是彼此间信任的基础，是促进孩子身心发展的教育前提，是同事间团结协作的基石，是园所蓬勃发展的中流砥柱，所以班长一定要尊重自己班级的每一位教师、每一位学生，要为他们搭建适宜的平台，让他们体验到自己的价值，在工作和学习中获得成功和认可，做教师和学生们的隐性支持者。

在班级建设中，班长只有及时关注班员教师的内心需要，不断激发他们的工作热情，做一个有温度的班长，才能建设一个温暖的团队。

三、协商合作，用大家的力量做好工作

班长与班员教师之间是合力的关系。一个班就是一个集体，班长要与配班教师做到真诚和谐，相互信任、相互帮助、相互补位，努力为幼儿营造一个和谐温馨、充满爱的学习和生活环境。

（一）共同承担，分工不分家

同班教师间要主动分担任务，不斤斤计较，共同协商，安排好班上的工作。正所谓"一个篱笆三个桩，一个好汉三个帮"，班长除了要以身作则，勇于承担责任之外，还要学会分解任务，有效引导他人做事，促使整个团体能通力合作、尽善尽美地完成好班务工作。真正的合作不是工作不分彼此，而是在明确各自职责的前提下，分工合作，每个人都优质高效地完成自己的工作，共同实现班级总体工作目标。

案例

有事一起扛

幼儿园某班有两位工作刚满一年的年轻教师，她们喜欢孩子，工作热情高，每天按时完成各自的工作，活泼有朝气，教师们在工作中相处和谐融洽。可是在一次验收工作中，园里提前进行了环境大检查，该班的检查结果很不理想，有几处地方的卫生不尽如人意：厕所墙面发黄；女孩子小便池的防滑条有污渍，男孩子小便池外侧还有一些污物没有擦干净；活动室的电视虽然擦过了，但是伸手摸电视后面的架子却有厚厚的一层灰。面对这些问题，该怎么办？老师们每天都在努力工作，可还是出现了问题。怎么做才能不打击老师们的积极性？班长决定发挥大家的力量，共同商量解决。

下班后，三位老师立刻召开班会。班长找来保育员工作细则和标准供大家共同学习，引导大家对着学习内容检查班级卫生不到位的地方，并记录下来，然后共同商量解决问题的办法。A老师提议主动向有经验的保育员请教，寻找干活的方法和窍门，这样既省时间，又能做得干净到位。B老师提议对于难以清掉的污垢，要找到适宜的清洁工具和清洗剂，想尽各种办法，一定要清理干净。老师们还商量每次检查工作前，大家互相提前检查和提醒，共同学习配合，心往一起想，劲往一处使，完成好班内的各项工作，不能因为一次检查失败而失去对工作的热情与积极性。

【分析与启示】

班级工作繁杂，难免出现问题，此时，班长不要孤军作战，注重发挥集体的力量，与大家共同面对问题。

首先，共同查找原因：一是大家对于卫生的标准不清，二是年轻教师缺乏相关经验。

其次，共同分析对策：学习保育员工作手册和园所卫生标准，积极向有经验的教师请教，寻找好用的工具和清洁用品，提前检查和相互提醒。

最后，共同解决问题：大家相互帮助、相互鼓励，按照方法尝试解决，分工合作，共同完成好各项工作。

（二）把工作摆出来，及时分析和讨论，达成共识

一艘在海上行驶的船只，遇到风暴怎么办？身为船长的我们，是独自面对，还是和其他船员一起面对眼前的困难？我想答案显而易见……只有大家共同面对问题，分析问题，讨论问题，达成共识，才能解决问题，继续前行。所以班长在班级中的角色是多元化的，既是引领大家在困境中找到方向的船长，也是和教师们同舟共济、共同进步的船员。

案例

记一个来自"星星"的孩子

小乐是小班的新生。通过开学前的家访，老师们知道小乐是一个有些自闭的孩子，每周要上两次有关自闭症康复训练的"小课"。家长特别希望他能在普通的集体融合活动中，得到促进和提高。开学一周后，小乐的"独特"确实让老师们费尽了心思。面对这样一个孩子，老师们都面带难色，纷纷表示精力有些不足。

这个班一共有四位老师，负责教育教学的老师和幼儿保育的老师各两名。

A老师是一名负责教育教学工作已经五年的教师。对于小乐这样的孩子，

A老师对班长说："我要先保证其他孩子们正常的教育活动、生活活动，小乐就交给保育员老师们吧。而且我觉得小乐比较适合单独教学，尤其我们又都不是学特殊教育的。能不能和小乐的家长沟通一下，让小乐平时的重心都放在'小课'上呢？"

B老师是一名经验比较多的保育员，平时很注重孩子们的身体健康，细心地照顾着孩子们的一日生活。B老师每天最担心的就是小乐的安全问题，所以每天都单独拉着小乐，或让小乐（脱离集体）一个人去完成活动，尽量避免他和其他小朋友接触。在小乐的问题上，B老师也是多次和班长沟通："能不能和小乐的家长商量一下，一周让小乐多上几次'小课'，以此来减轻老师们的工作压力？"

C老师是一个今年刚刚走上工作岗位的年轻教师，也是负责孩子们生活的保育员。由于刚刚上班，没有什么经验，在碰到小乐的一些比较"出格"的行为时，她就不知道该怎么办了。所以她和B老师采取同样的处理办法，不让小乐离开她的视线。

对于老师们的想法，班长非常理解，但心里也清楚这种做法不仅不能促进小乐的发展，反而把家长和特教老师所期望的在班级中的融合教育又变成了隔离教育，阻碍了小乐的发展。怎样才能让老师们理解家长，了解自闭症的孩子，从内心接纳和包容孩子呢？为了解决这个问题，班长决定让大家集体讨论，共同商量办法。

首先，班长把小乐妈妈请到班上，请她和老师们一起聊聊小乐的整体情况。为了让小乐恢复健康，小乐妈妈带孩子看过很多医生，在"干预自闭症"上也走过很多曲折的道路，尝试过很多办法……甚至想过与丈夫离婚自己带着孩子过。老师们听了之后都为之动容，与小乐妈妈产生了情感上的共鸣，心灵上的共通，打从心底接受了这个孩子的特殊性，愿意配合教育帮助小乐和他的妈妈走出困境。

其次，在理解的基础上老师们召开了班会，提出各自的困惑，共同商量帮助小乐的对策。面对小乐的问题，老师们共同的地方就是缺乏自闭症方面的专业知识，这导致很难使孩子融入集体，但是大家都希望通过努力帮助小乐逐步走出自闭。不同点是，A老师不知道在集体活动时怎么带小乐融入活动，B老师担心小乐日常的活动安全，C老师年轻，工作中缺乏经验，跟随性比较强。大家提出建议，得到园领导支持，让特教老师每周到班上一次课，讲解与自闭症相关的专业知识以及有效的应对方法。这种做法不仅丰富了大家对自闭症孩子的了解，对老师更专业地帮助小乐也起到了很好的促进作用。特教老师不仅带来了很管用的教育策略，还给老师们说了很多鼓励的话语，为老师们有效引导小乐融入集体教育增添了很多信心。

最后，为了更好地帮助小乐，老师们还在日常工作中注重随时沟通，碰到共性的问题，利用中午的时间开小会讨论，达成共识。面对不同的老师，班长也根据他们的不同需要采取了不同的指导方式。例如，经常和 A 老师沟通课下学习的融合教育的知识，共同分享实践中的做法；请 B 老师交流平时带小乐的一些心得体验，增强她的自信，同时也把 A 老师带小乐的经验巧妙地传递给她，让她放开手脚；多鼓励没有经验的 C 老师，无论她遇到什么问题，都能随时与她沟通讨论，及时解决问题。老师们就这样共同学习，及时交流，分享经验，使小乐逐步融入了集体，老师们脸上露出了久违的笑容。

【分析与启示】

面对自闭的小乐，大家在教育上出现了分歧，这种分歧对小乐摆脱困境造成了影响。班长能够在理解大家的基础上，引领大家协商讨论，共同面对问题、解决问题，并带领老师们达成了以下三点共识。

第一，情感态度上的共识。当大家反映让自闭的小乐融入集体是一件很困难的事情时，班长主动把家长约到班里来，帮助班员理解家长的心声以及让小乐融入集体的必要性，晓之以理，动之以情，唤醒大家心底对小乐的接纳以及愿意帮助小乐走出困境的决心。

第二，学习上的共识。在情感态度达成共识的基础上，班长能够利用班会商量对策，总结大家提出的共同的需要和各自的困难，争取园所的支持，请专业教师每周入园一次，在实践中帮助大家丰富对自闭症孩子的了解，并传授相关的专业知识以及有效的应对方法，达成共识，形成班级学习共同体，以学习知识为主要手段，提升教师应对此类问题的能力，从过程上循序渐进地解决小乐的问题。

第三，教育上的共识。班长注重根据教师们的不同情况、特点，巧妙引导，相互学习，形成教育合力，做到扬长避短，注重发挥每位教师的长处，让班级团队力量最大化。

班长要做班级工作的先行者，想在前，做在前，以爱引航，以提升专业知识、专业能力为动力，带领班员教师不断协商解决工作中的困难，达成各方面的共识。

（三）遇到问题不急于下结论，主动承担责任

班长在班级工作中遇到问题，不要急于下结论，即便有了答案也要等等，也许有更好的解决方式。站在不同的角度就有不同的答案，班长要学会换位思考，特别是在遇到麻烦的时候，一定要学会驻足、聆听。

案例

责任共担

一次中午接班，新调入不久的 C 老师紧张地跟班长说："今天上午洋洋用手碰了安安的眼睛，安安一直觉得眼睛疼。"班长赶紧过去检查，发现孩子的黑眼珠上好像确实有点儿红。班长赶紧对 C 老师说："快去把保健医请来，孩子的眼睛真的受伤了。"C 老师这时也意识到问题的严重性，赶紧请来了保健医。保健医对安安的眼睛进行了初步观察，确定眼睛受伤了。于是，保健医通报园长并带着安安去医院诊治。班长也马上联系孩子的家长，把问题说明，并做了安抚工作。孩子的家长很快赶到了医院。

C 老师惶惶不安地找到班长，班长从表情中看出了她的紧张，对她说："C 老师，别着急，这些都是意外，我们和家长解释清楚，做好事后的安抚工作，家长会理解的。"C 老师点点头，但还是忐忑不安。班长非常理解她的心情，也深知她现在的压力，所以从知道了这件事情开始，就没有提这件事是在谁带班的过程中发生的，只是积极努力地去解决问题。下午，保健医回来告诉大家："医生说问题不大，抹维生素眼药膏养几天就能好了。"

园长叫班长和 C 老师一起去园长室谈话，路上 C 老师一直很紧张，一言不发。班长在园长面前没有强调这件事是谁的责任，只是把后续如何看望孩子、安抚家长的具体做法详细告之。园长满意地点点头。从园长室出来，班长及时与 C 老师沟通："下一步，我们带着礼物去孩子家里探望孩子，以后我们每天都和家长联系，问问孩子眼睛的情况，随时关注，让家长知道我们在意这件事情，对孩子的眼睛很关心，你看这样行吗？"C 老师缓解了紧张的情绪，不住地点头。

老师们买了东西，来到安安家进行慰问。虽然安安的奶奶对这件事情很不高兴，但是看到老师们的真诚，还是接受了，全程没有任何为难。从安安家里出来，C 老师终于舒了一口气，如释重负。在路上班长和 C 老师畅谈起来："孩子发生意外是谁也不愿意的事情，不要害怕着急，及时思考解决，家长一定会理解的。这件事的发生也提醒我们要时刻关注孩子，孩子身上无小事，千万不能掉以轻心。"C 老师诚恳地接受了建议。

从这天起，C 老师每天都给家长打电话，关注安安的恢复情况，告诉安安，老师和小朋友都想他了，传递对孩子的爱。过了一周，安安的奶奶主动打电话，说安安的眼睛复查了，完全好了，明天就可以回幼儿园了。老师们都欢呼起来，为安安的康复高兴，也为这件事情的圆满解决感到高兴。在以后的日子里，C老师和班长的关系更加亲密，她主动承担工作，任劳任怨，班级就像家一样和谐融洽。

【分析与启示】

C老师是新调入的老师，在新的环境中遇到这种事情会产生紧张恐惧的心理。一是为孩子着急，为如何面对家长着急；二是为园长会如何看待自己而紧张。对此，班长应有以下三方面的考虑。

首先，班长要学会换位思考，减少班员教师的心理压力，体谅班员教师，共同承担责任。班级里发生问题后，班长不要急于埋怨其他教师，要以一颗接纳的心，帮助他们共同面对困难。

其次，班长要帮助班员教师学会面对问题、解决问题。在幼儿园，孩子们之间平时可能经常发生碰眼睛的事情，过一会儿就好了，所以C老师就没把这件事放在心上，导致问题的发生。班长要帮助班员教师正确面对问题，共同寻找解决问题的办法。

最后，班长还要和班员教师共同分析问题，在理解的基础上反思问题所在，避免类似事情的再次发生。教师之间要以诚相待，工作中经常换位思考，相互理解、体谅，不推卸责任，一切以工作为重，这样就会营造一个宽松、愉悦的工作环境。

四、和谐有序，用制度保证各项工作的落实

（一）以人为本，凝聚人心

幼儿园的文化建设建立在每个班级文化建设落实的过程之中。因此，班长在凝聚本班教师人心的同时，要根据幼儿园文化建设的内容与原则进行班级建设，更要体现人本精神。当面对不同年龄、不同性格特点的教师时，班长要凝聚人心，不仅需要有策略，而且要体现出幼儿园文化建设的内涵。

案例

心齐力量大

祎老师是班长，他们班由三位青年教师组成。马老师和王老师都很想在工作中体现自身价值，并在幼儿园崭露头角，他们有着共同的愿景——让孩子们健康、快乐、自主地发展，希望自己所在的班级是最棒的。为了共同的目标，他们努力奋斗着。

怎样才能在工作中发挥教师们的自身优势，令其在相互赏识的学习共同体中高效、高质地完成班级工作呢？作为班长，祎老师为他们搭建了展示自己的

舞台，使他们能够更好地表现自己的能力，在成就自我的同时，也使班级工作亮点越来越多。

在戏剧主题活动开始前，祎老师就根据每一个人的不同优势进行了分工。马老师手很巧，平时就很喜欢做一些手工方面的小工艺品，她收藏了许多装饰材料，所以她负责支持孩子们制作道具和背景；王老师在编舞方面很有特长，她负责支持孩子们创编剧中的舞蹈。在马老师和孩子们讨论怎样制作糖果时，孩子们说出了许多装饰的材料。她很无私地把这些珍藏给了孩子们。有了这些材料的支持，孩子们的创作兴趣更浓了，他们越来越喜欢玩这个主题活动了。王老师在本学期担任的是保育员的工作，她除了做好本职工作以外，还运用自己的特长帮助班里其他教师一起开展主题活动。在和孩子们一起创编剧中的舞蹈时，她认真聆听着孩子们的不同想法，和孩子们一起寻找音乐，一起商量每一个动作。她还利用周末休息时间，把从孩子们那里收集的想法归总，寻找音乐进行编舞。在三位老师的共同努力下，戏剧主题活动开展得很成功，并得到了多方好评。他们的干劲儿越来越足了，三个人也变得越来越齐心了。

【分析与启示】

青年教师刚刚踏入工作岗位，想在新的工作岗位上大展宏图，但由于经验的缺失会遇到很多困难；中年教师随着时间的积累，能够有目的、有计划地做事，但是缺少对工作的热情，有时会懈怠。班长在面对青年教师时，要给他们机会，使其获得成功的体验；面对中年教师时，要让他们感受到被理解、被尊重，既关心教师们的工作，也要关心他们的身体。同时，班长要激励中年教师发挥自身优势，促进班级工作顺利开展，从而营造有为、有位的班级文化。

性格外向的教师活泼、主动，愿意表现自己，但有时做事不够细致；性格内向的教师做事比较稳重，但是不愿与人交流，有时候缺少对工作的热情。不管是面对内向还是外向的教师，班长首先要带领他们明确什么是"幼儿园教师"，要使他们学会根据自己的工作性质调整自己的外在表现。同时，班长要主动与性格内向的教师交流与沟通，成为他们的朋友，为其创造表现的机会；要提醒性格外向的教师把握做人、做事的尺度，令其更加严谨、规范地工作，从而构建积极向上与严谨规范相结合的班级文化。

在班级文化建设的具体环节中，班长应做到以下两点。

第一，赏识他人，勤换位。

作为班长，要有一双善于发现他人优点的眼睛，并在赏识他人的过程中建立学习共同体。在了解班员教师的优势后，班长要学会换位思考，了解他们的不同需要，帮助他们分析自己的优势。班员教师有了正确的定位和努力方向后，会更加积极地投入工作，班级工作也就更好开展了。

第二，合理分配，给机会。

作为班长，在分配班级工作的时候要有策略。班长应考虑班员教师各自的优势和特点，把能展现他们优势的工作分配给他们。这样，班员教师就能更加高效且高质量地完成工作。在开放或展示班级工作的时候，班长应鼓励班员教师承担讲解或展示活动的任务，在给他们搭建舞台的同时，增强他们的信心，激发他们的热情。

（二）物质环境创设显文化

班级区域环境的设置、物品的摆放是班级文化的外在表现。幼儿园班级物质文化体现在空间和物品管理的方方面面。走进一个班级给人的第一印象就代表着这个班级的文化及教育理念。幼儿园班级物品的摆放要体现自然化、生活化的特点，摆放不一定要"井然"，但一定要"有序"，能给幼儿带来安全、方便、舒适、整洁的感受，并且能够根据需求不断调整。

班级区域划分和物品摆放需要根据班级的近期活动进行创设。区域游戏空间的划分和游戏材料的投放是为了让幼儿更好地游戏，促进幼儿更好地发展。因此，在设置区域空间时，区域环境创设要相对开放，以方便幼儿材料的取放和操作。班级的物品管理要在有限的空间内尽可能便于幼儿舒适地生活和有效地学习，发挥空间的教育作用。空间利用要巧妙且充分，让空间与幼儿产生互动，带给幼儿美的陶冶。

一些不符合理想的物质文化环境包括玩具材料过多，投放材料目的不清晰，墙饰过高，墙饰中的文字过多，耗材量过大，自制玩具破旧、粗糙、不耐用，物品摆放位置不合理，教师随意摆放，幼儿使用玩具物品后的收放常规较差等。班长要善于发现问题，运用班级文化感染班员教师，并带领班员教师，以促进幼儿发展为前提，创设符合幼儿年龄特点的物质环境。

案例

冷清的区角

新学期伊始，园内对活动区的设置及玩具材料投放进行评比检查。A老师刚刚参加工作不久，工作热情高涨，也很擅长做手工。在小班开学初讨论分工时，A老师主动提出自己负责娃娃家的环境创设。作为班长，马老师充分相信A老师，给了她自主的空间。A老师利用休息时间用大纸箱做了冰箱、洗衣机、烤箱等物品，并投放了很多漂亮、逼真的食物玩具。开始的时候，孩子们很喜欢到娃娃家去摆弄，但经常是将所有的玩具铺了一桌子、一地，弄得到处都很乱。由于纸箱制作的生活玩具占据了大量空间，孩子们只能在很小的空间里活动，因此经常挤来挤去，发生矛盾。过了一段时间，去娃娃家的小朋友越来越少。马老师发现这个问题后，就找到了 A 老师，向她询问："A 老师，为什么咱们班去娃娃家玩的小朋友变少了？" A 老师很委屈地说："其实我也发现了，可是我挺用心的，但就是不知道为什么孩子们不爱去玩了。"听到 A 老师这样的回答，班长马老师决定召开一次班会，和教师们聊一聊关于区域设置和材料投放的问题。A 老师说："我想给娃娃家里投放丰富的玩具，让孩子们有很多东西可以玩。"首先，班长肯定了 A 老师工作的积极性和辛苦的付出，但也了解到她确实在对玩具材料投放的认识上出现了一些偏差。A 老师对于区域材料投放的认识停留在"东西多，做得漂亮就是好的玩具材料"的层面上。了解了这一情况后，班长在班会上与教师们进行了交流，最后大家达成共识，即环境是为幼儿的学习和游戏服务的，东西太多会占据孩子们的活动空间。同时，作为物化了的教育目标，材料投放过多容易混乱，不能突出重点。班长进一步引导教师们思考，如何根据最近娃娃家要进行的游戏有针对性地投放材料。玩具不仅要美观，还要有操作性。A 老师说："可以试一试把冰箱开个门，加个隔层，让孩子们在游戏中真的用起来。食物玩具如果做成可操作的半成品，是不是更好些？"班长马上肯定了她的想法，并和班上的教师一起把娃娃家的玩具进行调整，把冰箱开了门，还制作了有粘扣、按扣的水果。调整之后的玩具，很快就吸引了孩子们，他们有的切水果，有的把菜放进冰箱……娃娃家又重新热闹了起来。

【分析与启示】

案例中的 A 老师，作为刚入职的年轻教师，工作特别有热情。她肯付出，不怕辛苦，但因为缺乏工作经验，把握不好幼儿的年龄特点，对于区域游戏材料的作用理解有些偏差。作为班长，工作要讲究方式方法，发现问题不应该一味否定，而应在肯定 A 老师的热情和积极性后，帮助她找到问题的根源。面对类似事件，班长可采取以下三个步骤。

第一，聊一聊。发现问题后，班长不要急于指正，先坐下来和教师聊一聊她的真实想法，以找到症结所在。从专业知识层面帮助教师真正关注幼儿的需求，了解幼儿的年龄特点，理解物质环境的作用。

第二，试一试。找到问题后，鼓励大家想办法，讨论出适宜的解决方法，大家一起试一试。

第三，想一想。将每一次班级研讨的理念贯穿于日常的工作和教学中。班长要随时关注班上教师的教育行为和教育意识，引导教师主动进行反思。

环境创设、物品摆放不应该仅停留在美化教室，应付检查、评比这个层面上。教师要进一步认识到环境对幼儿的重要作用，促进幼儿与环境的互动，发挥环境育人的功能。

班级物品的投放管理要安全、适宜、整洁、有序，并能不断根据需求进行调整。不管是主题墙、区域环境，还是玩具材料的制作与摆放，都要做到整体规划、合理布局，充分利用好每个角落，渗透班级特色，展现出鲜明的班级文化。

（三）理解园所文化，协商制定班级文化

幼儿园文化体现了幼儿园的办学特色、文化底蕴和精神面貌。每一所幼儿园都有着独特的办园风格，也因此形成了不同的园所文化。例如，有的园所提出坚持"和衷共济、合意功成"的办园理念，以"和合"为管理体系和育人目标，具体包括六个层面的内容，即榜样率先——领导班子：合一、合心；队伍养成——教职员工：和谐、合力；家园共育——幼儿家长：和顺、合作；资源共享——社会各界：和同、合生；主体实效——全园幼儿：和爽、合乐；载体渗透——教研科研：和实、合为。由于班级是幼儿园的个体，班级文化建设也成为幼儿园文化建设中不可缺少的一部分。班级文化作为一种隐性的教育力量，表现出一个班级独特的风貌和精神，是一个班级的灵魂所在，具有凝聚、约束、鼓舞、同化的作用。班级文化的形成，是教师共同努力的结果。班长要了解每一个班员教师的想法，多沟通，勤交流，协商制定班级的文化特色。

案例

"和合"文化入人心

某园"和合"的园所文化已根植于每一位教师的心中。教师在充分领悟园所文化的内涵后，在班内开展了建设自己班级文化的活动。为了能让班级建设出更加平等、自主、符合本班特色的班级文化，班长首先制作了一张调查问卷，请每位班员教师结合自己的想法及需要认真填写，给予他们充分的自主空间，鼓励他们大胆说出自己的想法。

调查问卷内容：

你心目中的班级文化是什么样的？

你想为班级做哪些贡献？

你想打造一个什么样的班级？

班员填好问卷后，班长进行了收集整理，认真看了每位教师的问卷，并结合问卷结果进行了分析，结果发现不同性格的班员所表达的想法是不同的。例如，性格内向的教师希望班级文化是相互团结、相互帮助的，而性格开朗的教师希望班级文化是相互理解、富有挑战的。因此，班长利用班会时间，请每位教师向大家分享自己对班级文化的理解。通过相互分享，老师们不仅讨论出了适合本班特色的班级文化，也增进了班级教师彼此间的信任与理解。班长充分尊重每位班员教师的性格特点及想法，与教师们共同制定出了"团结互助、合心合力、敢于挑战"的班级文化。

在班级文化建设活动中，班长不仅给班员教师提供了自由表达的机会，还为班内幼儿创设了主动学习的机会，从而了解孩子们的想法，让他们也能参与其中。"我的大二班"系列活动开展之后，孩子们通过讨论，用绘画的形式把自己对大二班的希望画了出来。有的小朋友画出了"一起手拉手做游戏"的画，有的小朋友画出了"小朋友像一家人一起为大二班过生日"的画……每个小朋友都有自己独特的想法。就这样，在孩子和教师的共同努力下，最终生成了适合幼儿的班级文化——"互相帮助、相亲相爱、开心快乐"。

家长也是班级文化建设中很重要的一部分。因为班级工作平稳、有效地开展离不开家长的参与。因此，班长积极发挥家长的主动性，通过问卷的方式了解家长的内心想法。每一位家长都认真填写了问卷，有的家长还用绘画的形式表达自己的心声，他们字里行间都透露出对幼儿的关爱。最后，在家长的共同支持下，形成了家长的班级文化——"相互理解、彼此信任、共同育儿"。

【分析与启示】

班级文化是一个班级的灵魂所在。因此，班长作为整个班级的主心骨，一定要学会尊重班级成员的想法。班级文化建设不是班长一个人的事，更不能一个人说了算，而是大家共同的任务。班级文化的形成过程既体现了班级成员的主体性，也能让班员自觉地维护和遵守。班长虽然承担着上传下达的任务，但在开展工作时，如果只是命令和告知的话，班级文化一定不是和谐自主的，这就会为今后开展班级工作留下隐患。

班长作为班员教师的引领者，要了解教师内心所想，做他们的倾听者；要尊重孩子的个体差异，做他们的知心姐姐；要理解家长的不同心声，做他们的教育伙伴。我们相信一句话："播下一种文化，收获一种习惯；播下一种习惯，收获一种性格；播下一种性格，收获一种命运。"愿每一位教师都能经营好自己的班级文化，愿每一位幼儿都能在温馨、和谐的班级文化中健康成长！

第三章 班级常规工作

班级管理是幼儿园管理的核心，而班级常规工作管理是班级管理的具体体现。班级常规工作管理是否有序、规范、合理，直接决定了幼儿园班级管理工作质量的高低。

第一节 班长在班级常规工作管理中的作用与工作内容

一、班长在班级常规工作管理中的作用

班长是班级常规工作管理的具体操作者，虽是幼儿园里最小的管理者，但也是幼儿园管理不可缺少的部分，起着承上启下的作用。一名班长必须具备多种能力，因为班长肩负着执行教育教学任务、管理班级的双重任务，既是教育者，又是管理者。

（一）促进幼儿全面发展

全面发展是针对片面发展而言的，偏重或忽视任何一个方面的发展都不是全面发展。全面发展并不意味着个体在体、智、德、美诸方面齐头并进，平均发展，也不意味着个体的各个侧面可以孤立发展。它意味着幼儿在体、智、德、美诸方面全面发展的基础上，在某方面突出一些，但各方面发展保持和谐与协调。

教师面对的是不同的幼儿，首先，要有一颗爱幼儿的心，做幼儿的朋友，在与幼儿共同的活动中，获得幼儿的理解和信任；其次，要仔细观察和全面分析每个幼儿，通过游戏、教学、亲子、参观、郊游等活动全面观察幼儿；最后，要了解班上每个幼儿的特点，针对每个幼儿及幼儿在活动中的具体情况，进行相应的指导。

要实现幼儿的全面发展，班长需要在其中发挥统筹作用。首先，要引导班员教师在思想上达成共识——幼儿的全面发展对其成长起至关重要的作用；其次，要引导班员教师做到互相协调和督促，一旦发现问题，及时提出，并和其他教师商量解决的办法；最后，要注重让班员教师做到公正地对待每一名幼儿，用爱心、耐心、细心去关照每一个个体。

（二）促进教师个体发展

教师的个体发展对教师队伍的专业化进程至关重要。新入职的教师可能对

如何促进自身发展不甚了解，且对班级事务不是特别熟悉，急需一个领路人，这时候班长就要对其进行细心指导，告知他们入职的注意事项，帮助新教师尽快适应环境。年长的教师，入职多年，可能会出现职业倦怠，专业成长已经达到较高水平，上升的空间不大，这时候班长就要采取有效的措施，充分调动他们的积极性。当然，教师个体的成长还与其自身的学习和发展动机密切相关。班长在班级内要营造良好的学习氛围，遇到问题时组织班员教师积极讨论，让大家明白存在的问题以及需要提升的方面。这样，教师就会有明确的发展方向，知道从哪些方面入手。

（三）保障班级各个环节的工作有序进行

幼儿园中的每一个班级虽小，管理工作却也纷繁复杂。要保障班级各个环节工作的有序进行，班长必须注重每一个工作环节，抓好细节工作。班长在探索精细化班级管理的过程中，要特别重视从细小处着手，将每一项工作做细、做实。比如，将每天的工作流程文字化，随时提醒班员教师按流程组织活动；将消毒项目及内容做出明确具体的规定，便于保育员准时按规范操作等，这些看似无关紧要的内容对于班级工作来说却起到了非常有效的指导作用。

（四）保证班级工作顺利开展

班长是班级工作的组织者、管理者和策划者，需要认真思考如何实现班级管理的高效化。在整个班级管理的过程中，班长需要身体力行，用言行一致、光明磊落的品质，认真负责、精益求精的态度去感染班员教师。班长在实际工作中，应经常召开班组会议，及时传达上级的各项文件和精神，同时听取各位班级成员对具体工作的意见及建议，共同协商，找到最有利于开展工作的方法及途径，以便更加快捷地将其运用到具体工作当中。由此可见，班长在班级工作开展中扮演着重要的角色，保障了班级各项工作的顺利开展。

二、班长在班级常规工作管理中的工作内容

（一）关注幼儿

1. 日常管理

（1）对幼儿群体的管理

对幼儿群体的管理是幼儿园一日常规工作中最基本，也是最核心的内容。如何做好面向群体的管理呢？总体而言，需要关注教育教学活动安排、常规培养、生活护理等方面。具体来说，包括一日生活制度、交接班工作、幼儿考勤记录等多项具体内容。

在对幼儿群体进行管理时，制定出科学合理的一日生活制度具有非常重要的意义。一线教师需要遵循其中的规定，并结合《幼儿园工作规程》及《幼儿园教育指导纲要（试行）》拟订本班幼儿的活动计划和目标，开展有益幼儿身心健康发展的教育教学活动。

班长在做好统筹规划的同时，要指导班员教师，尤其是新教师，认真学习和贯彻落实幼儿园的一日生活制度，帮助其快速熟悉和掌握对幼儿群体的管理并开展工作。

①一日生活制度

合理的一日生活制度是儿童身心健康发展的重要保证。班长要根据不同年龄阶段幼儿的生理特点，合理安排他们的一日生活。幼儿园应该根据幼儿的生理特点、年龄特点及季节的变化，制定幼儿的一日生活制度和作息时间表。全园均须严格执行。

资料链接1

托、小班作息时间表

年龄班	时间	内容
托、小班	7：20—7：30	*入园（保健医和班上教师晨检）
	7：30—7：50	*户外活动/早操
	7：50—8：30	*餐前准备（幼儿搬椅子，洗手，挂毛巾） *早餐（要求干稀搭配，幼儿不撒饭，不剩饭，坐姿端正，饭后自己送碗，擦嘴，漱口，重点照顾体弱儿）
	8：30—9：20	*活动区活动（教师进行活动区指导）
	9：20—9：40	*教育活动
	9：40—10：00	*如厕（提示幼儿卷袖子，有序洗手、擦手） *喝水（其他时间做到幼儿随渴随喝） *户外活动前准备（帮助幼儿整理衣服，冬季户外活动前做好适当的保暖防护和运动准备）
	10：00—11：00	*户外活动（组织活动时注意动、静结合，集体和自由活动相结合，幼儿活动量由小到大逐渐加强，随后做好放松和舒缓心率的活动，做进餐前的准备。活动中注意玩具安全，活动时要有教师照顾，并注意做好体弱儿的护理）

幼儿园班长工作指南

年龄班	时间	内容
	11：00—11：20	*餐前活动（适当组织安静的手指游戏和儿歌） *午餐前准备（幼儿搬椅子，洗手，挂毛巾，教师提示幼儿洗干净的小手不乱摸）
	11：20—11：40	*午餐（体弱儿和吃饭慢的幼儿先洗先吃。饭前和进餐时不批评幼儿，不给幼儿吃汤泡饭。提醒幼儿饭菜搭配、干稀搭配。适当为幼儿介绍菜品和吃青菜的好处，鼓励幼儿多吃青菜）
	11：40—12：00	*散步，漱口，如厕，做好午睡前的准备
	12：00—14：30	*午睡（做好室内通风，室温不宜过高，空调、电扇不宜直吹幼儿，体弱儿不宜正对着窗户，避免对流。夏季做好防蚊工作，在安全位置放置驱蚊灯或喷洒驱蚊液，注意个别幼儿的重点护理。对幼儿睡姿做好提示，不趴卧、不蒙头、不咬被角，调整好舒服的姿势，安静入睡）
	14：30—15：00	*起床，如厕，盥洗，梳头 *喝水（其他时间做到幼儿随渴随喝）
	15：00—15：20	*教育活动
	15：20—16：20	*户外体育活动（集体舞）（避免幼儿在阳光下直晒，注意控制运动强度和密度，在结束前做好放松活动，为进餐做准备）
	16：20—16：30	*餐前活动（适当组织安静的手指游戏和儿歌） *晚餐前准备（幼儿搬椅子，洗手，挂毛巾，教师提示幼儿洗干净的小手不乱摸）
	16：30—17：00	*晚餐（体弱儿和吃饭慢的幼儿先洗先吃。饭前和进餐时不批评幼儿，不给幼儿吃汤泡饭。提醒幼儿饭菜搭配、干稀搭配。适当为幼儿介绍菜品和吃青菜的好处，鼓励幼儿多吃青菜）
	17：00—17：10	*餐后盥洗漱口，如厕
	17：10—17：15	*离园前准备（整理衣服和物品）
	17：15—17：30	*离园（接待家长，做好简要交接）

备注：

1. 进餐时间：我园幼儿饮食实行三餐一点，早、午、晚餐和午点，每餐时间 20～30 分钟，两餐之间间隔不少于 3.5 小时。

年龄班	时间	内容
		2. 睡眠时间：幼儿一日睡眠时间不少于 2 小时。 3. 饮水时间：坚持幼儿园的两项原则和两个固定。"两原则"，即随渴随喝，教师及时引导幼儿饮水。"两固定"，即在以上两原则的基础上，每日固定两次饮水时间，上、下午各一次，具体时间见作息时间表。 4. 活动时间：幼儿一日活动时间为 6～7 小时。在平日活动时，实行"三个结合"——活动量大小结合，活动场地室内外结合，活动形式游戏与作业结合。 5. 教育活动时间：每次 20～30 分钟。 6. 户外活动时间：每日户外活动时间不少于 2 小时。
		温馨提示： 1. 班长要随时提示大家按要求和时间完成各项活动，如遇到特殊天气（暴晒、大风、下雨、下雪、雾霾等不利于户外活动的天气），班长要根据各班情况灵活调整活动内容和活动场地。 2. 各园可依据自己的实际情况制定时间和内容。 以上内容仅供参考！

资料链接 2

中、大班作息时间表

年龄班	时间	内容
中、大班	7：20—7：30	*入园（保健医和班上教师晨检）
	7：30—7：50	*户外活动/早操
	7：50—8：00	*餐前准备（幼儿搬椅子，洗手，挂毛巾） *指导值日生工作（检查洗手，放袖子，整理椅子，擦桌子，摆放筷子等餐具）
	8：00—8：30	*早餐（要求干稀搭配，幼儿不撒饭，不剩饭，坐姿端正，饭后自己送碗，擦嘴，漱口，教师重点照顾体弱儿）
	8：30—9：10	*活动区活动（教师进行活动区指导）
	9：10—9：45	*教育活动
	9：45—10：00	*如厕（提示幼儿卷袖子，有序洗手、擦手） *喝水（其他时间做到幼儿随渴随喝） *户外活动前准备（提示幼儿自己整理衣服，冬季户外活动前做好适当的保暖防护和运动准备）

幼儿园班长工作指南

年龄班	时间	内容
	10：00—11：00	*户外活动（组织活动时注意动、静结合，集体和自由活动相结合，幼儿活动量由小到大逐渐加强。中、大班的活动要注意密度和强度，达到一定的锻炼要求，随后做好放松和舒缓心率的活动，做好进餐前的准备。活动中注意玩具安全，活动时要有教师照顾，并注意做好体弱儿的护理）
	11：00—11：20	*餐前活动（适当组织安静的手指游戏和儿歌） *午餐前准备（幼儿搬椅子，洗手，挂毛巾，教师提示幼儿洗干净的小手不乱摸） *指导值日生工作（检查洗手，放袖子，整理椅子，擦桌子，摆放筷子等餐具）
	11：20—11：40	*午餐（体弱儿和吃饭慢的幼儿先洗先吃。饭前和进餐时不批评幼儿，不给幼儿吃汤泡饭。提醒幼儿饭菜搭配、干稀搭配。适当为幼儿介绍菜品和吃青菜的好处，鼓励幼儿多吃青菜，养成不挑食、不偏食的好习惯）
	11：40—12：00	*散步，刷牙，如厕，做好午睡前的准备
	12：00—14：10	*午睡（做好室内通风，室温不宜过高，空调、电扇不宜直吹幼儿，体弱儿不宜正对着窗户，避免对流。夏季做好防蚊工作，在安全位置放置驱蚊灯或喷洒驱蚊液。注意个别幼儿的重点护理。对幼儿睡姿做好提示，不趴卧、不蒙头、不咬被角，调整好舒服的姿势，自觉、安静入睡）
	14：10—14：40	*起床，如厕，盥洗，梳头 *喝水（其他时间做到幼儿随渴随喝）
	14：40—15：10	*教育活动
	15：10—16：20	*户外体育活动（集体舞）（避免幼儿在阳光下直晒，注意控制运动强度和密度，在结束前做好放松活动，为进餐做准备）
	16：20—16：30	*餐前活动（适当组织安静的手指游戏和儿歌） *晚餐前准备（幼儿搬椅子，洗手，挂毛巾，教师提示幼儿洗干净的小手不乱摸） *指导值日生工作（检查洗手，放袖子，整理椅子，擦桌子，摆放筷子等餐具）

年龄班	时间	内容
	16：30—17：00	＊晚餐（体弱儿和吃饭慢的幼儿先洗先吃。饭前和进餐时不批评幼儿，不给幼儿吃汤泡饭。提醒幼儿饭菜搭配、干稀搭配。适当为幼儿介绍菜品和吃青菜的好处，鼓励幼儿多吃青菜，养成不挑食、不偏食的好习惯）
	17：00—17：10	＊餐后盥洗漱口，如厕
	17：10—17：15	＊离园前准备（整理衣服和物品）
	17：15—17：30	＊离园（接待家长，做好简要交接）

备注：

1. 进餐时间：我园幼儿饮食实行三餐一点，早、午、晚餐和午点，每餐时间20～30分钟，两餐之间间隔不少于3.5小时。

2. 睡眠时间：幼儿一日睡眠时间不少于2小时。

3. 饮水时间：坚持幼儿园的两项原则和两个固定。"两原则"，即随渴随喝，教师及时引导幼儿饮水。"两固定"，即在以上两原则的基础上，每日固定两次饮水时间，上、下午各一次，具体时间见作息时间表。

4. 活动时间：幼儿一日活动时间为6～7小时，在平日活动时，实行"三个结合"——活动量大小结合，活动场地室内外结合，活动形式游戏与作业结合。

5. 教育活动时间：每次30～35分钟。

6. 户外活动时间：每日户外活动时间不少于2小时。

温馨提示：

1. 班长要随时提示大家按要求按时间完成各项活动，如遇到特殊天气（暴晒、大风、下雨、下雪、雾霾等不利于户外活动的天气），班长要根据各班情况灵活调整活动安排和活动场地。

2. 各园可依据自己的实际情况制订时间和内容。

以上内容仅供参考！

②交接班工作

交接班工作是一日生活制度中非常重要的环节，它体现了每位主班教师工作的落实情况以及上、下午主班教师之间工作的衔接情况，是一个极具实施技巧的环节。交接班的工作可以从书面记录和口头陈述两方面进行，包括很多烦琐却必要的细节。例如，对当日幼儿出勤基本情况的记录，以及对幼儿的身心活动情况，如情绪、食欲、服药、传染病防控观察与监测等的记录。这些记录是教师工作可溯源的常态化见证，也是评价教师完成一日工作质量的重要依据。

书面记录：主要包括本班应到人数及当日实到人数，幼儿整体饮水量，户外活动量，进餐量及情绪，特殊儿童的特殊情况记录，服药单的填写。

口头陈述：把特殊儿童的特殊情况交代清楚。班内如有实习教师或替班教师，班长要向该教师详细介绍每一位幼儿的特点，尤其需要特殊关注的儿童（如近期身体不适的，对食物过敏的）。

例如，某某小朋友早上来园时食欲不振，发生了呕吐，体温正常，精神状态一般，没有出现腹痛，有可能是早上晕车不适。上午参与活动的积极性不高，中午饭量比平时小，午睡正常，体温正常。请下午班教师（实习教师或替班教师）继续关注幼儿的情绪、精神、体温和食欲。晚上及时将幼儿的一日情况与家长进行沟通，提示家长做好晚间关注和护理。

③幼儿考勤记录

班员教师应做好每天的幼儿考勤登记，班长要对缺勤幼儿进行电话追访，查明原因并做好相应记录。事假、病假的记录应有明确的区分，病假情况更应严格记录，特殊病情（如传染病）须及时上报给园医务室。

班长应与医务室工作人员一起对外出旅游的幼儿做好回访记录，及时了解外出时间、返园时间、健康状况和其他情况，指导家长做好幼儿护理，以及外出隔离制度的相关事宜。进一步通过主题活动、互动墙饰、家园栏目，进行正面的宣传教育，让小朋友们一起学做健康宝宝，开展争当"全勤小达人"等活动。倡导幼儿多喝水、吃饭香、讲卫生、睡觉好等健康的生活方式，提高幼儿出勤率。

（2）对幼儿个体的管理

幼儿园教育应关注幼儿的个体差异，促进每一个幼儿富有个性地发展。所谓关注幼儿的个体差异，就是承认每个幼儿都是相对独立的个体，要尊重个体的特点，并针对幼儿的不同特点，给予适当的空间和适时的引导，因材施教。而要做到这一点，作为一班之长更需要有高度的责任感和敏锐的观察力，充分了解每个幼儿的特点，然后据此选择适合的教育和管理方法。对幼儿个体的管理主要体现在以下几个方面。

①对特殊体质的幼儿的管理

常见的幼儿特殊体质包括肥胖、视力问题、消瘦、食物过敏、高热惊厥、哮喘等。那么该如何加强对特殊体质幼儿的关爱与管理，确保他们健康成长呢？

首先，班长要了解本班幼儿的具体情况并进行分析，对具有特殊体质的幼儿做到心中有数。为具有特殊体质、特殊疾病的幼儿建立档案，以便班级其他教师都能全面了解，使具有特殊体质的幼儿在学习以及日常生活中得到及时的关爱。

其次，班长可利用晨检时间向家长了解特殊体质幼儿的近况。例如，向肥胖儿家长了解幼儿在家的饮食和作息情况，帮助家长寻找原因，改变幼儿的不良习惯。

最后，在幼儿园的常规生活和活动中，班长应随时关注具有特殊体质幼儿的需要。例如，在进餐环节，对肥胖儿进行指导，使其调整进餐顺序和控制进餐速度。进餐顺序以"水果—汤—菜—肉—主食"为宜，幼儿应细嚼慢咽。对吃饭较慢的体弱儿来说，应避免训斥，要多鼓励，让幼儿愉快进餐。天冷饭菜易凉，要少盛再添或及时加热后再吃。在户外锻炼中要提供多种运动形式，因人而异选择游戏内容。在活动中激发肥胖儿的运动热情，鼓励并陪伴胆小、体弱的幼儿放心大胆地参与锻炼。通过多种方式，使每一名幼儿都能在原有的基础上得到提高与发展。

②对不同性格的幼儿的管理

性格决定命运。人都追求快乐，愿一生与快乐为伴。性格乐观的人热爱生活，能真正理解生命的意义，获得幸福的人生。

《幼儿园教育指导纲要（试行）》中指出，"要高度重视幼儿的心理健康"。性格乐观的人遭遇挫折和失败时，就不会灰心丧气，而是始终积极进取。那么，什么是性格？性格是指在对人、对事的态度和行为方式中所表现出来的特点。性格要经过一个长期塑造的过程，一旦形成就趋于稳定。幼儿时期的性格最具可塑性，因此，儿童期是"塑造"性格的关键时期。

每个幼儿的性格都是不一样的，教师应针对不同性格的幼儿采取不同的教育策略。教师应该如何管理班级中不同性格的幼儿呢？

有的幼儿文静内向，平时不愿表达自己的感受，不懂得控制情绪，常会发脾气。对于这类幼儿，教师应给予适当的赞赏，并辅助幼儿拟定一些目标，使幼儿变得有冲劲。教师还可以鼓励他们多做决定，避免过分依赖，同时也要教他们如何表达情绪。

有的幼儿自尊心比较强，在很多方面都表现不错，就是听讲时常常坐不住，还爱做小动作。如果犯了错误，教师对其粗声大气地讲道理，或者当着其他小朋友的面公开批评他，他就会觉得很没面子，进而产生逆反心理，更有甚者会出现与教师争辩的情况。如果教师能悄悄地和他讨论事情的经过，倾听他的真实想法，让他明白其中的事理，那么幼儿以后可能就不会再犯同样的错误了。

有的幼儿由于找不到与教师交流的合适话题，所以不愿意与教师交流。遇到这类情况，教师可以通过观察或家访等方式了解幼儿近期的活动情况，从中找到适合与幼儿交流的话题。如果话题与幼儿近期较关注的事物有关，幼儿就会有话可说，交流起来就会顺畅。这样反复几次以后，幼儿就愿意与教师交流了。

有的幼儿生性腼腆，不太爱主动与人打招呼，有的家长就会因此批评幼儿没礼貌。其实，不是因为幼儿没有礼貌，而是因为他害羞。教师绝不能因此责怪幼儿，不应强求他即刻与人打招呼。教师可以给他一个微笑加以鼓励，让他感受到别人对他的理解。当他能偶尔问候他人时，教师要抓住机会放大他取得的进步，让他觉得这是一件让自己和他人都开心的事。长此以往，相信他就能逐渐学会主动问候他人，成为一个有礼貌的幼儿。

③对特殊事件中的幼儿的管理

在日常生活和游戏中，我们常常会发现，由于观点不同，幼儿在相互交往中易发生各种冲突。这些冲突大多是非敌意的，是幼儿在实践交往、学习与同伴友好相处中所必须经历的社会化过程。

在幼儿间发生冲突时，教师应适时介入，给予适当的引导和支持，使幼儿在解决冲突的过程中，学会识别冲突的问题所在，权衡自己的需求，理解、尊重他人的需要，并通过协商来寻找一个让所有参与者都满意的解决办法。

案例

幼儿争吵起来了

"这是我的锅！""不是，是我的！""我的！"争吵声从娃娃家传过来。高老师悄悄地走近，想一探究竟。只见穿着围裙的小葡萄和小予正用小手紧紧地"夺"着一口炒锅。"是我的！""我的！"……两人都气冲冲地拽着锅不肯撒手，就这样你一句我一句，直到小葡萄气急败坏伸手打向小予，小予也不甘示弱地伸出小手时，高老师快步过去跪坐在他们身边，边用手抚摸小予的后背边以同伴的身份轻声问道："呀，我怎么听到娃娃家有争吵声啊，发生什么事了？"小予一脸委屈地告诉我："高老师，小葡萄打我。""是他抢我的锅，"小葡萄着急地解释说。"别着急，跟我来，我们一起聊一聊，"高老师面带微笑地说道。我们来到教室中较安静的地方，围坐在小椅子上。"谁想告诉我你们因为什么发生了争吵？"高老师刚问道，小予就急忙说："我在给宝宝煮鸡蛋，小葡萄来抢我的锅。""那锅是我先拿到的。"小葡萄解释说。高老师继续问："小葡萄，那你能告诉我刚才发生什么事了吗？"小葡萄一边指着娃娃家的厨房一边说："是我先拿到锅煮大螃蟹的，小予抢走了我的锅。"高老师表现出听懂的样子对他们说道："哦，小葡萄想用锅煮螃蟹，小予想用锅煮鸡蛋，是吗？"小予回答："是。"小葡萄也点点头表示认同。"那你们两个人都想用这口锅该怎么办呢？"高老师表现出一脸的疑惑。两个人面面相觑，最后小葡萄开口说："我用完再给小予用。"小予表示认同般地说："小朋友要一个一个地玩，不能抢。"还没等高老师开口说话，小葡萄继续说道："也能一起玩。""一起煮螃蟹，煮鸡蛋给宝宝。""给宝宝吃螃蟹鸡蛋。""哈哈哈……螃蟹鸡蛋。"在两个人的你一言我一语中，"螃蟹鸡蛋"诞生了。听着两个人的好办法，高老师赶紧肯定道："螃蟹鸡蛋，一听就很好吃！""超级好吃！"小予说完，感觉口水都要流出来似的。想起他俩刚刚差点动起手来，我赶紧追问："小葡萄，你刚刚伸手打小予，好不好？"小葡萄想了一下回答："不好。""那应该跟小予说什么？"高老师问道。小葡萄看着小予小声地说："对不起。"小予似乎还沉浸在"螃蟹鸡蛋"中，笑呵呵地回答："没关系。"就这样两人回到娃娃家，一边笑着说"螃蟹鸡蛋"，一边寻找刚才因争抢散落在地的鸡蛋。

【分析与启示】

幼儿因为与同伴喜欢同一件玩具发生了争抢。动作先于语言是小班幼儿的年龄特点。在游戏中小予有点儿以自我为中心，当他看到锅里煮着螃蟹时，没有想过去拿别的锅，而是直接把螃蟹倒掉，把锅拿来用。小葡萄看到自己的锅被小予拿去用，急于用肢体动作把锅抢回来，从而发生冲突。

其实这只是日常生活中的一个事例，像这样的例子每天都有。发生了怎么办？教师可以采取以下三步来解决。

第一，通过观察，决定介入时机。

当发现幼儿之间发生冲突时，教师不要盲目介入。教师应放大冲突的积极方面，培养幼儿自主学习解决问题的能力，以不出现相互伤害为原则。教师可先静观其变，采取观察的方式，给幼儿学习自主交往以及尝试解决问题的空间。案例中的高老师选择在小葡萄和小予有伤害性动作时以朋友的身份和口吻介入，使紧张的氛围得到舒缓，让幼儿愿意用同伴的语气与老师交流。

第二，安抚幼儿情绪，不武断定论是非对错，倾听幼儿的想法。

当发现幼儿之间即将出现伤害性行为时，教师应及时介入，用语言和抚摸等方式帮助幼儿平复激动的情绪，认真倾听每个幼儿描述刚才发生的事情。教师应保持中立的态度，并重述幼儿的问题，帮助幼儿了解自己和他人的需求。

第三，培养幼儿协商、解决冲突的能力。

当我们注意到没有幼儿会在冲突中受伤时，不妨试试给幼儿时间，让他们自己解决问题。如果幼儿独立解决了一个问题，教师要及时给予肯定。例如，在上述案例中，小葡萄想到办法，并得到老师的肯定后，俩人又相继地想出"不争抢，螃蟹鸡蛋"的好方法。如果幼儿想不出解决办法，教师可以询问幼儿："我可不可以提供一个解决问题的办法？"在获得幼儿同意的情况下，提供办法，或者支持幼儿向其他幼儿寻求帮助，协助他们找到解决冲突的办法。

④对"特殊"幼儿的管理

所谓"特殊"幼儿，是指在智力、情绪、肢体、行为、语言等方面与一般儿童存在显著差异的幼儿。"特殊"幼儿在每个幼儿园里都会有，一般表现在情绪、行为、言语方面，往往情绪较为激动，行为不愿受约束，习惯大声吼叫，有攻击性行为等。对于这样的"特殊"幼儿，班长要花很多时间和心思去耐心地引导和照顾，同时也要兼顾其他幼儿的正常活动。

第一，与班中教师进行沟通，保证其他幼儿进行正常的活动。

"特殊"幼儿的自控力较弱，有时会因为自己不开心而在班里闹上一番，从而影响其他幼儿的正常活动。为了保障其他幼儿的一日生活能够安全、顺利，班长要与班员教师及时沟通，一起制订照顾"特殊"幼儿的计划，同时将班里的情况及时上报园里。

案例

我不想上课

在大班集体活动中，京京对于老师讲的内容不感兴趣，在座位上一会儿逗旁边的小朋友，一会儿又总以上厕所为由频繁地离开座位。老师几次小声提醒后，京京变得更不耐烦了，在桌椅间开始跑起来，一边跑一边大声喊："我就不上课，你来追我啊！"为了不影响其他小朋友继续进行集体活动，不带班的老师无奈地把他带离活动室，帮助他找一些他感兴趣的活动，让他的情绪平静下来。

【分析与启示】

在这个案例中，我们可以看到，京京由于自控力较弱，不能在集体活动中像其他小朋友一样学习，为了不影响其他小朋友活动，不带班的老师只能把他带离活动室。

普通的幼儿园一般没有针对特殊幼儿的专门引导方法和环境。出于对班中其他小朋友的保护，班长应与班中其他教师进行协商，针对京京这种具有特殊情况的幼儿，制定出详细措施，同时，也要将这一情况及时与园长进行沟通，一起想办法解决。作为教师，我们不能轻易对特殊幼儿去贴"自闭症"等类似的标签，因为我们不具备这样的界定资格，但是我们有义务将幼儿在园中的表现及时反馈给家长，帮助家长了解并意识到自己孩子的反常行为。

第二，与班里的幼儿进行交流，让他们学会接纳与原谅。

大班幼儿已经有了判断力，能够分清是非，对于特殊幼儿在班里的一些行为，他们都会有自己的观点和想法，教师应该及时与班里的幼儿进行交流，让他们学会接纳与原谅。

京京又捣乱了

在京京扰乱课堂离开后，孩子们七嘴八舌地说着："京京又捣乱！""老师，他刚才把我的橡皮抠碎了！""都是因为他，我们都没法上课了！""真讨厌！"……听到孩子们的言语，老师很平静地对孩子们说："我们每个人都有优点和弱点，而且性格、习惯都不一样，有的热情，有的安静，有的好动，有的踏实，不管什么样，都是咱们班里的一员，不能因为一个缺点我们就不欢迎他。京京性格开朗、热情，但有时候控制不住自己，影响我们上课的行为固然不对，但是我们对他不应该过多责备，而应该学会原谅他，接纳他，因为他是咱们的朋友、伙伴，是咱们班里的一员，我们要一起帮助他！"听了老师这番话，孩子们都表示要原谅他、帮助他。

【分析与启示】

这个案例中的孩子们已经有了判断对错的能力，由于京京的原因，课堂被中途打断，孩子们对京京的做法很厌恶。教师是孩子们的指引者，应该用正面的语言来引导孩子学会原谅他人，包容他人。

作为教师，我们不仅要关注、照顾特殊幼儿，也要关注其他幼儿的情绪变化和行为变化，帮助孩子们正确地解决问题，正确地对待身边的每一个人，学会包容他人，原谅他人。

除此之外，属于单亲以及被收养的幼儿也需要教师特别关注。由于外在原因以及家庭的关系，他们不能像其他小朋友那么幸福和阳光，他们缺少安全感，性格孤僻，自闭，平时不够自信，活动中不愿意甚至不敢与其他幼儿交往。遇到这样的幼儿时，班长首先需要做的是与家长沟通，将幼儿的表现及时反映给家长；其次需要做的是在游戏以及学习中帮助幼儿树立自信，以多接近、多交流的方式加以引导、鼓励，使幼儿能敞开心扉，在活动中大胆地表现自己，从而感受到快乐。

教师还要关注意外伤害后康复返园的幼儿。对于正在康复中的幼儿，在平时的游戏及学习中，班长应做到心中有数，合理分配教师。活动中要安排专门负责此幼儿的教师，避免幼儿出现二次伤害。与此同时，应以召开班会的形式组织班级其他教师商讨方法，并向全体幼儿介绍该幼儿的情况，让班级其他幼儿都能注意，以免在活动中出现碰伤情况，同时加强这类幼儿的自我保护意识。

在统筹管理班级工作时，班长要发挥带头作用，结合班级幼儿情况适时召开班会，合理分配工作，做到上下统一管理，因材施教，针对不同幼儿采取不同的管理方法，使幼儿在游戏与生活中，得到发展与提高。

2. 专项管理

（1）体能测查

幼儿园体能测查是运用规范、科学的方法，对 3～6 岁幼儿的形态、机能和身体素质等进行测试与评定，是科学指导全区托幼机构健身活动的开展，发挥体育对增强幼儿体质的积极作用的有效手段。

班长每年都要组织幼儿进行体能测查，从而全面、正确地了解幼儿的体质健康状况，为开展幼儿体育锻炼提供了针对性和科学性，进一步改善和提高本班幼儿的身体素质和健康水平。

①与保健人员相互配合

幼儿体能测查应按照《国民体质测定标准手册（幼儿部分）》的要求开展和进行，班长在这个过程中应与保健医、班上教师以及助理教师或保育员相互配合，共同组织实施，并注意选择测试的时间。时间一般安排在每年的 4～6 月进行，且保证与幼儿的健康体检有机结合，避免重复测试。幼儿体能测查按年龄和性别分组，3～5 岁每隔半岁为一组，6 岁为一组，男女共 14 组。测试项目包括身体形态和身体素质两大类，共七个项目：身高、体重、10 米折返跑、网球掷远、双脚连续跳、坐位体前屈、走平衡木。

②日常锻炼和跟进

体能测查的大部分内容需要幼儿掌握一定的技巧。如何让班级教师在日常教育教学活动中渗透这样的教育，是班长可以带领班员进行思考和研究的。

例如，在城市生活中、大班幼儿上肢力量普遍欠缺，爆发力不够。针对这样的情况，班长可以与班员教师一同设计相关的幼儿活动，如扔纸飞机，帮助幼儿体验投掷角度。教师可以带幼儿在日常活动中不断体验和尝试，帮助他们掌握动作要领。

③家园共同实施教育

全面提高幼儿的体能是一项需要家园合作的工作。班长应该与每一位家长紧密配合，及时了解幼儿的身体发育情况及个别问题，做到动态管理。例如，针对幼儿患病，外伤引起动作不便，家庭生活习惯造成的生长缓慢或过快等情况，班长应给予科学合理的指导和建议，必要时可通过召开专题家长会和座谈会，或与个别家长沟通，使家长及时了解幼儿的身体发育情况。

班长还可以利用家园栏、微信、微博等方式向家长介绍一些家庭体能锻炼的小窍门。第一，利用环境进行专项练习。利用生活环境帮助幼儿练习体能是既经济又有效的方法。花池边走平衡，跳方砖，睡觉前在床边练习坐位体前屈等都是可以帮助幼儿进行专项体能训练的方法。第二，通过有趣的游戏进行专项练习。扔纸飞机是幼儿喜欢的游戏，在玩的过程中可以锻炼手臂力量，帮助幼儿掌握投掷的感觉和动作要领。第三，家长与幼儿共同练习。和幼儿一同练习，不仅能增进亲子关系，还能有效提高各自的身体素养。除此之外，家庭运动会、家庭徒步旅游等方式都能增强幼儿体能。

④关注有需求的幼儿的情况

每个幼儿体能发展过程各不相同，有的幼儿饮食不均衡，会发生肥胖；有的幼儿身体虚弱，会出现体弱儿情况；还有的幼儿因为身体发育问题，会出现各种动作发展障碍。班长在与家长沟通的过程中，应该充分了解幼儿情况，并使医务室相关人员对这样的幼儿给予持续的关注。在班级设立特殊幼儿提示牌，用于提示教师照顾幼儿。提示牌上可以标注幼儿情况及照顾的方法。例如，对于肥胖儿，我们可以提示幼儿进餐时少吃多添，餐前先喝汤，加强运动量等。

（2）发展测查评估

儿童发展评价是学前教育评价的重要组成部分，不仅对幼儿身心健康发展有着诊断和促进作用，也对监控和完善幼儿园教育质量至关重要，还有助于促进教师专业化发展和丰富家园共育途径。

①儿童发展评价的参与者

《幼儿园教育指导纲要（试行）》中明确指出："管理人员、教师、幼儿及其家长均是幼儿园教育评价工作的参与者。"儿童发展评价作为一项重要的幼儿园教育评价工作，不仅教师应该参与，而且多主体也应该共同参与，从而实现评价主体的多元化。

②儿童发展评价的内容

儿童发展评价不是对儿童身体发展的单项评价，而是广泛且深入的全面评价，一般涉及身体运动、认知发展、社会性、情绪情感、语言和读写、数学能力、游戏水平、入学准备等。随着近些年《3～6岁儿童学习与发展指南》的颁布以及国际前沿课程评价指标的引入，我们还应该注重对儿童学习品质、学习倾向的评价（如兴趣、坚持、专注、主动性、自信心、独立性、注意力、成就感等）。

③儿童发展评价的方法

国内外的儿童发展评价方法实现了多样化。一般情况下，幼儿园对评价内容和方法的选择多是基于园本课程，而班级注重的是如何实施好本班幼儿的发展评价工作。下文以北京市西城区为例，阐述他们对寻找适宜幼儿发展评价的方式和内容的探索。

A. 根据本园或本区情况，自行研制评价标准

早在 20 世纪 90 年代初，以区（原为宣武区）为单位，教研室研制了适合全区幼儿发展情况的评价手册，包括共同生活、认识环境、主动活动三大部分，每一部分更是细致划分项目。经过多年的测查与验证，这套评价工具被不断修订，至今还为原宣武区很多幼儿园所沿用。

下面两幅图分别为西城区实验幼儿园大三班的儿童发展评价报告。在幼儿小班初期、小班末期、中班末期、大班末期（次数和时间根据各园情况可做调整），班长带领班员教师在三年中为每名幼儿的发展情况评价四次，每次的报告呈现为班级综合评价和每名幼儿的综合评价。教师们可以根据报告看出一年中幼儿的发展情况及成长轨迹，并根据此报告反思这一年中班级的发展情况以及制订全班下一阶段的计划。

班级综合评价　　　　　　　　　每名幼儿的综合评价

B. 高宽课程——《儿童观察记录量表》

《儿童观察记录量表》（COR 量表）是高宽课程中一项真实性评估的工具，有 6 个条目（即主动性、社会关系、创造性表征、运动和音乐、语言和读写、数学和科学），并划分了 32 个观察项目。教师们每周对每个幼儿在日常情境中客观观察几次，根据每个条目按照 1~5 等级进行计分和分级，以反映幼儿当前的发展水平。

观察项目 Q：倾听和理解语言[1]

水平 3：儿童在听故事、童谣或他人的讲述时，会对此进行评论或问有关的问题。

1/16：入园时间，当听蕾妮老师（Renee）讲完关于船上的狗的故事后，内森问老师："为什么这只狗没有家呢？"

---

① ［美］爱泼斯坦：《学前教育中的主动学习精要：认识高宽课程模式》，323 页，霍力岩，郭珺，等，译，北京，教育科学出版社，2011。

4/19：点心时间，当老师在读《比萨》（Pizza）这本书时，苏尼尔（Sunil）说："昨晚我妈妈给我做了一个比萨。"

高宽课程中的 COR 量表使教师能客观地观察幼儿的一日生活，记录幼儿的成长信息，关注幼儿个体各个方面的发展。据此，教师再创设与幼儿相适宜的课程，从而支持每个发展水平的幼儿。需要注意的是，运用 COR 量表评价幼儿的教师必须接受指定的高宽培训者的培训。

C. 新西兰学习故事

学习故事既是一种研究儿童的方法，也是一种叙事性评价方法。通过对儿童在真实情景中的言行进行连续的观察与记录，对儿童的学习与发展做出质性的和解释性的评价。[1] 它能帮助教师更好地观察、理解、识别、评价、支持幼儿的学习。

资料链接

观察记录——好玩的声音

观察对象：蒙蒙（化名），女孩，4 岁

观察时间：2014 年 11 月

自由选择游戏时间，蒙蒙，你和小鱼儿在科学区忙碌地玩着沉浮小实验。当你端着小量杯，准备到盥洗室换水时，手中的小木棍无意中碰到小量杯，发出了清脆的声音。

随后，你又敲了敲小量杯，惊讶地说："老师，您听！我的小木棍敲敲小量杯还能出声音呢，真好听！我要把这个新发现告诉我的好朋友宁宁。"

你的发现让我觉得有趣，我也和你们一起敲起来。最终，盥洗室一片叮叮咚咚声，成了我们的音乐厅。

接着，你们开始用小棍敲不同的东西——水龙头、小柜子、大纸箱、水果盆、塑料盆，还有塑料桶。你边敲边欣喜地告诉我："咦？老师，它们的声音不一样！"我说："我们一起来听一听。"

宁宁也被吸引了，你们一起敲打，我们一起竖起耳朵听。你兴奋地说："纸箱的声音咚咚咚，小柜子的声音嗵嗵嗵，小量杯的声音叮叮叮。"宁宁也拍手说："哇！它们好像都在唱歌！"

看到你们对制造好听的声音这么感兴趣，我忍不住问："除了盥洗室的东

---

[1]　彭丹：《新西兰学习故事及其对我国幼儿园评价工作的启示》，载《早期教育》（教科研版），2016（1）。

西，还有什么东西能发出好听的声音呢？快去找一找吧！"

你们在教室里探索起来，你似乎有了新的发现，大声喊道："宁宁，快来听！小碰钟的声音都不一样呢！"

"咱们也拿到盥洗室试一试吧！"你们拿着小碰钟到盥洗室摆一排，有节奏地敲起来。

你们还发现，小量杯里水的多少不同，发出的声音也不同。

游戏后的分享时间到了，你跟大家分享了这个新发现。有的小朋友提议："这么好听的声音，要是可以到表演区给大家表演，该多好啊！"你马上采纳了这个建议，说："那我们就做很多乐器，这样表演才精彩！"

第二天的自由游戏时间，你开始在百宝箱里寻找可以制作小乐器的"宝贝"。我走过去给你拍照，鼓励你说："试一试，你一定能行。"你开始摆弄着不同的材料：小豆子、奶酪棒、水瓶子、纸箱子……

最终，你和你的小伙伴宁宁把豆子放进了杯子里，摇一摇，竖起耳朵仔细听。"咦，这个声音沙、沙、沙，真好听，像小沙锤。"

"我们把奶酪棒放到杯子里，听听像什么乐器。"最后，你们发现两个自制的小乐器发出的声音不一样。看到这样爱探究的你们，我竖起了大拇指："小科学家，你们真棒！"

为了能让声音更好听，你前一天回家还主动翻阅书籍，搜索有关声音的小游戏，还和妈妈一起制作小鼓，并在第二天到班里有声有色地讲给小朋友们听，让大家了解了相关知识。谢谢你，蒙蒙！

经过几天的探究，你和你的小伙伴小鱼儿、优优、丁丁终于开始了自己的乐队表演。我们所有人都被你们的乐队表演吸引了，小观众们都不约而同地拍手喝彩。通过这次表演，你们把自己的想法活灵活现地展现在我们的眼前。

我在这个故事中看到了什么？

蒙蒙，你积极主动的学习态度真让我感动！几天的游戏让我看到你对声音那么感兴趣。你就像一个小科学家，充满好奇心和探索精神，敢于在教室不同的地方尝试，发现各种各样的声音，这真让我惊喜万分！

更让我感动的是你竟然能想到"做很多乐器，这样表演才精彩"，主动为自己设定探究的目标，这说明你做事有计划。当你制作出第一件小乐器"沙锤"时，你都没有满足，还主动回家查阅书籍，不断想办法制作更多的乐器，发出更好听的声音，这让我看到了做事能坚持，还能从经验中学习的你。我不禁感慨：这是一个多么会学习的孩子！你已经初步养成了良好的学习行为和习惯。

在你的热情和智慧的带动下，班上的小朋友也对声音和制作乐器产生了兴趣，大家在一起共同探索，合作表演。在你们的共同努力下，终于——你们的小乐队诞生了！

这真是我听过的最美妙的声音！

看到你对声音那么感兴趣，有想法，善于创造，我就忍不住想象：你们还会探索出哪些好听的声音呢？我又能为你们提供哪些支持呢？

如果你们喜欢，就让我们一起搜集乐器吧！试一试每种乐器怎么发音，听一听它们的声音有什么不同。如果你的家人有人会表演，会制作乐器，也可以来到我们班参与我们的游戏，那一定是很忙碌、很幸福的时刻。

我们还可以一起寻找、阅读有关声音小常识、小游戏的书籍，让我们的游戏活动更丰富，更有趣。

其实我也想加入你们的小乐队，和你们一起表演，和你们一起搜集各种废旧材料，和你们一起继续探究……

期待我们能有更多的发现，能在探索中共同成长！

教师带领儿童学习故事时，除了叙述文字，还可以配上学习过程中的照片，还原幼儿学习的过程。学习故事不仅要读给小朋友们听，还要给家长看，这一过程发现的是儿童的闪光点和"哇时刻"。这是一种记录儿童成长过程、反映当今先进儿童观和教育观的评价方法。

不同的儿童发展评价方式各有利弊，体现了不同的儿童观、教育观和课程理念。班长在带领班员对本班幼儿的发展进行评价时，应把握评价原则和评价方法的适宜性。在评价的过程中，以下几个问题需要引起班长、教师的关注。

首先，"完整的儿童"而不是"片面的儿童"——评价时教师应整体把握幼儿的发展情况，不要仅仅局限于对知识的评价，还要注重对儿童的情绪情感、学习品质等方面进行综合性评价。

其次，"你真的是"而不是"你应该是"——评价时教师应遵守"客观科学"的原则，认真按照评价的方法和标准进行。男孩一定比女孩跑得快吗？瘦弱的孩子一定比强壮的孩子力气小吗？我喜欢她就可以多给她打分吗？教师一定不要凭空想象或主观臆断儿童的发展水平，不要受到"刻板印象"的影响，也不要因"偏爱"等情感倾向而影响真实的评价结果。

再次，"在教室评价"而不是"在备课室评价"——教师应在自然、真实的情境中记录幼儿的真实表现，并以此为依据，进行评价，应注意评价的动态性、形成性、发展性等。在日常学习和生活过程中对儿童进行评价时，不要过于追求评价结果，要让儿童的学习和发展看得见。

最后，"用在实践"而不是"留在纸上"——对儿童发展的评价能够真实地反映课程的质量，是与幼儿、家长沟通的依据，也是制订今后课程（或儿童学习）计划的重要参考信息。因此，班长应将评价与课程保持一致，努力做到在课程中评价，在评价的基础上促进课程，最终促进儿童的发展。

④班长在儿童发展评价中需要注意的问题

班长除了要了解基本的评价内容和方法外，还需要注意以下几点。

第一，保密原则。评价结果属于幼儿的个人隐私，若班长与班员教师利用评价结果对幼儿做出公开的比较，甚至嘲讽，将会对幼儿的发展造成不良影响。因此，班长要做出示范，与班员教师正面沟通评价结果，注重保护幼儿的隐私。

第二，文化敏感。评价项目和方式要尊重少数民族、其他国家或有宗教信仰的家庭和幼儿。例如，班中若有不同文化背景的幼儿，班长要有意识地带领班员教师去了解幼儿所属文化的特征和习俗，避免在与幼儿交往的过程中使用敏感词汇等，以免对幼儿和家庭造成伤害。

第三，统筹协调。班长在整个测评过程中不仅要实施评价，还要做好监察工作。比如，班长在评价前带领班员教师参与培训，评价中保证数据真实可靠，评价后对数据和观察记录分析到位，并有效地运用在今后的实践中。

（二）带动教师

1. 班会的组织与召开

班会是班长带领班员教师召开有关班级事务的会议。制订班务工作计划，定期召开班会，及时传达幼儿园园务会议精神，落实幼儿园的整体工作计划，是幼儿园班长的职责所在。但是，班长不仅要起到"传声筒"的作用，更应承担起团结班级成员，监督完成教养任务，协调班级工作，为班级创设宽松、和谐、愉快的工作氛围的职责。因此，班长在组织与召开班会时，要思考使班会更加切实、有效的途径。

（1）班会的作用与流程

班会是幼儿园管理和班级管理中不可缺少的一环，班务工作的好坏直接关系到幼儿园班级管理工作的成败。组织与召开班会的主要作用是完成园里的工作，实施班级保教工作计划，发现班级工作中的问题等。

组织班会的主要流程如下。

第一，制订好本班的班会计划。班长要为班会召开做好充分准备，要分析班级工作的优势和问题，明确本次班会的目的，确定班会的形式。

第二，按园内制度召开班会，并预先将内容告知参会教师。班长组织班员教师共同讨论班会召开的时间和内容。一般情况下，依据班级需要，班会至少隔周召开一次。如果时间过长，积累的问题可能会多，不利于及时处理。如遇重大活动、特殊情况等，可以临时召开班会。确定时间后应预先告知班员教师，以便教师提前思考，使"讨论"环节能够更具针对性和实效性。

第三，组织教师进行讨论，并做好记录。班长组织教师就重点问题进行讨论，在达成共识后，确定具体实施方案。同时，班长要做好会议记录，形成班会纪要。

第四，做好总结与反思工作。班长对班会工作解决了哪些问题，还存在哪些问题需要继续思考进行总结。班长还可带领班员教师一起反思工作中存在的问题与不足，分享并吸取他人的有益经验，提高班员教师自己处理问题的能力。

（2）班会的常规工作内容

①讨论班级幼儿的常规培养

针对此项内容的班会一般在每学期初或班级某项常规出现问题的时候进行。班级常规需要根据幼儿的发展状况不断进行调整。常规调整的依据包括幼儿园一日生活各个环节的目标、幼儿发展不同阶段的特点以及教师培养策略。通过班会的召开，班长与班员教师在常规培养方面达成共识。

②讨论班级幼儿的发展状况及支持策略

在班会上，班长组织班员教师一起讨论本班幼儿所处的最近发展区和近期的学习与发展状况，如幼儿一日生活的组织与管理、家长工作、教育工作（主题活动、集体教学活动、游戏活动、户外活动）以及班级环境的调整等，从而明确下一步的保教工作，更好地为幼儿服务。

③上传下达落实园务工作要求

班会上，班长主要向班员教师传达园级分配的园务工作，并与教师共同商讨解决方案，如对园内各项大型活动方案的制订。

④带动班员教师互助学习

定期召开班务学习会，针对班级工作，开展形式多样的学习活动。例如，教师推荐好书好文，树立新师德，学习反映幼儿园"课程"理念的相关内容等，形成班级内的学习共同体，带动班员教师相互学习与帮助。

⑤针对专题进行研讨活动

班长带领班员教师针对某一主题进行研讨，如分离焦虑的应对策略、亲子采摘活动的预案、毕业典礼的活动设计、班级环境的创设，以及针对小组或个别幼儿的教育策略的研究。

（3）幼儿园班会容易出现的问题

第一，班会容易变成班长的一言堂。班长把自己的意志强加给教师，而没有关注教师的接受程度。

第二，班长总结时只罗列教师的发言而不进行梳理和提炼。

第三，班会准备不充分，内容缺乏针对性和实效性，只为完成任务而开会。

第四，班长对班级存在的问题不够明确，不能引导教师有效讨论。

（4）组织与召开班会的小窍门

班会是幼儿园最基层和最基础的会议，但却具有重要的作用。班会的有效开展能够促进班级的有效管理和教师的成长进步，反之则会影响园所工作的落实。那么，班长组织和召开班会有哪些小窍门呢？

①轻松开始

班长可以以孩子最近发生的趣事或者小游戏作为开头，营造一种轻松自由的氛围。

资料链接

组织与召开班会的小游戏示例

游戏：瞎子背瘸子

游戏道具：纱巾、拱形门（2个）

游戏时间：2～3分钟

游戏玩法：A老师背B老师，A老师当"瞎子"，用纱巾蒙住眼睛，B老师当瘸子，为"瞎子"指引道路，绕过障碍。

游戏目的：班员教师通过玩这个游戏，知道团队的每一个人都有各自的作用，两个人的力量比一个人的力量大，只有组员协调一致才能够完成挑战。

游戏：写纸条送祝福

游戏准备：纸条、笔

游戏时间：2～3分钟

游戏玩法：组员以匿名的方式把祝福的话语，或同伴的闪光点写在纸条上并放在桌子中间，大家分别抽取纸条后，大声念出上面的内容。

游戏目的：增进彼此间的友谊，多发现同伴的优点，并给予鼓励。

游戏：你的心思我来猜

游戏准备：写有简单一句话的纸卡

游戏时间：2～3分钟

游戏玩法：班长把事先准备好的纸卡给其中一位班员教师看，另一位班员教师来猜。要求同伴之间不能说话，只能靠动作表达。

游戏目的：认识到同伴之间多沟通、勤交流的重要性，有的时候自己想的和猜的未必是对方的真实想法。

②"智慧"流动

班长可以让班员教师轮流主持召开班会，增强班员教师的主人翁意识，锻炼教师组织与召开会议的能力，同时，充分调动班员教师的积极性，提高班会的质量。

案例

让"智慧"流动起来

某班的王老师是一位有着自己想法和具备一定教学能力的青年教师，李老师则是有着多年教学经验的老教师。教师们的很多好想法往往因为没有机会和平台而被淹没了，所以班长尝试改变班长一言堂的班会模式，由班级所有教师轮流主持，以此来调动班上教师的积极性。这种形式也进一步展现了每一位教师的潜能。例如，王老师很喜欢摄影、旅游，所以在她主持的班会上，她提出要和孩子们一起办一个旅游摄影展，让孩子们借助照片交流假期的趣事，还提意把相机交给孩子们，让他们真正地去学习摄影，教师也能通过他们的作品看到他们关注的视角。作为年轻教师，她能更好地捕捉一些新鲜事物，把很多新潮的想法带进班级。而李老师在主持班会时，会特别注重幼儿常规方面的培养，并且与大家一起分享她自己多年的教学经验。例如，在准备家长栏的内容时，李老师提出，在春秋两季应多加强传染病防治的宣传工作，同时应向孩子们介绍必要的卫生常识，开展相关的活动。这些想法的提出弥补了年轻教师经验上的不足。

【分析与启示】

在召开班会时，班长的想法总是潜意识地主导着班级工作的开展，长此以往，本应由班员教师共同讨论的工作，也会变成布置任务。而这种由班员教师轮流主持召开班会的形式，让每位教师都有了班级主人翁的意识，每个人都会积极主动地参与到活动中，为班级建设献计献策。

同时，采用轮流主持班会的形式时，班长需要注意：第一，在班会召开之前，要先与主持的教师进行沟通，树立正确的观念，把握大方向。第二，在对班员教师贡献智慧给予肯定的同时，给他们适宜的支持，让他们在主持班会的过程中获得成就感，进一步调动他们在班级工作中的积极性，让大家的智慧真正在班级工作中流动起来。

③发挥特长

每个人都有特长。班长应了解班员教师的情况，根据他们的不同特点，安排适宜的工作，使其发挥出最大价值。

案例

发挥班员教师的特长

在一次以"为公开课评选活动做准备"为主题的班会中，年轻教师对音乐活动的组织有些困惑，特别是为音乐伴奏怎样才能真正与孩子们互动的问题而苦恼……班长 L 老师知道班中的保育员 S 老师钢琴弹得特别棒，于是鼓励她为年轻的教师提提建议，指点迷津。

班长 L 老师说："S 老师弹琴弹得可棒了，是咱们园里的钢琴高手，现在更是咱们班的好资源！一方面，现场弹奏更能调动孩子们的热情；另一方面，老师还能随着孩子的反应来变化节奏等，这过硬的专业能力是录音伴奏所不能比的。有了您的帮衬，咱们年轻的小老师在与幼儿互动方面会表现得更加精彩！相信您一定能给活动提出很多建议，让我们的小老师学到很多经验！"在 L 老师抛砖引玉后，两位老师对这节公开课的准备充满了热情，更加积极地投入到备课、磨课中去了。

【分析与启示】

每个班级的教师配置有所不同。比如，有的保育员年龄大了，积极性不高，往往也不会主动表现自己的特长，年轻的班员教师又怕麻烦老教师，不太好意思问，这就形成了守着优质资源却不能发挥作用的尴尬局面。这时候班长不仅需要全面了解班级成员的情况，还需要主动架起沟通的桥梁。

班长召开班会时，除了布置任务，还应注意发挥每个班员的特长，激发其工作的热情与积极性，同时拉近教师间的距离，使他们更好地为班级服务。多给教师们一些鼓励，多制造一些相互交流学习的机会，帮助他们在工作中更快地成长起来。

④发现亮点

在日常生活中，班长要发现班员教师在处理问题上的好策略，并给予及时的肯定。

案例

在平常生活中找寻"美"

在一次以"调整幼儿一日生活常规"为主题的班会活动中，当班长提出问题后，小刘老师说："我发现离园时，幼儿在往外走的过程中，经常出现拥挤的情况，很混乱。观察了几次以后，我发现其实不是孩子们淘气造成的，而是我自己安排的离园座位有问题。比如，孩子坐成三排，每排的间距很小，孩子放物品的口袋放在他们自己的椅子下面，孩子听到老师叫名字后要弯腰拿口袋，再从间距那么小的排中间蹭出来。有的孩子动作慢，就会堵住后面的孩子，势必出现拥挤混乱的情况，责任在老师而不在孩子。"班长听到后立刻表扬了小刘老师。

【分析与启示】

工作经验少的教师，面对孩子的问题，有时考虑会欠周全，导致孩子易受到批评。小刘老师能发现自己工作中的不足，并从多角度去思考，发现问题的根本原因，这是值得肯定的。对于年轻教师的自我反思，班长能及时发现并给予肯定，这样可以促进年轻教师在日后的工作中更积极主动地发现问题，实现自我的专业成长。

班长要善于在教师的言语、行为中发现亮点，并给予肯定和表扬，提升班级教师的自信心，并使其在接下来的工作中能更好地把握方向。在班级形成积极向上的氛围，有助于教师的自我反思和专业发展。

⑤学会授权

班长相信教师，给教师机会，教师也会回馈惊喜。例如，班长可以将班会的某个板块交给班员教师负责，让他们体验如何做班会的计划，鼓励他们用自己的智慧设计班会的形式，并使他们学会从"管理"的角度来看待班级工作，以此增强班员教师的主人翁意识。

案例

授之以鱼，不如授之以渔

张老师是班级中比较有经验的成熟型教师。在一次日常沟通中，张老师提出，对于小班孩子日常的生活护理问题，老师们不仅要做好保育工作，也要培养孩子们的自理能力，让孩子们学会自己的事情自己做。

班长十分认可张老师的想法，于是就鼓励张老师以"幼儿如何成为生活的小主人"为主题，主持一次班会活动。一开始，张老师还有些不自信，担心主持不好。班长鼓励她："您就这个观点跟咱们班的几位老师讨论一下，先让大家有这个意识，之后我们再来一起讨论做法，一起准备。您一定没问题的！"听了班长的话，张老师点了点头。

接下来，班长和张老师，先就这个主题开展了"备课"活动，对哪些环节可以培养孩子的生活自理能力，怎样发挥环境的教育作用等进行梳理，并共同制订了班会计划。"备课"后，张老师更有信心了，也更有思路了。

到了班会时间，班长把这个环节交给了张老师主持。她思路清晰地带领班员教师进行讨论，并梳理出了下个月的工作重点。同时，她还结合自身的经验，教给青年教师日常护理幼儿需要关注的细节问题，包括站位，每个生活环节该关注哪些幼儿，对于部分幼儿该如何开展家长工作，引导家长也来共同培养幼儿自理能力等。其他教师认真地记着笔记，还在会后一同积极地创设让幼儿自己照顾自己的环境。

会后，张老师感慨道："站在管理的角度主持班级工作确实不容易，以后我一定继续发挥作用，把班级工作做得更好！这次主持班会，还让我学会了如何制订班会计划，这对学习管理工作很有帮助。"

【分析与启示】

班长要想做好班级工作，光靠自己的努力和单打独斗是远远不够的。古语有云："三人行必有我师焉。"在这个案例中，张老师在日常工作中的经验和见解值得班级所有成员学习和借鉴。在班会活动的整个准备过程中，不仅张老师有很大的收获，其他教师也从张老师身上学到了很多经验，这些都推动了之后工作的顺利开展。

班长要学会把权力下放，让教师站在"管理"的角度体验班长的工作。这样不仅可以使教师与大家分享自己的经验，也可以提高他们的自信和积极性，让他们把自己当作班级的主人，加强班员教师的"沟通意识"，为共同做好班级工作奠定基础。

⑥巧妙处理

班长要善于寻找班级需要关注的问题，而不是某个人要关注的问题，并巧妙地处理班会中出现的问题，还要及时表扬好人好事，为教师注入正能量。

案例

巧妙处理教师间的不同观点

班会上，三位教师就如何引导与管理特殊幼儿的问题进行了讨论，并就班级中S小朋友打人的现象阐述了各自的看法。A老师觉得面对此事应进行引导式管理。首先，要对S小朋友打人的原因进行分析。其次，应将此事告知家长，加强与家长之间的沟通，从而达到家园共育的效果。最后，通过这些方式，帮助S小朋友了解自己行为的不当，并帮助其改正。而B老师则对此有不同的意见。B老师认为，S小朋友的行为极大地威胁到了其他幼儿的人身安全，为了减少S小朋友对大家的伤害，应该对他进行隔离式管理，在活动中让其他幼儿尽量与他保持距离。A老师和B老师在解决问题的方法上出现了很大的分歧，两个人都坚持自己的观点，谁也说服不了谁。为此，班长虽然心里对两位老师的观点有明确的看法，但是并不急于发表自己的观点，而是让他们分别实施自己解决事情的方法，在实践中让他们发现问题，得到成长。在实施的过程中，他们发现了彼此在事情处理上的优缺点。再次开班会的时候，班长让两位老师从不同角度发现彼此的优点，从而反思自己在处理问题上的不足。大家就两个人实际操作的办法又进行了讨论，最终达成一致，彼此也获得了成长。

【分析与启示】

案例中，班长虽对A、B老师的意见有明确的看法，但并未用班长的权威强制教师采取某种做法，而是给班员教师机会，让他们反思与总结，最终巧妙地处理了教师间的分歧。在班级管理工作中有很大一部分是"管人"的工作。当教师之间的意见发生分歧时，班长的态度尤其重要。班长不能凭私人关系去袒护一方，更不能任之不理，而应该保持中立的态度。在班会时，班长应让教师充分表达自己的看法和理由，并请大家分别去尝试，从实际效果中判断哪些方式更为适宜。切勿用自己的看法决定一切，要引导教师培养"问题意识"和"思考意识"，给教师研究、尝试的机会，培养"研究型"的教师，建立"研究型"的班级文化。这样，教师才能有所悟，从而更好地开展今后的工作。

2. 班级计划的制订与实施

班级计划主要是指下一学期或下一学年要做的事情。

（1）制订班级计划的目的和意义

首先，完成班级计划是完成幼儿园工作计划的基本保障。班级是幼儿园的基本单元，班级工作的圆满完成是幼儿园整体工作目标达成的基础。其次，执行班级计划是对幼儿园保教工作计划的具体实施。班级计划源于幼儿园的保教工作计划，班长可通过班级计划分解、细化保教工作目标，并制订出学期重点工作和具体措施。最后，班级计划是班级工作开展的依据和基础。班级计划的制订，有利于班级工作稳步、有序地开展。同时，班员教师可依据班级计划检查班级工作的完成情况，确保班级各项工作保质保量地开展。

（2）制订班级计划的依据

第一，要依据幼儿园工作及保教工作计划，将总体目标分解到计划内容的各个环节。

第二，要依据幼儿园保健工作计划，将保健工作重点及要求进行梳理，并适当在计划中体现。

第三，要依据班级幼儿的发展需要和实际发展水平，结合幼儿发展测查评估和幼儿体能发展测评结果，分析汇总，在相应的专项计划里制订实施内容。

第四，要依据班组会议商讨、决定计划的具体内容。在召开班会时，教师领会相关的总体计划内容，商讨班级学期重点工作，确定开展形式及具体措施。利用依据的关键是学会筛选信息，找出班级工作的重点、难点。

（3）制订班级计划的内容

班级计划的内容，以学期计划为例，应包括以下五个方面：第一，班级情况分析；第二，教育教学工作；第三，家园共育工作；第四，卫生保健工作；第五，常规工作。

①班级情况分析

对班级现状的分析就是制订班级计划的基础。班级现状分析包含班级信息分析、教师信息分析、幼儿信息分析，以及家长信息分析。

班级信息包括向幼儿园各部门或者原来班级的教师进行询问，了解他们对本班工作的意见及建议。班长要和幼儿园各部门多沟通，充分发挥上传下达的作用。例如，保健室本学期需要班里配合的工作是什么？教研室对本班新学期工作有哪些要求？

教师信息包括班长对自身以及班级成员的分析。班长要对自己的带班经验以及管理经验有反思，如自己是否准确把握所带班级幼儿的年龄段特点，是否能够全面地安排班级工作。对班员的分析内容包括性格、工作态度、工作能力、带班水平等，特别是班员个人的优势。班级工作是非常琐碎繁杂的，如果每个人都能发挥最大的作用，那么就能事半功倍，还能够激发和调动班员的工作热情，营造团结奋进的工作氛围。

幼儿信息包括幼儿年龄段特点和班级幼儿的特点。班长有一定的带班经验，对幼儿的年龄段特点把握准确，但是绝不能把年龄段特点当作班级特点，因为每一届、每一个班的幼儿都有各自的特点。例如，同样的教育活动在年龄相同的两个班进行也会有不同的反应。因此，不能把经验当成宝典，一成不变地照搬工作。发展评估是我们了解班级幼儿很重要的工具。在每个学期初和学期末，对班里的幼儿进行发展评估能够为我们制订班级计划提供重要依据，它可以帮助我们了解幼儿在五大领域内的发展水平。例如，在对某小班幼儿进行发展评估后发现，大部分幼儿不能独立地穿脱衣服，那么在制订班级计划时就要将提高幼儿的自理能力作为重点之一。

资料链接

了解幼儿信息小窍门

1. 回顾《幼儿园教育指导纲要（试行）》细则和《3～6岁儿童学习与发展

指南》中相应年龄段儿童的特点。

2. 回顾以前所带此年龄段幼儿的状态和特点，以及以前开展过的相应活动。

3. 如果是新接班，则要向上一任班长了解本班幼儿的各方面情况，以及开展过的活动。必要时先与家长进行沟通，了解幼儿的相关信息，并结合上一学期的发展评估，关注班级的整体发展水平。

4. 如果是新小班，则要通过家访、调查问卷等形式了解幼儿的家庭情况、性格特点、兴趣爱好、身体状况等信息。

5. 通过学期初和学期末的发展评估，了解本班幼儿的发展情况。

家长信息包括家长对幼儿园及本班工作的意见和建议。每位班长都应为家园共育搭建多种平台，如家园栏、个别交流、家长会、家访等，还可以利用现代新媒体，如微信、微博等。在这些平台中，最重要的信息不是我们发布的各种通知和班级动态，而是家长的反应、回复和想法。例如，在小班刚入学时，教师设计了"您说我说"的栏目。班长为每个孩子的家长都提供了一个小袋子，家长可以将任何在来园和离园时来不及和教师沟通的问题写成纸条，教师会查看留在袋子里的纸条，并及时回复或直接与家长面谈。

值得注意的是，光列出这些信息是不够的，我们应该反思，哪些信息反映了班级工作的优势，应该继续保持，哪些信息反映了工作中的问题，这些问题能否通过本学期的工作进行改善。此外，第二学期的计划还要总结上学期的工作优势和不足。班长和班员教师只有明确了自身以及班级工作的优势和不足，才能扬长补短。优势是经验，不足是前进的动力。

②教育教学工作

制订班级计划，要注意统一教学原则、主题活动和环境创设的内容、大型活动的组织等方面。统一教学原则是教育教学工作的基础，简言之，就是统一教师对幼儿的要求。制定和统一教学原则可以形成良好的班级常规，但需要注意以下几点。

第一，只有班级的每位教师对每次活动都提一样的要求，才能保证教育活动的顺利进行，并养成幼儿良好的倾听习惯。班长应该与班员教师及时沟通，商量并统一各个环节中对孩子的要求，使孩子们有序地活动。

第二，不同的教学原则会营造不同的班级氛围。如果班里的教师都鼓励幼儿提问题，那么孩子们就会勤于动脑思考。如果班里的教师都鼓励幼儿尝试自己解决问题，那么孩子们就会喜欢探索和尝试。如果教师都鼓励幼儿表达不同的想法和意见，那么孩子们就会有很多创造性的想法和做法。班长应敏感地意识到班中幼儿的特点。如果幼儿普遍都比较拘谨，不敢说话，那么教师就要反思自己对幼儿提的要求是否太多，限制了他们的活动。如果是，教师就要及时调整，减少限制幼儿活动的要求。例如，在喝水的过渡环节，不要求幼儿都坐在椅子上等待全部幼儿喝完水，可以让先喝完水的幼儿自己安排一些事情，如玩会儿玩具，和同伴聊会儿天，等等。

第三，要考虑到个体差异，减少整齐划一的要求。例如，小班幼儿刚入园的时候好动，在小椅子上坐不住，那么在不影响他的安全，不伤害别人，也不影响集体活动的情况下，就可以允许他离开椅子，做他想做的事情。

主题活动和环境创设要基于对本班幼儿的分析，内容要来源于幼儿，且符合本班幼儿的发展水平和发展需要。

大型活动的组织主要指"六一"、新年、郊游等活动的组织。组织活动时，班长应该注意以下几点。

第一，预想好本学期可能的大型活动，如节庆活动、春秋游、亲子活动等，这样可以有充分的准备时间，合理地安排好班级活动。

第二，抓住大型活动的契机，开展系列教育活动，如秋游采摘活动。如果幼儿有一些前期经验，那么在秋游时就会有更好的感知和体验。所以，在学期计划中，就可以设计一些果实采摘活动，帮助幼儿积累一些关于果实的知识，更好地发挥秋游采摘的教育价值。

教育教学所涉及的课程和活动主要有以下几类。

第一，常规性课程。这类课程主要是指幼儿园根据《幼儿园教育指导纲要（试行）》实施细则和《3～6岁儿童学习与发展指南》制定的关于五大领域的教学大纲，以及幼儿园园本课程。这些相关活动是较为传统且具有传承性的活动。由于课程涉及五大领域，因此，常规性课程是促进幼儿全面发展的必修课程。

第二，基于幼儿年龄特点和兴趣点的课程。这个课程可能是预成的，也可能是生成的。相比常规性课程，它更为灵活，也更考验教师对幼儿年龄特点和兴趣点的把握。只有真正符合幼儿年龄特点和兴趣的活动，才能有效支持幼儿的学习和发展。

第三，通过对幼儿观察分析而设置的活动。这些活动需要在观察幼儿游戏的基础上生成，考验的是教师敏锐的观察力和准确的判断力。只有对幼儿的游戏行为有正确的解读，设计的活动才能帮助幼儿扩展经验。

③家园共育工作

家长是孩子的第一任教师，只有教师和家长在教育观上达成一致，才能更好地促进幼儿的健康成长。班长在制订家长工作计划时，无论以什么形式与家长进行沟通，都必须向家长传递正确的教学理念和信息。家园沟通工作主要包括以下五种。

　　第一，家园栏。家园栏是幼儿园与家长最直接的沟通平台。它的主要功能是传递幼儿园信息、活动告知与发布、呈现班级动态。它区别于网络平台的作用是，能及时公开发布信息并让家长及时与教师沟通。网络平台一般直面父母，但现实情况是很多孩子都由祖辈接送，而很多老人使用网络平台不方便。因此，在通信发达的今天，家园栏依然不能少。

　　第二，家长会。家长会是家长最重视、最主动的家园互动形式。开家长会的主要作用是与家长就班级工作进行全面沟通，传递有教育意义的理念，明确新一学期班级教学的重点和难点。家长会可以有多种形式，具体采用哪种形式要根据家长会的目的决定。

　　第三，网络平台。网络平台能够和家长，特别是不常来园的父母进行及时沟通，弥补了家长因为工作忙，或其他原因而无法与教师面对面沟通的遗憾。另外，由于即时通信工具的发展，各种资讯都可以随时通过网络平台传达给家长。因此，网络是指导家长育儿和传达正确育儿观的有效途径。

　　第四，家访。家访是促进家园共育的重要方式，特别是能够使教师结合孩子的生活环境与家长进行一对一的沟通。这种方式让教师和家长、孩子之间更加亲近，也让教师更直观地了解孩子的生活环境、家庭的亲子关系及教养方式。

　　第五，个别交流。个别交流是教师与家长沟通最常用的方式，通常在家长接送幼儿时开展。如果教师想要谈话内容更丰富和深刻一些，可以单独约见家长。这种方式往往能使家园工作开展得更深入，让家长感到教师认真负责的工作态度，和对自家孩子的关爱与关心。需要注意的是，在和家长沟通时，特别是谈到孩子的问题时，一定要让孩子回避，以免引起孩子不必要的焦虑。

　　④卫生保健工作

　　卫生保健工作包括班级的卫生工作和幼儿的保健工作。《幼儿园工作规程》第二条指出："幼儿园是对3周岁以上学龄前幼儿实施保育和教育的机构。"由此我们可以看出，幼儿园在保育和教育方面具有同等重要的作用。因此，班长必须重视班级的卫生保健工作。做好卫生保健工作，首先要明确在全园保教计划中关于保育的目标与要求。其次要明确幼儿园保健部门对班级保健的要求和具体实施措施。幼儿园要根据全园保教计划及保健部门计划，结合《3~6岁儿童学习与发展指南》中健康领域的相关内容开展卫生保健工作。应该注意的是，制订的计划既要面向全体幼儿，又要照顾到个别肥胖儿与体弱儿。

⑤常规工作

常规工作包括班级一些日常的工作内容、教师合作、物品管理等。

班长既要能对幼儿园的事务起到上传下达的作用，又要能将幼儿园的重点工作与班级工作相结合，并随时根据幼儿园的要求调整班级工作，还要能随时把班级各方面的情况与领导进行沟通。因此，在制订计划时，班长要以幼儿园本学期的重点工作为依据。例如，本学期幼儿园在户外活动上的目标是结合阳光体育对幼儿的要求，通过教师的自制玩教具提高幼儿的综合体质。那么根据这个目标，班级这学期的重点工作就应该包括自制户外玩教具，以及提高幼儿的走、跑、跳、投的能力。

（4）班级计划的结构及撰写注意事项

班级计划的结构如下：

第一，班级现状分析。主要包括对幼儿的分析、对教师的分析、对家长需求的分析。

第二，本学期总体工作。主要是结合园内的计划制定本学期目标。

第三，具体措施。主要包括教育教学措施、环境创设措施、家长工作措施、卫生保健措施、安全节能措施等。

第四，逐月安排。主要是安排每个月的重点工作。

撰写班级计划的注意事项如下：

第一，要落实园级目标。撰写的目的是让计划更加系统、具体、可操作。因此，班长在撰写计划时，要注意结合幼儿园的学期计划。班级计划一定要围绕着园级重点工作来开展。

第二，班级成员要参与学期计划的撰写。班长要根据班员教师的兴趣分配班级计划的撰写任务。当然，如果在班会上，班长已经带领班员教师讨论了班级计划，并且班级成员已经表达了自己对新学期的想法，也可以由一个人根据班会记录来执笔。

第三，制订计划前要充分调研。在撰写计划前，班长一定要和班级成员沟通好，并且充分了解和尊重班级成员的意见和建议。另外，家长的意见也非常重要，班长可以通过多种方式来征求家长对新学期的展望和建议。

第四，计划要具体可行。计划是行动的指南，要力求详细、具体，可实施，有操作性。因此，班长撰写计划时，不要写空话、套话。

第五，计划要全面。班长管理着班级方方面面的工作，因此，在制订计划时要考虑全面。班级工作琐碎繁杂，如果没有计划，往往事倍功半，既耽误了时间，又影响了幼儿的发展和成长。

小班第一学期学期计划

一、班级现状分析

教师方面：本学期与 X 老师、Y 老师合作。X 老师有一定的工作经验，带过小班，对小班幼儿有一定了解，但由于刚刚调来幼儿园，很多事情还需要适应。Y 老师是位新入职的教师，虽然教学经验不多，但是年轻有活力，朝气蓬勃，深受孩子们喜爱。本学期教师工作的重点是，一方面提高 Y 老师的带班能力，另一方面要帮助 X 老师尽快融入幼儿园的大家庭。

幼儿方面：目前本班有 29 名幼儿，15 名女孩，14 名男孩。通过家访发现，大部分孩子口齿清楚，四肢灵活，性格各异，一部分幼儿自理能力还有待提高。因此，提高幼儿的自理能力是本学期保教工作的重点。

家长方面：班上绝大多数父母能接受先进、科学的教育观念，有少数家长由于工作忙，对孩子的教育稍有忽略。老人带大的孩子比较多，溺爱和娇惯使得一些孩子有偏食、挑食和过于依赖成人的现象。这就要求本学期要对不同家长采取不同的工作方法。

二、本学期总体工作

根据我园本学期总体工作安排，本班工作安排如下。

1. 通过开展一系列有趣的游戏活动帮助幼儿摆脱分离焦虑，使全体幼儿安全、平稳、快乐地度过一日生活。

2. 加强与家长的沟通，增进家长对教师的信任，共同为每位幼儿的发展努力。

3. 树立班级常规，开展安全教育活动，使幼儿有序、安全地从事各种活动。

4. 根据大纲要求，开展适合我班幼儿水平的、丰富多彩的活动，促使幼儿健康、快乐地全面发展。

5. 开展阳光体育运动，丰富户外玩具材料。

三、具体措施

（一）环境创设

1. 主题墙：神奇的果园

内容：根据季节，并结合小班幼儿爱探索、喜欢藏东西的特点，在墙上布置三棵有树洞的大树，投放一些可以放在树洞里的小动物玩偶，幼儿可以将小动物随意塞到树洞里，与墙饰互动。幼儿将果树的叶子做成手工作品展示在墙上，教师同时渗透一些秋天有哪些果实长在树上的知识。

目标：（1）愿意关注与季节有关的自然事物，对果实感兴趣。

（2）愿意将自己的手工作品展示在墙上，喜欢参与认识季节的活动。

2. 娃娃家

内容：家是孩子最熟悉的地方，浓浓的亲情会使他们感到安全，得到温暖。对孩子来说，幼儿园是他们的新"家"。在班级环境创设时，有意识地为幼儿创设温馨的氛围，让他们在温馨的家园中主动尝试一些活动。幼儿通过扮演爸爸、妈妈，模仿他们的动作等，感受家的氛围，从而减少离开父母的焦虑情绪，满足情感上的需求。帮助幼儿建立幼儿园像我家，老师像妈妈的情感。

目标：（1）对"家"有进一步的认识，愿意模仿家中成员做事。

（2）喜欢与同伴一起游戏，感受在幼儿园游戏的快乐。

3. 建筑区

内容：本学期投放的是软质的大块长方体积木，一是安全，二是长方体的结构最容易搭建。除了积木，在建筑区还投放了一些小动物玩偶。主题需要在观察幼儿游戏的基础上再确定。

目标：（1）愿意用软质积木进行搭建活动。

（2）喜欢搭建，体会搭建带来的乐趣。

4. 语言区

内容：主题是"当我们同在一起"，与绘本《当我们同在一起》相结合。

首先是 9 月初到 10 月中旬，主要内容是围绕"我和爸爸妈妈在一起"，这时需要收集孩子和家长的全家福；然后是 10 月中旬到 11 月底，也就是孩子们适应了以后，以"我和小伙伴们在一起"为主要内容，这时需要收集一些孩子们在一起玩的照片；最后是 12 月，可以布置一些小朋友和小动物玩的照片或者是生活照。

目标：（1）愿意和老师谈论自己的家庭，愿意关注幼儿园的同伴。

（2）喜欢阅读绘本，愿意与同伴一起看书。

（3）愿意与同伴或老师交流在幼儿园发生的事情，感受幼儿园安全、温馨的氛围。

5. 自然角

内容：以果实为主题，通过各种感官，认识秋天的果实，以及果实在冬天的变化，与美工区和主题墙结合。要求家园共育，引导孩子一起收集果实。

目标：（1）愿意关注果实，对果实感兴趣。

（2）通过摆弄果实，感知不同果实的特点。

6. 表演区：森林音乐会

内容：针对小班幼儿好游戏、好动、好玩、好奇、好模仿，情绪变化快，注意力易转移，兴趣短暂的特点，以"森林音乐会"为主题，在音乐区中提供各种动物的衣服、头饰、卡通音乐等。先让幼儿认识乐器，给幼儿奠定基础后再开展森林音乐会的主题活动。

目标：(1) 喜欢音乐，愿意摆弄乐器，参加表演活动。

(2) 体会与同伴在一起表演的乐趣。

7. 美工区：宝宝巧巧手

内容："为小动物穿花衣"，粘贴小动物形象。引导幼儿利用涂抹、画画、团球等多种方式装饰小动物的花衣服。[丙烯颜料：红、黄、蓝、绿、白、棕、黑；泥工：橡皮泥（红、黄、蓝、绿）；工具：滚子、小刷子、棉签、水彩笔、蜡笔、大小毛笔、胶棒、剪刀、胶条、双面胶、一次性纸盘、碗、垃圾桶、围裙套袖、桌布、刻花器、气球、乳胶；各类各色纸：宣纸、黑卡纸、白纸、A4纸、彩色电光纸、瓦楞纸、皱纹纸、手揉纸、双面包装纸]

目标：(1) 愿意利用各种工具进行美工活动。

(2) 体会美工活动带来的乐趣，敢于大胆动手创作作品。

8. 益智区

内容：投放较大孔串珠、插片等益智玩具。投放一些感知的材料，与墙饰好玩的毛毛虫结合，给毛毛虫穿不同材质的衣服。

目标：(1) 通过与材料的互动，锻炼小肌肉群的灵活性，感受操作的乐趣。

(2) 感知不同材质，尝试区分软硬、薄厚等材质的属性。

9. 生活区

内容：投放穿衣服、夹豆子、倒豆子等锻炼小肌肉群的材料。

目标：(1) 练习系扣子、用勺子等技能。

(2) 体会自己做事的自信与乐趣。

(二) 家长工作

目标：

1. 与家长的沟通达到畅通无阻。

2. 家长能积极关注班级的动态，关注幼儿的发展，主动参与班级的事务。

3. 家长的教育观念有明显的转变，能与教师的教育形成呼应与互补。

具体措施：

1. 利用每学期的家长会，帮助家长了解中班幼儿的生理、心理特点及学习特点，正确把握教育方向和方法，重申一些幼儿园和班级的常规要求，为后面其他工作的开展做铺垫。

2. 在条件允许的情况下，争取每周都有一个开放日，或具体的活动开放，让家长深层次地了解班级的活动内容、形式及幼儿在其中的表现，从而更有针对性地配合班级工作。

3. 利用家园专栏的窗口，让家长了解班级的动态及自己孩子的点滴变化，吸引家长关注孩子，积极配合，增设活动反馈内容，从而一举两得。

4. 教师主动了解不同家长的需求，针对不同的幼儿，与家长做好个别沟通，共同商讨个别孩子的教育方法，达成共识，形成合力。

（三）卫生保健

1. 配合医生做好体检工作。

2. 查牙涂氟。

3. 通过家园栏宣传健康知识及育儿经验。

4. 做好春季传染病的预防工作。

5. 严格按照规章制度做好卫生消毒工作。

（四）安全工作

1. 根据教材《幼儿安全教育》开展幼儿安全教育。

2. 张贴幼儿能看懂的安全标识，将安全教育渗透在环境中。

3. 提高自身及班员的安全意识。

4. 及时排查班中的安全隐患，及时上报。

（五）班级管理

目标：

1. 创建和谐的班级工作环境，树立积极向上的班级气氛。

2. 一个学期后，每个班员都有新的收获、新的成长。

具体措施：

1. 组织班员教师重温岗位职责，让班员教师明确责任，相互配合，工作行为更加规范。

2. 帮助新教师熟悉班级幼儿的情况，更好地服务于幼儿和家长。

3. 组织班员教师共同制定适合本班现阶段的常规，并严格按常规做事。

4. 清点班级物品，要求班员教师用完物品后放回原处，爱护公物，树立节约意识。

5. 安全卫生常抓不懈，这是一切工作的前提和基础。

四、逐月安排

八、九月：

1. 做好开学前的各项准备工作（卫生、环境创设、家园栏、区域等）。

2. 制订学期计划。

3. 体能测试标准细化，制定出阶段发展目标及相应的体育游戏。

4. 抓好幼儿的常规，各项工作尽快步入正轨。

十月：

1. 组织好幼儿秋游活动。

2. 组织关于游戏区活动指导的交流。

3. 组织秋季运动会、徒手操、创编操。

十一月：

1. 自荐活动，观摩研讨。

2. 体育游戏展评。

3. 园内游戏区活动指导，观摩评比。

4. 园内家长工作交流（各种工作记录、专栏、反思、效果反馈等）。

十二月：

1. 户外、区域玩教具材料展评。

2. 准备庆新年活动。

3. 做好各项工作总结（包括幼儿作品整理等）。

【分析与启示】

本案例结构清晰，内容全面。班级现状分析涵盖了教师、幼儿和家长三方面。本学期目标能够结合幼儿园的总体保教计划。环境创设内容符合小班幼儿的年龄特点，内容丰富。与家长沟通方式多样。重视卫生与安全工作，注意保教结合。逐月安排具体、详细，但仍有一些值得改进的地方，包括以下几点。

第一，家长工作方面可以增加对个性化的孩子或家长的指导。

第二，卫生保健工作应该增加对特殊儿童的关注。由于是新入园，教师可能对幼儿还不熟悉，开学后如果发现需要特殊照顾的幼儿，可以再对班级计划进行补充。

第三，班级管理中可以增加对每个教师的具体指导策略。班长要根据教师的特点给予不同的指导。

班级计划的撰写是班级工作的重要内容，也是落实园所指导思想、开展班级活动的关键环节。在撰写过程中，要结合本班幼儿、班员教师，甚至幼儿家长的特点，在充分调研的基础上制订，以确保计划的全面性和可行性。

（三）班务管理

1. 班级安全管理

（1）班级安全教育

①班级中常见的安全问题

第一，班级环境中存在的安全隐患引发的安全问题。

班级环境创设和幼儿一切活动的安排都应从保护幼儿的身心健康和生命安

全出发。教师应对班级环境、设备、场地、玩具、房舍以及水电暖设备及时进行检查，如若发现安全隐患，如开水壶、烫饭位置摆放不当，室内开关、插座位置容易使幼儿接触到，幼儿自行开关电脑、打印机、消毒柜等电器，在室内组织跑、跳等较为激烈的体育活动，门窗没有防撞装置，班级活动材料有尖锐物、户外活动场地湿滑、不平整，等等，应及早采取防范措施。班中每位教师都应当知晓班里有哪些需要注意的安全问题，提高安全教育意识，加强责任心。

第二，教师的责任心不强引发的安全问题。

教师责任心差，安全意识不强，同样会引发班级安全问题。例如，组织集体活动时，教师"心中没计划，眼中没孩子"，把个别幼儿单独留在室内；幼儿经常离开教师视线；服药时，教师没有仔细核对姓名、剂量、用法，没有对服药情况进行记录；在入园或午睡时，教师没有检查幼儿身上有无危险品（如火柴、小刀、别针、扣子、小珠和玻璃片等）；组织幼儿户外活动前后，没有及时清点幼儿人数；晚班教师在下班前疏于检查门、窗、水、电是否关好等。因为幼儿年龄较小，自我保护意识淡薄，极易发生意外伤害，教师应该时时刻刻关注每个幼儿，提高自身的责任意识。

第三，安全教育策略不当引发的安全问题。

重保护，轻教育：有的教师偏重对幼儿采取全方位的保护，认为少组织户外活动或避免组织有挑战性的体育运动就可以减少事故的发生。这样其实是剥夺了孩子通过实践锻炼，提高自我保护能力的机会。成人的过度保护容易造成幼儿体质下降、运动能力降低的情况。因此，教师在关注和保护幼儿的同时，更重要的是教给他们必要的安全知识，增强他们的自我保护意识和能力。

重知识，轻实践：在日常进行安全教育时，教师一般会采用说教的方式，直接告诉幼儿"该做什么，不该做什么"，这种灌输式的教育方式忽视了幼儿的亲身实践。幼儿常常是"左耳进，右耳出"，其效果可想而知。从知到行之间有一段距离，幼儿知道怎么做，但如果不加以实践、练习和巩固，他们是不会自动产生相应的安全行为的。

②班级开展安全教育的有效方法

班长作为班级的管理者，不但要指导教师利用适宜的方法开展班级安全教育工作，还要做到随时随地观察、提示、监督、检查，使安全工作真正落到实处。

第一，日常生活中的细节教育。

教师可通过与幼儿谈话，让幼儿观看安全教育录像或利用发生在身边的一些事故对幼儿进行教育，使幼儿了解一些安全隐患及自我保护的方式，提高自我保护能力。

第二，生动有趣的主题教育。

以大班为例，教师可以通过开展生动有趣的安全教育主题活动，让幼儿了解更多的安全知识，提高幼儿全方位的自我保护意识。在主题活动开展的过程中，利用真实的骨骼图及人体骨架，引导幼儿在认识骨骼的基础上，了解保护自己的骨骼不受伤害的方法。例如，不用力拉扯同伴；不踢坚硬的石头；不从高处往下跳，以免发生骨折、脱臼等问题；遵守交通安全，以免发生交通事故，伤到骨骼等。

第三，目标明确的集体教育。

幼儿学会必要的自救常识，学会正确拨打特殊电话号码：110、119、120，学会正确表述困难。通过消防演习、地震演习等了解简单的自救技能。能背出父母的电话号码、家庭住址等。

教师还可以运用儿歌、故事向幼儿介绍外出游玩时以及乘车时的注意事项。

第四，主动参与规则制定。

教师可以利用日常生活中的突发事件，和幼儿一起探讨，共同制定行为规则，并使幼儿接受和遵守。

第五，潜移默化的标记教育。

标记有提醒注意的作用。因此，在日常活动中，教师应有意识地引导幼儿去主动观察，发现班级中有危险的地方。教师还可以邀请幼儿为班级制作各种安全标识，如"有电，不要触摸""不摸插头开关""不玩门，会夹手""正确取放剪刀"等图标，并贴到相应的位置，时刻提示幼儿。

第六，家园齐心共教育。

利用家长园地、家园联系册、微信、电访等形式，与家长联系，及时提醒家长确保幼儿在家或外出时的安全。对每一位幼儿的来园、离园进行刷卡管理，以确保幼儿接送安全。

幼儿园的根本是安全，只有在安全的基础上，才能谈教育。安全工作是一项长期而艰巨的工作，教师应时刻谨记。通过多种途径让幼儿学会自我保护是幼儿教育的重要内容。每位教师要本着"宁可有备无患，不可无备有患"的原则，提高自己的责任心，细心开展每一项活动，教给幼儿多方面的安全知识，避免发生危险和意外，真正做到让每个幼儿健康、快乐地成长。

（2）班级卫生保健管理

卫生保健工作是幼儿园的重要任务。托幼机构的卫生保健工作应贯彻"预防为主、保教结合"的工作方针，坚持为幼儿创造良好的生活环境，预防控制传染病，降低常见病的发病率，培养健康的生活习惯，保障幼儿的身心健康。幼儿的健康成长既是父母的心愿，又是幼儿园保教工作的目标。卫生保健工作是做好保教工作的基础和保障，在班级中落实园所卫生保健工作尤其重要。幼儿在日常生活中会接触各种材料、玩具，加之幼儿的自身抵抗力较弱，所以良好的卫生习惯及健康的日常护理对幼儿的成长至关重要。班级教师理解并配合园内保健人员开展各项卫生保健工作是细化卫生保健任务的关键。

案例
对肥胖儿的管理

开学初，幼儿园体检的测查结果显示，某班有两个超重儿童和一个中度肥胖儿童。在了解了班中肥胖儿的情况后，班长马老师与家长以及保健医进行了有效沟通。结合对肥胖儿的了解，马老师与班内教师对其进行了细致的分析，并召开专项班会共同讨论，制定了关于肥胖儿的班级调查问卷，便于在户外活动、区域活动及教学活动中开展减缓过度肥胖的各项活动，使肥胖儿在活动中得到改善。

为了让班员教师都参与到调查问卷的制定中，马老师首先提出了几个针对肥胖儿的问题，用以引发班员教师的思考。问题如下：

1. 你了解肥胖儿吗？如果班级中出现肥胖儿，在日常生活中你会怎样去指导？

2. 在户外活动中有哪些活动可以更好地促进肥胖儿健康愉快地运动？

3. 可以通过哪些方式关注肥胖儿的心理与身体情况？需要做哪些前期工作与准备？

教师们经过思考和探索，将班内肥胖儿的情况进行了归因。结果发现，一名幼儿是因为遗传，另两名幼儿是由于家长担心孩子吃不饱，在幼儿园吃过晚饭后还会让在家吃一顿饭，所以才会越来越胖。分析原因之后，教师们决定采取班内健康管理、离园有效沟通的双重策略，并在班内开展了"我健康我快乐"的主题活动，让幼儿了解健康知识，了解肥胖人群。教师们还大胆尝试，让每个幼儿背着厚厚的书体验肥胖儿的生活，知道肥胖带来了很大的不便。同时，教师们引导幼儿制订自己的健康计划，提醒并监督幼儿在户外活动时执行自己的计划，让他们成为健康的小主人。

另外，在户外体育活动中教师们尤其重视肥胖儿的运动情况。在"我是小老师"的活动中，教师们引导幼儿在活动中带领其他幼儿跑步，做操，示范动作，以加大幼儿的运动量。在进餐环节，提出先喝汤后进餐的进餐要求，耐心提示幼儿细嚼慢咽。在实践中，班长带动班员教师积极开展关于肥胖儿的宣传活动，提高班员教师、家长及幼儿对肥胖的认识，制订改善肥胖儿、超重儿情况的管理计划。对肥胖儿的照顾不仅仅是对其进餐量的控制，也是每位教师落实"儿童第一、保证幼儿健康"教育精神的重要体现。

幼儿园在深入了解肥胖儿管理工作的基础上，不仅为幼儿建立了肥胖儿档案（包括由家长记录幼儿的运动饮食情况），而且向家长发放肥胖儿情况调查问卷，提供肥胖儿相关知识的健康资讯等。为了使班内肥胖儿的工作顺利开展，教师利用电访、表格记录的方法记录幼儿的健康情况，并通过"比比谁的星星多"活动促进幼儿在家中锻炼。这项工作的开展也赢得了家长的支持。

【分析与启示】

在本案例中，为了让班员教师参与其中，班长提出问题，引导班员教师思考和探索并制订计划。班长带动、引领班员教师，与之沟通互动，共同商讨，制订有效的方案是解决问题的重要方式。在日常工作中，班长只有调动班员教师的工作积极性、主动性，充分发挥班员教师的优势，才能使班员教师的心像一股绳一样紧紧地拧在一起。只有每一位教师都能自觉做到细心和关心，把班级卫生保健工作当作为自己和家人而开展，才能让园所的"和合"文化生根发芽，浸入每个人的内心。

在班级卫生保健管理问题上，班长应做到以下几个方面。

首先，班长应严格执行幼儿园的各项卫生保健制度。教师应严格执行幼儿的一日生活作息时间，科学安排幼儿的一日生活活动，要求幼儿不得提前开饭、提前上床、过时起床，严格执行擦桌子、洗小水杯和毛巾等多项制度要求，为儿童的健康提供保障。

其次，班长应带领班员教师研究保健工作，共同组织开展丰富的课外活动，创新性地开展各项常规工作，并确保幼儿园卫生保健工作的规范化、科学化和人性化，为幼儿的身心健康和快乐成长奠定基础。

最后，保持家园一致。班长应结合园内的要求主动与家长沟通，保证卫生保健工作的顺利开展。

（3）突发事故的应急处理

安全是幼儿园工作的重中之重，只有在安全的基础上，才能谈教育。幼儿园突发事故分为以下两种：各种未知灾害引起的安全事故和一日生活中潜在危险引起的突发事故。班长在其中应该发挥哪些作用呢？

①班长主动承担责任

班内突发安全事故时，不管是谁当班，班长都应主动承担责任，配合保健医第一时间送孩子去医院就医，并联系家长，及时反馈事故发生的过程，抚慰家长的情绪。之后，随时和家长联系，了解孩子的情况，家访探望孩子，让孩子体验来自教师的关爱。同时，应及时向班员教师反馈孩子和家长的情况，共同分析事故发生的原因，避免类似事故的再次发生。

②观察、分析幼儿的情况，预防安全事故发生

在一日生活中，教师应时刻关注幼儿的一举一动，及时发现问题，共同分析问题，解决问题，防止意外事故的发生。例如，当幼儿在户外游戏中玩得太兴奋时，教师要运用有效策略使其及时调整，以免幼儿因为太兴奋而忽略安全；当幼儿没有精神时，教师要及时了解原因，不要因为幼儿身体的不适而产生安全隐患；当幼儿下楼梯时，如发现孩子有争抢等危险动作，应及时提醒。

③通过案例分析，帮助班员教师提高处理应急事件的能力

通过案例分析，班员教师能在实际情境中感受，并对应急事件的处理过程有完整的了解，从而在以后遇到类似事件时更易于进行知识的迁移。

案例

在班会上，班长提供了一个案例："离园的时候，有两个幼儿闹矛盾，其中一个幼儿不小心抓伤了另一个幼儿，受伤幼儿的妈妈马上要找那个幼儿的家长理论。"对于这个时候应该怎样做，教师们进行了讨论，并达成了以下共识。

首先，明确教师在这个时候应该及时地介入。

其次，在突发事故发生后，教师要让家长第一时间陈述事故发生的经过，如果自己有直接责任，不要推卸责任，以真诚得到家长的谅解。

再次，教师要让家长感受到教师的真诚和对幼儿的关心。比如，教师可以在第一时间拥抱幼儿，并对幼儿进行询问，表扬幼儿的坚强等。

最后，在抚慰了家长的情绪以后，站在家长的角度分析问题、解决问题。如果是教师的责任，应向家长真诚地道歉，并尊重家长意见，妥善处理后续事情。

【分析与启示】

教师往往难以通过单纯的理论学习快速有效地指导自己的实践活动。案例中班长通过案例分析的形式，让班员教师自己总结并反思面对突发事故应急处理的流程和方式。一方面增强了教师对这一流程和方式的认可程度，另一方面加深了教师对此内容的印象。同时，这样也有助于教师将总结的经验迁移到日常工作的其他相关事件之中。

④班长带领班员教师学习安全知识，提高安全意识

第一，根据园里的安全制度制定本班一日常规。

班长定期召开班会，带领班员教师学习安全制度，通过对园里的安全案例

进行有针对性的分析，结合园内安全制度，与班员教师共同商量一日常规以及教师的站位，在实践中不断商讨，不断调整，力争做到安全无死角。

第二，提高使用玩教具时的安全意识。

班长有必要在开学初组织关于玩教具主题的班会活动，如幼儿使用剪刀、弹珠、小豆时的安全教育等。有了前期的铺垫，在开展活动时，教师就能做到心中有数，有效预防安全事故。例如，在投放区域材料的时候，班长带领班员教师一起预设哪些材料可能会给孩子带来危险，应该怎样预防。给幼儿介绍材料的时候，教师应该和幼儿一起说一说这些材料在玩的过程中应该注意些什么。在幼儿操作的过程中，教师之间要进行分工，让每个幼儿都处在教师视线范围内，如果发现危险、隐患，应及时介入引导，保证幼儿操作材料时的安全。

（4）幼儿园大型活动中的安全

幼儿园的大型活动和集体外出活动包括节日庆典、运动会、游园会、艺术节、升旗仪式、早操、集体出游、看电影、远足等。大型活动和集体外出活动的安全管理，难在活动人数众多，活动环境较为开放，活动内容较为复杂，需要幼儿园及教师关注的"安全点"太多，稍有疏忽便容易出现安全纰漏。特别是在有家长参与的活动中，家长和教师往往认为，对方会更多地关注孩子的安全，而不经意地降低自己对幼儿安全的"敏感度"，导致情绪高涨的幼儿更多地暴露在安全隐患之中。由于幼儿园是活动的主办方，因此，对参与活动的幼儿负有安全管理的职责，即便家长在场，也不能免除园方的这一职责。

案例

让我们的活动更安全

一年一度的春游活动即将开始，今年某班将要和孩子们一起到大兴进行采摘活动。孩子们听到这个消息后非常开心，教师们也十分期待。但作为班长，Z老师深知这样的活动对幼儿的安全防护提出了更高的要求。为此，Z老师带领班级教师开展了以下几项工作。

一、安全预案的讨论制订（召开班会，共同制订安全预案）

在活动开展前，教师们召开了一次班会，明确了班级成员的安全职责分工，并一起制订了本次活动的安全工作预案。预案包括以下内容：一是工作目标；二是安全管理的组织机构、人员及其职责分工；三是具体的安全措施，包括出行途中的安全防范措施、在目的地进行活动时的安全防范措施以及安全教育等；四是明确突发事件应急处理程序等。

二、安全宣传和安全教育（活动前对家长进行安全宣传工作，对幼儿实施安全教育）

在举办活动之前，向带队教师、家长及幼儿进行了安全宣传和动员活动。通过向教师进行安全动员，让教师认识到幼儿安全的重要性，强化其安全责任意识；通过事先告知家长活动的计划与安排，提醒家长配合幼儿园对孩子进行相应的安全教育，切实履行家长的监护职责；对幼儿进行安全教育，是举办大型活动和集体外出活动前不可或缺的环节。在活动之前，教师们对幼儿进行了安全教育，和幼儿一起制订了出游计划，并在制订计划的活动中向幼儿明确了应该注意的事项。例如，幼儿能够知道在出行途中要排好队列，不得拥挤，遵守乘车秩序和交通规则，遵守活动场所的规章制度，听从管理人员和教师的指挥，不打闹、推搡，不脱离团队自行活动，发生紧急情况要立即向教师报告。通过安全教育，增强幼儿的自我保护意识，提高其自我保护能力。

三、活动过程中加强对幼儿的管理、监督和保护

在活动进行过程中，负责幼儿安全的班长应当对幼儿的行为加强约束和管理，不得让幼儿脱离团队自行活动，要保证每一名幼儿都处在教师的监管之下。当幼儿做出危险性行为时，教师应当及时纠正、制止。在上下车、到达目的地时，以及活动过程中，带队教师应当清点人数，防止幼儿走失。特别需要注意的是，当队伍集合、解散时，当幼儿上下车、进出场馆、上下楼梯、爬坡时，教师一定要在现场进行疏导，保证幼儿的通行有序进行，切忌一味求快，以防发生拥挤、踩踏事故。

班长在活动中不仅要关注全班幼儿的安全，也要关注个别幼儿的情况。在幼儿外出活动时，班长一定要观察每位幼儿在活动中的表现，随时了解他们的情况。例如，当个别幼儿出现身体不舒服、情绪低落或者过于兴奋的状况时，班长要适时干预。如果这个时候班长在照顾全体幼儿，便可叮嘱另一位教师来照顾。

【分析与启示】

社会实践活动是发展幼儿社会交往能力，培养幼儿的独立性和意志品质的最佳途径。但从以往的外出实践活动，以及同家长的交流中发现：场地的宽泛，外界新鲜事物的刺激，以及幼儿与生俱来的活泼、好动的特点，导致幼儿经常会好奇地去"探险"，而他们不能预见行为的后果，缺乏自我防护的意识和能力，常常存在极大的安全隐患。因此，为了让外出的安全教育真正做到家园配合、同步教育，班长应与班级成员共同协商制订春游安全计划、活动安排，全面客观地分析潜在的危险因素，针对个体差异共同探讨教育措施，让幼儿的外出实践安全教育真正做到因人而异、因地而异。同时，应充分发挥家园

互动的作用，帮助家长在参与安全教育活动的过程中提高自己的教育意识和能力，使家长成为我们的合作伙伴。

在安全教育中，增强幼儿的外出安全意识，改变幼儿的不良习惯以及提高幼儿的自我防护能力，这三者应该相辅相成，相互渗透。幼儿具象的思维方式决定了安全教育需要通过一个个具体的实例，形象而科学地向幼儿阐明其中的道理。幼儿对安全防护知识的掌握需要一个过程，教师要将安全教育意识牢记心中，善于捕捉教育的契机，提高幼儿的自我保护意识和能力。

2. 班级物品管理

班级物品管理是幼儿园物资财产管理的重要组成部分。班级物品是指班级空间里的一切物质，包括班级内部的所有设施、设备、日用品和玩教具。设施是指班级内部为了满足幼儿日常生活和学习需要而设置的，相对固定的装置（如盥洗室所需要的洗手池、水龙头、便池等）；设备是指班级中供幼儿在学习和生活中长期使用的电器和物品；日用品是指班级中服务于教师工作、幼儿学习和生活的所有物品；玩教具是指幼儿在游戏和学习中使用的物品及材料。

（1）班级物品管理的重要性

①班级物品管理是保障幼儿一日生活顺利开展的基础

班长管理班级的物品时，要分工到人，责任明确，这样班级的物品才能井井有条，班级的环境才会整齐有序，班级的氛围才会轻松愉快。管理好班上的玩教具，可以为幼儿的学习活动提供方便，满足幼儿在幼儿园生活的物资需要，为幼儿一日生活活动提供良好的物质环境。可以说，班级物品管理是保障幼儿顺利进行一日生活活动的前提。

②班级物品管理是确保节俭办园的具体措施

班长在管理班级的设施、设备时，要监督教师严格按照幼儿园制定的操作规程进行使用，这样不仅能够延长设施、设备的使用时间，避免造成物资浪费，符合国家节俭办园的精神，也保障了教师与幼儿在幼儿园的安全。

（2）班级物品管理的原则

①以人为本的原则

班级的物品管理制度和要求是根据班级的需求制定的。班长要尊重班员教师的建议，让班员教师在自主管理、自我规范中自觉遵守物品管理制度。例如，班级的物品在使用后不及时归位，有时找不到。针对此现象，教师共同商定让使用者在使用后将物品放回原处，在使用的过程中按说明上的步骤进行操作。如此，班员教师就会有爱护班上物品的意识，做到我使用我爱护，让每一位教师都成为班级物品的管理者。

②安全性原则

班级是幼儿每天生活、学习的地方，为了确保幼儿能够生活在一个健康安全的环境中，班长应带领教师以自查、互查等方式全面检查班级的每个角落，彻底排除不安全因素，并运用表格的形式进行记录。对于班级的电器和消毒用品，教师要严格按照幼儿园规定的操作流程使用，对于平时用不到的插座尽量用玩具柜、床铺挡住，以免幼儿用手触摸，发生危险。通过各种安全教育活动，避免幼儿触碰常用的插头、插座。把平时常用的尖锐的钉子等物品，摆放在幼儿够不到的地方。把幼儿平时经常使用的各种工具（剪刀等）摆放在教师与幼儿都能看到的地方，以便教师观察幼儿的使用情况。

③物尽其力的原则

在制定班级物品管理制度时，要从班级的实际情况出发，使其具有可操作性，让班上的物品发挥出最大的价值，提倡节约，杜绝浪费。

案例

班级之间相互借阅物品，没有及时归还，时间一长，很容易忘记。针对此问题，班长组织班级成员共同商量解决办法，决定在班上添加一个"自制借阅本"，把复印纸打过一面的纸张制作成借阅本，记录物品借阅的时间、借阅的班级、物品名称、归还时间。这种方式既节约了纸张，又可以让班级成员对物品可查可检。

【分析与启示】

班级的物品较多，需要班长按照物品的功能和种类，与班员教师一起将班级物品有序地摆放好。例如，将属于工具类的物品分为幼儿使用的和教师使用的两类。将幼儿使用的工具，摆放在相应的区域里，方便幼儿取放；将教师使用的工具摆放在高处（幼儿够不到的地方），同时方便教师取放。正所谓，人要摆在适当的岗位，物要放在恰当的地方，才能人尽其才，物尽其力。

物尽其力不仅能节省班级物资资源成本，也能促进班员教师养成规划和节省的行为习惯，为幼儿秩序感和节约意识的建立创造良好的环境。

④参与性原则

班长要引导班员教师树立班级物品管理人人有责的观念，把班级物品使用和保管工作向班员教师说明，逐渐确立人人有责的意识，并要求大家保管好设备，充分利用现有的设施条件。人人都有保管班级物品的义务：定期检查班级物品，发现问题及时汇报、及时维修，确保班级物品的正常使用。

以人为本的原则和安全性原则主要涉及管理思想，物尽其力的原则和参与性原则主要涉及管理方法，四个原则关系密切，相互渗透，不可分割。

（3）班级物品管理的内容

①班级设施、设备管理

"麻雀虽小，五脏俱全"是幼儿园班级的真实写照。幼儿园的各个班级犹如一个个小家庭一样，设施、设备丰富，种类繁多，如玩具柜、幼儿桌椅、教师桌椅、幼儿小床、衣柜、书柜、消毒柜、饮水桶、洗衣机、水杯毛巾架、盥洗室设施、钢琴、空调、空气净化器等。随着现代教育手段的发展，班级中也增加了很多多媒体设备和数码设备，如电视、电脑、投影仪、数码相机、音乐播放器、音响等。这些物品不仅方便了幼儿在园的生活，也方便了教师的教育教学工作。对如此繁多的班级物品进行管理是十分重要的工作。

A. 开学初班级设施、设备交接清楚

在进入新班级时，班长要对班级的各种设施、设备做好交接工作。交接工作中，要统计班级设施、设备的种类、数量，做好登记。检查设施、设备的使用情况，对缺失、损坏的物品要及时上报。

B. 引领班员教师树立较强的责任心

班级中的每一项设施、设备都为班级的工作和幼儿的生活提供了物质保障，但大家对公共设施、设备的使用会持有不同的态度。有的人会爱护，有的人却会毫不在乎地说："坏了公家修，丢了公家买。"这就需要班长引领班员教师树立较强的责任心，让他们知道这些设施、设备是工作得以顺利开展的有力保障，爱护和保护这些设施、设备是班级成员的基本义务。

C. 对班级设施、设备进行分工管理

班长不可能一个人完成班级设施、设备的管理工作，需要对此工作进行合理的分工。例如，教养员主要负责活动室设备及多媒体器材的管理，保育员主要负责盥洗室、睡眠室设施、设备的管理等。班级教师共同遵守"谁使用，谁管理，谁负责"的原则，相互提醒与监督，共同维护好班级的设施、设备。

D. 对班级设施、设备要细心维护

每位教师都要学会电器与多媒体器材的正确操作方法。离开班级时要及时切断电器的电源，离开电脑时要按正确的程序关好电源。使用物品时轻拿轻放，保证设施、设备完好无损。经常做清洁工作，保证设施、设备的干净整洁。做好设施、设备的防火、防水、防尘工作。如设施、设备在使用期间有损坏、遗失，班长应及时上报上级领导。

E. 总结设施、设备管理的小方法

班内设施、设备要进行分类登记，分类保管。对多媒体设备要建立使用记录。建立借物本，对班级设施、设备的借入、借出做好登记。定期检查设施、设备的使用情况，如有损坏及时维修。

②班级日用品管理

班级日用品指幼儿在园生活中所需要的用品，包括生活用品和卫生用品两部分。生活用品有幼儿的水杯、毛巾、被褥、餐巾纸等；卫生用品有清洁、消毒用品（消毒液、洗手液、洗衣粉、香皂、擦桌布、墩布、垃圾桶、笤帚、簸箕等）。幼儿在班级的一日生活中，如进餐、盥洗、午睡等，都和这些息息相关，所以班长对班级日用品要合理地管理，让班级工作正常运转。

A. 分工协作，有序管理

班长要对班级所有的日用品做到心中有数，在学期初组织班级成员分工清点用品。保育员清点卫生用品，教师清点生活用品，并分别将结果记录在班级日用品登记表上，做到对班上日用品的有序管理。同时，班长应组织班员教师学习各种日用品的使用方法和清洗要求。

B. 监督检查，落实到位

班长组织并引导班级成员各负其责，加强对日用品的管理。班长随时检查日用品的摆放位置、使用情况、损耗情况等，并及时记录。

C. 发现问题，及时反思

当发现班内有关日用品存在管理问题时，班长要及时提醒。如果发现特殊情况，要及时召开班会进行说明。

案例

消毒液忘在柜子上了

今天进入孩子的盥洗室时班长发现，在教师用的水池上摆着一瓶84消毒液。班长赶紧叫来了保育员，保育员看到后马上把消毒液收到了高处的柜子里，并说："忘记了，做好配比后，随手就放在那儿了。"班长严肃地告诉她，平时不要疏忽，这些物品要远离孩子，要保证孩子的安全，不能掉以轻心。保育员点了点头。中午，班级召开了班会，就这次发现的问题，进行了讨论。保育员说自己是光图方便了，觉得放在架子上也没事，给桌子消完毒后就没放回去。带班的教师也阐述了自己的观点。教师们觉得还是对安全问题忽视了，没有认识到事情的严重性。班长还给大家举了几个因为疏忽而造成孩子受伤的例子，引起了大家的重视。

【分析与启示】

保育员一般年龄都比较大，有的可能还没有经过专业的培训，全凭自己家里的一些经验，觉得把消毒液放在架子上没有问题，没有意识到问题的严重性。班长要让她认识到平时放在那里可能不会有危险，但是如果有一天孩子真的碰触了，就会造成很大的伤害。

班长通过提出工作中的问题，并带领班员教师共同分析、讨论，让教师认识到幼儿园里无小事，对待孩子的事情要细致、严谨，避免后患。

③班级玩教具管理

幼儿园的教具主要是玩具。玩具是孩子们的最爱，幼儿在园的一日生活几乎都在和玩具打交道。玩具可以说是孩子们形影不离的朋友，是幼儿快乐学习与发展的桥梁。作为班长，要加强对玩具的管理，带头做好班级的玩具管理工作，确保幼儿健康快乐地成长。

A. 玩具的安全管理

孩子天生好玩、好动，安全意识薄弱，作为教师，要有强烈的安全意识和责任感，消除安全隐患，杜绝问题的发生。作为班长，更要小心警惕，随时留意，及时排查隐患。

玩具上松动的零件，毛绒玩具上未粘牢的眼睛、鼻子，玩具上掉落的纽扣，汽车上的轮子等小零件都有可能造成儿童窒息。

儿童化妆盒是很受小女孩欢迎的玩具之一，但化妆盒中的眼影、指甲油、唇膏有可能造成儿童皮肤过敏等危害。如果提供此类玩具，请选择符合国家安全标准的玩具产品。

电池因长期不使用可能泄露，电动玩具使用不当可能引起触电或火灾。

带有线、绳、链等部件的玩具可能会缠绕住幼儿的手脚。

幼儿有啃咬玩具的特点，教师要确保玩具或玩具部件尺寸足够大，不至于被孩子吞下，塞住嘴或喉咙。

玩具中虽然存在很多不安全因素，但只要班长引领到位，教师们处处留心，随时做好幼儿的安全教育工作，一定可以防患于未然。

B. 玩具的收放管理

第一，对使用的玩具应做到心中有数。玩具要摆放在低矮的玩具柜上，便于幼儿选择和取放。玩具要摆放整齐，玩具柜上要有和玩具相对应的标志，引导幼儿养成良好的收放习惯。

第二，对暂时不使用的玩具要妥善保管。教师要注重根据幼儿的需要和近期的发展目标及时调整和更换玩具，确保幼儿对活动的兴趣。玩具一般每月调整一次，也可根据本班情况适时调整。对于暂时不用的玩具要及时进行归类保管，便于交接和继续使用。

C. 玩具的维护管理

教师要树立定期检查玩具的意识，做到随时发现随时处理，如发现有破损的玩具，一定要及时修理或更换。班长要认真负责，指导班员教师爱护玩具，轻拿轻放，并潜移默化地影响幼儿，使其养成爱护玩具的习惯。

D. 玩具的卫生管理

班长要组织班员教师认真学习，熟知各种玩具的消毒方法，并严格按照标准执行，保持玩具的清洁整齐。如果班上出现传染病，要及时召开班会，采取应急措施，根据传染病的消毒制度对玩具进行消毒。

第二节　班长对班级常规工作的管理策略

一、对幼儿的管理策略

（一）秉承以爱育人，倾听幼儿心声

爱是育人之本，教师的爱是无私的，教师要把爱奉献给每一个幼儿，让幼儿感受到来自教师的精心呵护与关爱。班长要时刻提醒班员教师，要面向全体幼儿，爱得公正，爱得公平。幼儿的心理发育尚未成熟，表现出敏感、脆弱等特征。因此，教师更应注重保护幼儿的自尊心，给予幼儿极大的包容和理解。教师在面向全体幼儿时，要以爱为先，倾听孩子们的心声，观察孩子们的言行，解读孩子们的世界，要走进童心，走进幼儿的世界，静心陪伴幼儿成长。

案例 1

爱是最好的老师

壮壮是个性格开朗的小男孩，最近这段时间，教师们发现他总是欺负小朋友，经常会有小朋友跑到老师身边来说："老师，×××小朋友哭了。"然后，马上就有其他小朋友说是壮壮打的。不管别人有没有惹他，他总会用小拳头去打人家几拳，或踢人家几脚。起初，老师还会把他叫到身边问明原因，教育他，并让他向被打的小朋友道歉。但是后来发现，他打人的次数越来越多，几乎每天都会上演一幕，这让班里的教师非常生气，为此还把壮壮狠狠地批评教育了一顿。但之后他并没有因此而收敛，还是经常有小朋友来告他的状。慢慢地，班员教师的心里也对他产生了排斥感，感觉对他没有办法了，甚至放弃了对他的教育。之后，作为班长的 Z 老师，及时召开了班会，就壮壮小朋友身上发生的这一现象和班员教师进行了深入的讨论，带领班员教师一起主动和壮壮聊天，倾听他的心里话，并及时与家长进行了约访。从与壮壮妈妈的交谈中教师们得知，壮壮的爸妈平时工作比较忙，经常不在家，壮壮基本由老人带。由于老人年龄比较大，带孩子有点儿力不从心，每次把孩子接回家后就让壮壮看电视。壮壮最喜欢看奥特曼打怪兽的动画片，简直视奥特曼为偶像和英雄，还

经常模仿里面的动作到处比画，所以家里的玩具、桌椅等也经常到处飞。

【分析与启示】

像壮壮这样的孩子更需要我们教师俯下身来，平视他的眼睛，深观他的内心，理解他的行为，倾听他的心声，亲近他，主动和他聊天，用真诚去引导和帮助他，发现他身上的优点，及时看到他的进步并加以表扬，帮助他与其他幼儿之间建立友好、互爱的关系，并鼓励他帮助小朋友做一些力所能及的事，激发壮壮的团结意识，减少攻击性行为的产生。

在班里幼儿出现问题行为时，教师应先了解原因。幼儿在成长的过程中易受外界因素的影响，可能会采用一些错误的方式来表达自己的情绪、情感。因此，教师应走进孩子的内心，倾听他的情感诉求，再帮助他改正不良行为。

案例 2
不言放弃的班长

小羽最近来到幼儿园时，情绪很低落，拉着妈妈的手不愿意进班。小羽妈妈说不知道孩子怎么了，非常担心。教师们很关注小羽，经常跟她聊天，想尽快解开小羽的心结，但效果甚微。连小羽的妈妈都说慢慢就好了，但班长刘老师却不放弃，召开班会专门讨论小羽的情况。经讨论，大家决定轮流观察小羽在幼儿园的情况，并记录下她的情绪反应。

经观察，教师们找到了原因。原来，同桌的小童每次都想和小羽玩，但用力太大，也不管小羽愿不愿意，就拉她的手，抱着她。小羽胆子小，不愿意也不吭声儿，更不敢告诉老师，所以情绪低落。

经过老师的引导和安抚，小羽的情绪慢慢稳定了，小童也会轻轻抱小羽了。晚上，老师把情况告诉了小羽妈妈，指导小羽妈妈多鼓励孩子表达自己的想法，把事情大声说出来。老师的做法，获得了小羽妈妈的感谢和肯定。

【分析与启示】

班长能够在大家都快要放弃的时候，坚持把大家聚在一起，共同商讨具体的解决办法。通过商议，和班中教师达成共识，从细节着眼，认真观察，从根本上解决了小羽情绪低落的问题，让孩子可以高兴来园，跟小伙伴快乐游戏，也让家长可以放心。

正因为教师们有极强的责任感和一颗爱孩子的心，才帮助小羽走出交往障碍和情绪低谷；也正是因为教师们对工作有一份挚爱，才获得了家长的感谢和肯定。幼儿教育是关于爱的教育，只有认真关注孩子，耐心倾听孩子，细心照顾孩子，真正地走进孩子的心里，才能更清晰地了解孩子的感受，了解他们的内心想法，才能更好地促进幼儿的身心健康发展。爱的教育必不可少。

（二）关注幼儿的一日生活，促进习惯养成

幼儿要遵守幼儿园共同的约定及规则，并逐步形成良好的习惯。班长首先要依据发展目标，和班员教师商议，共同制定一日生活常规，并在一日活动中，明确各环节的要求，以不同形式进行巩固练习。开学初，教师可以上、下午共同上班，统一常规要求，使幼儿逐渐适应，并自觉转化为习惯，更好地适应集体生活。

幼儿的可塑性很强，因此，幼儿期是养成良好习惯的关键时期。班长要和班员教师商量、沟通，做到要求一致、密切配合，共同对幼儿进行教育。幼儿模仿性强，教师的良好言行对幼儿行为习惯的养成有潜移默化的作用。因此，教师应注重自己的榜样示范作用，反思和检查自己的一言一行、一举一动，真正成为孩子的表率。还可通过情境设置、故事、儿歌、角色扮演和歌曲等方式帮助幼儿养成良好的习惯。幼儿在欣赏、倾听、演唱这些内容时，能最直接、最形象、最快速地理解和掌握相关的活动内容和要求，并按要求去做，逐步形成习惯及意识。

1. 培养小班幼儿常规的方法与策略

小班幼儿年纪较小，认知水平低，在家中父母都十分溺爱，这使得幼儿的生活自理能力普遍较弱，在生活习惯各方面都有所欠缺。因此，培养幼儿的生活自理能力成为小班幼儿一日常规培养中的重点。结合小班幼儿年龄特点，班长可带领班员教师尝试采用以下方法与策略。

（1）创编幼儿生活自理儿歌

班长可带领班员教师将幼儿一日生活中比较集中的环节，如漱口、盥洗、进餐、如厕、午睡等，按做事的要求及顺序编成一首首朗朗上口的儿歌。儿歌不仅能引起幼儿的兴趣，更能帮助幼儿掌握生活常规的要领，在不知不觉中引导幼儿完成任务。例如，在洗手时，幼儿不是先后顺序弄错，就是细节达不到要求。我们可以把这一环节编成儿歌："小手冲冲水，关上水龙头，一滴洗手液，小手搓一搓，手心搓一搓，手背搓一搓，手腕搓一搓，手指搓一搓，小手冲干净，谢谢水龙头。"这样幼儿既能熟练地掌握要领，又能把握动作的先后顺序。在用儿歌的方法培养小班幼儿一日生活常规时，班长应和班员教师带领幼儿不断重复。儿歌内容要具体化、生活化、可操作，这样便于小班幼儿按儿歌内容盥洗、如厕、进餐、午睡，为幼儿养成良好的生活常规打好基础。又如，我们还可以在盥洗区的墙壁上粘贴幼儿洗手的步骤图，用图片形象地展示儿歌内容，让幼儿在生活中学习。

（2）发挥环境在常规中的指导作用

环境对幼儿一日生活常规的培养具有重要的作用。例如，幼儿冬天衣服穿得多，掖裤子时需要从上往下看，但视线被厚厚的衣物所遮拦，他们无法看到自己要掖的秋衣和裤子，更看不见自己衣物哪儿没弄好，或是要怎么做才能掖好，所以就会出现掖的动作做了，可衣服没整理好的现象。针对这一现象，班长可引领班员教师巧妙地利用穿衣镜的方法，让幼儿对着镜子整理自己的衣服。幼儿不仅兴趣高，而且真实地看到了掖裤子时的动作和结果，让原本只能用手摸索着做的事情变得清晰明了。

（3）采用以大带小的方式培养幼儿常规

在生活环节中，班长可带领班员教师让大班幼儿指导小班幼儿穿衣、洗手，为小班幼儿创编生活自理儿歌，并教给小班幼儿。一对一的互动不仅提高了大班幼儿的责任意识，也让小班幼儿在熟悉儿歌动作的基础上很快掌握常规，生活自理能力获得很大提高。可见，以大带小的活动对于小班幼儿的成长起到了不可替代的作用。

2. 培养中班幼儿常规的方法与策略

经过近两年的幼儿园生活，中班幼儿的规则意识逐步加强，有了初步的合作意识，自理能力也有所提高，但自控能力较弱，在各项活动中需要教师的指导与督促。在培养中班幼儿一日生活常规中，班长可带领班员教师采取以下方法与策略。

（1）建立班中"值日生"制度

随着年龄的增长，中班幼儿的自理能力有所提高，不仅能自己的事情自己做，而且还能帮助其他小朋友。"值日生"制度旨在让幼儿轮流为大家服务。教师在与幼儿共同制定规则的基础上，让幼儿学会分工合作。例如，让值日生做好记录天气情况，播报天气预报，饭前擦桌子，整理图书、玩具，搬椅子等一些为集体服务的事情。"值日生"制度不仅受到幼儿的青睐，也增强了他们的责任意识、交往意识和动手能力。

（2）加强游戏区的常规培养

目标化的活动区是中班幼儿主要的活动场所。为了让幼儿在操作活动中遵守常规，班长和班员教师应与幼儿一起制定活动区的规则，请幼儿发表自己的意见，提出合理化的建议。幼儿在清楚了解规则的基础上，乐意接受并遵守规则，能够专注地与同伴开展游戏活动。

（3）开展生活化的教育

贴近生活的活动是最真实，也是幼儿最喜欢的活动。班长引领班员教师开展活动时，要注重将生活化的教育渗透其中。例如，在餐厅活动时，让幼儿在真实场景中体会做小厨师的快乐。孩子们在洗菜、择菜、切菜、送菜到品尝自己准备的菜的过程中，不仅提高了生活自理能力、合作能力，更增强了责任意识，懂得珍惜自己的劳动成果，做到不挑食，不浪费。由于活动是真实的，是幼儿感兴趣的，因此，幼儿在整个操作活动中会非常投入，在不知不觉中践行着一日生活常规。

3. 培养大班幼儿常规的方法与策略

大班是幼儿园的最后一年，是从幼儿园到小学的过渡期，也是幼儿从游戏阶段向学习阶段转折的重要时期。班长如何带领班员教师帮助大班幼儿更好地度过这样一个转型期呢？可采取以下方法与策略。

(1) 让幼儿参与到规则的建立中来

幼儿已经是大班的孩子了，在制定规则时，教师应允许幼儿自己讨论并制定各项活动的规则。如若出现问题，班长要引领教师做有心人，引导幼儿开展讨论，选择解决问题的方法，从而制定新的规则，并用图文并茂的形式，贴在教室相应的位置，随时提示幼儿按要求去做。

(2) 采用相应的方法提高幼儿的自我服务能力

自我管理的行为源于幼儿的自我服务意识，需要行为自律。真正的自我服务、自我管理是幼儿发自内心的行动。班长应引导班员教师既要重视幼儿受保护、受照顾的需要，又要尊重和满足他们不断增长的独立性的要求。例如，喝水是幼儿在日常生活中必不可少的环节，教师可以尝试在柜子上放几个凉杯，让幼儿感受自己倒水的过程。幼儿从被动接水到自己主动倒水，兴趣提高了，自我服务能力增强了，饮水量也逐步增加了。从幼儿的表现中可以看出，他们非常享受自己倒水的过程。

(3) 提高幼儿为他人服务的意识

为了提高幼儿为他人服务的意识，培养幼儿认真负责的态度，班长可引领班员教师尝试在班中让幼儿轮流承担班干部的工作。在教师与幼儿共同确立职责的基础上，培养幼儿责任感及为他人服务的意识。以自愿报名、轮流承担及互相推荐等形式选出班中的班干部，协助教师做好各项工作，在过渡环节协助教师组织幼儿开展活动。教师为在担任班干部的过程中表现突出的幼儿发放小红花。

宣传委员：餐前报菜名，播报天气预报、好人好事，做每日一讲的小主持等。

卫生委员：检查放水杯、毛巾情况，负责教室卫生，提示用眼卫生及坐姿。

安全委员：检查室内外玩具材料的安全，协助解决幼儿间的矛盾，提醒同伴不追逐打闹。

在承担这些任务后，幼儿会从依赖教师逐步学会自己解决问题，从独立做事到合作完成任务，从只站在自己的角度考虑问题转变成能够考虑他人的感受，在建立自信心的同时提高责任意识，形成认真负责的态度。

（4）为幼儿提供丰富的游戏材料

丰富的游戏材料是幼儿常规培养的基础。例如，户外活动是幼儿非常喜欢的一项活动，但在活动中他们经常会出现各种行为问题。在这个环节中，我们要反思幼儿不遵守规则的原因：提供的材料是否丰富？是让幼儿自己选择材料，主动参与游戏活动，还是一切都由教师安排，幼儿被动接受参与游戏活动？材料的投放直接或间接地影响了幼儿的参与行为。

俗话说得好，"千里之行，始于足下"。良好的常规培养需要幼儿从身边的小事做起，从日常生活中的基本要求做起。良好的常规不是一朝一夕养成的，需要班长的带领，保教的密切配合，幼儿坚持不懈的练习，以及家庭与幼儿园的共同配合来实现。

总之，班级常规管理工作是一门学问，它是一项细致且具有一定挑战性的工作。班级的常规管理是否到位，直接体现了班级的整体面貌，也关系到各项活动开展的质量。所以，做好班级常规管理工作需要班长既用心，又用脑，随时发现问题，不断改进方法。班长要鼓励班员教师在工作中求"全"、求"活"、求"异"、求"新"，将班级的常规工作始终贯穿在幼儿的日常活动中。班长要善于观察，善于积累经验，不断推动班级常规工作的发展和完善。

资料链接1

幼儿在园的常规要求

来园

1. 喜欢幼儿园，能高高兴兴入园，学会使用礼貌用语，如老师早、再见、谢谢等。

2. 乐于参加室内活动，遵守活动规则，活动后将玩具放回原处，并摆放整齐。

早操

在教师的帮助下整理好自己的服装，不露小肚皮。冬天不怕寒冷，动作有力。

如厕

1. 上厕所时不拥挤，有顺序。

2. 学会自己整理衣服，不露小肚皮。

集体活动

1. 积极参加教育活动，心情愉快。

2. 注意力集中，乐于动脑、动口、动手。

盥洗

1. 学习洗手、漱口的方法，不玩水，学会排队等候。

2. 认识自己的水杯、毛巾，接水后双手端水杯喝水，并多喝水。

户外活动

1. 能在指定范围内活动，会利用器械锻炼身体，具有基本的自我保护能力。

2. 活动时能听懂教师的指令和信号，动静交替，遵守游戏规则。

游戏活动

1. 能参加幼儿园的游戏活动，并遵守集体生活中的一些规则。

2. 在游戏活动中能与同伴一起玩，并愿意和同伴一起使用玩具和材料。

进餐

1. 正确使用餐具，养成文明进餐的良好习惯。

2. 专心进餐，不挑食、偏食，尽量不掉饭粒，保持桌面干净。

3. 餐后用餐巾纸擦嘴，正确送餐具、漱口。

资料链接2

生活常规培养小妙招

教师发现，在幼儿如厕后和户外活动前，大部分幼儿的衣服总是歪歪扭扭。幼儿活动起来后，背和小肚皮露在外面，幼儿很容易因此受凉，肚子痛。针对幼儿存在的问题，三位教师协商沟通，达成了共识：以拟人化的游戏形式引导幼儿练习如何正确地整理衣服。当幼儿如厕后，教师创编诗歌：卷呀卷，卷白菜（双手把衣服向上卷，用下巴夹住上衣）；包呀包，包白菜（双手把裤子脱到膝盖处）；叶子伸呀伸，伸平（秋衣前后伸平塞到秋裤里）；绿绿的叶子平平的哦（裤子上衣整理整齐）。教师亲一亲、摸一摸整理好衣服的幼儿，帮助没整理好的幼儿，之后搂一搂幼儿，鼓励幼儿——加油，让小手变得更能干。渐渐地，幼儿在教师的鼓励、指导下都能很好地整理好衣服。

别让吃饭成为负担

这几天不知道怎么了，田田每次看到餐桌上的饭菜不是说"我不饿"，就是说"我不想吃"，有时甚至吃一口吐一口。每次进餐时，班中教师都特别关注她，想方设法，耐心地劝导她，甚至一口一口地喂她吃饭，可她总是刚刚吃了几口就开始抹眼泪。尽管教师给予了特殊照顾，却仍不见成效。发现这种现象后，班长马上召开了班会，带领班员教师分析原因，寻找有效方法。通过讨论和对家园共育内容的学习，教师认识到了问题的根源，即教师与家长的过分关心，强化了她的厌食情绪，使吃饭成为她沉重的心理负担。在负担的重压下，田田厌食加剧。另外，造成吃饭困难也跟教师进餐护理过程中的方法不当有着密切的关系。在进餐护理中，教师更多关注的是让孩子把饭吃下去，吃够量，却没有细心地观察孩子是怎么吃进去的，缺乏对吃不进饭的孩子情绪上的认同与理解。对吃饭的量关注的越多，幼儿思想负担越重，不仅没有起到积极的作用，反而强化了对幼儿的负面作用。

【分析与启示】

班长能及时发现问题，与班员教师通过共同学习，研究、讨论班中日常发现的幼儿进餐问题，并与班员教师达成共识，及时采取了有效措施，这体现了班长有较强的责任心和集体观念。

因此，班长应带领班员教师共同研究、讨论班中日常发现的幼儿进餐问题，并与班员教师达成共识，及时制订有效的计划与措施，做到让幼儿科学饮食、限量饮食。

（三）依据幼儿需要，丰富游戏活动

幼儿园应以游戏为基本活动，游戏是幼儿园课程的基本组成部分。幼儿在玩中学，在学中玩，通过游戏认识并了解生活，获取知识。教师应充分认识到游戏对幼儿的成长与发展的独特价值和意义，为幼儿创设丰富的游戏活动。

班长具有较强的专业能力和素养，应提醒班员教师在策划游戏时，把握幼儿的年龄特点，增强游戏的趣味性。在设计游戏的过程中，班长起着主导、实施、检查、改进的作用。

案例

歌唱小明星

在近期班级的区域活动中，班级教师观察到孩子们对唱歌活动很感兴趣，他们喜欢唱，愿意唱，爱唱爱跳。针对这一情况，班长及时召开了班会。在班会中，教师们针对孩子们的兴趣点进行了讨论和分析，决定开展一次"歌唱小明星"的活动，满足孩子们的发展需要，为孩子们搭建表达、表现、展示自我的平台。

有了初步的活动设想后，班长和班员教师决定在开展"歌唱小明星"的活动前，要继续有目的地观察、记录，了解幼儿的活动水平、状态和需求，发现幼儿的兴趣点。在观察、了解幼儿的基础上，班长还带领班员教师学习《幼儿园教育指导纲要（试行）》《3～6岁儿童学习与发展指南》和快乐与发展课程的精神与教育理念，以及幼儿艺术领域的学科要点，在理论上给予班员教师指导与帮助。班长鼓励班员教师发挥主观能动性和特长，大胆地进行活动策划，创造性地为幼儿开展丰富多彩的活动。

【分析与启示】

在策划活动之前，班长有意识地给班员教师提出了策划的要求。首先，要遵循幼儿的身心发展规律，所选择的歌曲内容要符合幼儿的年龄特点；其次，要面向全体，满足全体幼儿表达与表现的需要；最后，通过活动要使幼儿获得自信心。因此，班长和班员教师应依据幼儿需要，让每一个幼儿都能在丰富的游戏活动中得到充分的体验与展示。在活动开展的过程中，班长进一步引领班员教师发现哪些歌曲幼儿喜欢演唱，哪些歌曲幼儿喜欢用肢体表演，讨论如何满足全体幼儿表达与表现的需要。

（四）尊重个体差异，支持个性发展

《幼儿园教育指导纲要（试行）》指出，幼儿园教育应该尊重幼儿的人格和权利，尊重幼儿身心发展的规律和学习特点，以游戏为基础活动，保教并重，关注个别差异，促进每个幼儿富有个性的发展。尊重幼儿的个体差异，因材施教，努力让每个幼儿获得成功。在班级中，班长既要面向全体幼儿，也应看到每个幼儿都是独立而富有个性的个体，关注个别幼儿的特殊需求。

作为班长，一方面，要发挥带头作用，主动理解幼儿的个别发展和特殊需要；另一方面，应引导班员教师去关注每个幼儿。班长只有带领班员教师了解孩子，研读孩子的一些行为，才能更好地理解孩子。只有真正地认可、理解孩子之后，才能寻找合适的方式方法，因材施教。教师在尝试和探索合适的教育方法的过程中，要及时总结和梳理，适时地丰富和改进活动内容，创设适宜的教育环境。

案例

会变色的垃圾

轩轩是个与众不同的孩子，他不爱和小朋友们玩，也不喜欢参加集体活动。当大家都兴高采烈地在活动区游戏时，他总是一个人站在角落里，用冷漠的目光扫视着大家，或躲在美工区的角落里，拿着小画本认真地画着。看到轩轩十分喜欢在美工区涂涂画画，班长Z老师开始关注轩轩的绘画作品。今天轩轩画的是一个毛线球，这个毛线球不仅凌乱，而且很小。Z老师主动问轩轩："轩轩，你画的是什么啊？能和我说说吗？"他转过身去，拒绝和Z老师说话。"轩轩是在给小猫绕毛线吗？你绕得真好！"本以为可以用鼓励的话让轩轩说说自己的心事，没想到适得其反，他更不愿意理Z老师了。Z老师对轩轩一直重复在画好的线团上用黑色的彩笔一层一层地覆盖产生了疑问。事后，Z老师就这件事与班上其他教师进行了沟通。在与其他教师交流后，Z老师决定先向平时接送轩轩最多的阿姨了解轩轩的近期生活情况。原来，轩轩的爸爸因为工作原因经常出差不在家，妈妈性格很内向，整天少言寡语，加上工作繁忙，很少与轩轩交流。由于家长不能陪伴，轩轩缺乏安全感。家人很少带轩轩外出活动，所以他缺少与外人交往的机会，而和他们生活在一起的阿姨文化水平不高，在家中只管做家务，有时让轩轩帮助拿扫帚扫地。这些事情对轩轩似乎产生了潜移默化的影响。扫垃圾、捡垃圾成为轩轩生活中极为重要的一件事情。

在了解原因后，Z老师主动找到了轩轩的妈妈，并把轩轩在幼儿园的绘画作品拿给轩轩妈妈看。轩轩妈妈很吃惊，在一本作品里，只能看到黑黑的一片"垃圾"。得知孤僻的性格对孩子发展的不利影响后，轩轩妈妈开始关注轩轩的问题，并接受了教师的建议，平时在家开始主动与轩轩交谈，每天抽出时间陪轩轩说说话。

在幼儿园，Z老师也经常找各种话题引轩轩开口说话。有一天，轩轩终于开口了，他告诉老师家里有什么玩具，还说他最喜欢的是扫地车。话虽不多，Z老师却如获至宝。下午，当轩轩妈妈来接他时，Z老师有意当着轩轩的面赞赏他认识的汽车多，轩轩妈妈也默契配合，立即表扬了轩轩。轩轩露出了美滋滋的表情，不好意思地低下了头。在此后的日子里，轩轩开始与老师和小朋友交流了。原来绘画本上黑压压的"垃圾"有了颜色。从一开始大面积的黑色涂抹，到棕色的"垃圾"，到天蓝色的"垃圾"，到现在可以用2～3种颜色区别不同的"垃圾"，轩轩画的"垃圾"开始变色了，轩轩孤僻的性格也有了明显的改变。小朋友摇马，他能主动帮着摇；小朋友们玩球，他有时也能参与其中。有一次在听老师讲故事时，他也和其他小朋友一样，开怀大笑。

【分析与启示】

在日常工作中，教师易于忽视幼儿的个别行为。而在此案例中，作为班长的Z老师关注到轩轩不一样的表现后，基于专业知识分析了其个体行为背后可能的原因，并对家长提出了在养育上的建议。同时，在班级活动中，与班员教师共同为轩轩创造了一个相对安全和舒适的环境，让轩轩可以在有安全感的环境中慢慢打开心扉，与小朋友和教师接触建立感情。教师和家长共同努力，为轩轩的健康发展保驾护航。

（五）教学积极引导，教养循序渐进

幼儿园的一日活动皆为教育活动，每个活动、每个环节都蕴含着教育目标，对幼儿的发展具有不可替代的作用。教师基于幼儿原有的能力水平，依据不同年龄段的发展目标，组织相应的学与教的游戏活动，使幼儿在原有的能力水平上均获得不同程度的提升。

幼儿在园的一日活动中，与他们互动最密切的就是教师。教师可谓是幼儿最熟悉、最亲近的人。他们需要教师的关爱与呵护，需要教师的认可与鼓励，需要教师的帮助与支持。所以，作为班长，要认识到教师在幼儿心中所处的地位，引领班员教师时刻关注幼儿的一切活动，随时给予适宜的、正面的、有目的性的支持与帮助；带动班员教师以积极的态度、真挚的情感给予幼儿及时的回应与反馈，帮助幼儿建立自信，促进幼儿快乐成长。

案例
爱画画的优优

优优是个插班的男孩子，性格极为内向，平时也不爱和同伴交流，有时还会表现出一丝胆怯。针对优优的情况，班长 Y 老师在班会中提示其他老师，平时多关注优优的状态，多与他交流，给予他更多的关心与鼓励，慢慢帮助他主动表达自己的意愿与想法。

优优很爱画画，线条流畅，画面简洁，但每幅画都富有情节。每次区域游戏时，他总是在图书区画着自己的图画书，还标上页码，几天以后，他会将画好的画钉在一起，在第一页写上自己的名字，然后悄悄地放在图书区的书架上。有时候他会悄悄翻看自己的图画书，偶尔还会露出微微的笑意。Y 老师看到这一切，亲切地和优优说："这么好看的图画书，不但画面美丽，而且我还看出图画书里有故事，我很想听听，你愿意讲给我听吗？"优优怯怯地看着老师期盼的眼神，轻轻地点点头。于是 Y 老师把优优揽在怀里，认真地听优优小声地讲述着……老师的频频点头和专注聆听给了优优大胆讲述的勇气，他很快就讲了两本书。Y 老师说："优优，你的图画书太有意思了！我相信，这样有趣的图画书，这样好听的故事小朋友们也愿意看到、听到，你愿意和他们分享吗？"这次优优很快就点头答应了。

Y 老师和班员教师商量，每天留一个小环节的时间，让优优与小朋友们分享自制的图画。经过几天的尝试，我们看到了优优的变化：讲故事的时候，声音逐渐变大了，脸上也带着自豪的笑容，而且平时他开始主动和同伴游戏、交谈，开朗了许多。

家长也看到了优优的变化，班长 Y 老师希望家长能够对孩子的变化给予更多的鼓励。同时，班长与班员教师商量决定，为优优办个小型的图画书展。目的是展现优优的绘画风格、独特想法，以及书中传递出的栩栩如生的形象，从而让优优变得自信、勇敢，让他的父母和同伴更加相信、尊重他的能力，给予他更多的发展空间，让他快乐地自由成长。

在后来的时间里，优优在家园双方的共同努力下，变得开朗、自信、活泼、健谈。如今他已顺利进入小学，成为一名合格的小学生啦！

【分析与启示】

在对幼儿的管理中，班长要带动班员教师了解幼儿的整体现状，把握所有活动的目标性和指向性，明确前后活动的连贯性和衔接性，把控不同能力水平的层次性，以及完整活动的系统性；关注个体幼儿、群体幼儿在活动中的表现和变化，随时调整改进；做到既满足个体需要，又符合群体发展，达到稳步发展，循序渐进的目标。

（六）达成一致要求，形成教育合力

在对幼儿管理的策略上，如果班长重视教师之间、幼儿园和家庭之间的教育一致性，并积极带领教师和家长形成教育合力，就会增强班级工作的实效性，有助于幼儿形成良好的个性品质和行为习惯，班级工作也会取得事半功倍的效果。因此，形成教育合力，是做好幼儿管理工作的重要策略之一。

在对幼儿教育管理的过程中，由于班级教师与家长的受教育程度、生活阅历和价值观不同，在面对幼儿的问题时，想法与观点也就各异，大家都希望采用自己认可的教育方式来引导幼儿。此时，班长要关注班级和家庭教育，充分利用班会、家长会、家访、电话交流、专题沙龙会、家长助教、半日开放、亲子活动等多种沟通方式，与教师和家长进行沟通，分享经验，交流思想，积极引导他们参与到科学管理幼儿上来，努力达成教育共识，共同促进幼儿健康发展。

案例

妈妈做助教老师

小班的程程是一位早产儿，由于身体抵抗力弱，大龄得子的爸爸妈妈对他精心照料，吃好穿暖，呵护有加，而唯独忽视对程程的身体锻炼。入园后，程程的基本动作发展水平明显低于同龄幼儿。

幼儿园根据上级相关要求，在每年的六月、十二月都会对幼儿进行体能测试。项目有10米折返跑、立定跳远、网球掷远、双脚连续跳、走平衡木等。通过测试，教师能够清楚地了解每一名幼儿的体能发展状况，以便有目的地提供指导。

班上教师在组织幼儿日常户外体育活动时，会根据幼儿的年龄特点，围绕体能测试项目来设计丰富的体育游戏，如打怪兽、小兔采蘑菇、过小桥等，从而激发幼儿参与体育活动的兴趣，令其感受运动的快乐，促进幼儿身体素质和运动能力水平的提高，增强幼儿体质。而程程的家长并不认可这种观点，认为孩子到了一定年龄，自然就会做一些相应的基本动作了，不需要锻炼。面对这样的家长，教师该怎么办？

班长带领班员教师召开了班会，一起分析原因，寻找解决办法。既然教师苦口婆心地讲道理行不通，何不采用眼见为实、亲身体验的办法来引导家长转变育儿观念呢？于是教师们根据家长愿意参与幼儿园活动的特点，特意邀请程程妈妈当家长助教老师，一起设计户外体育活动的组织方案，一起选择适合小班幼儿发展水平的体育游戏内容。程程妈妈当老师，带领大家玩户外游戏。在做体育游戏"找小猫"的过程中，程程妈妈看到，孩子们在游戏的指令下，一会儿跳回来，一会儿又跑回来、走回来、爬回来，乐此不疲，她不禁对孩子们的表现和动作的协调灵活性赞叹不已。尤其当她看到自己的孩子与其他小朋友的差距时，不禁感慨道："原来孩子们这么喜爱运动，而我却只顾对孩子生活上的照顾，而忽略了对他身体上的锻炼，影响了孩子身体素质的提高。我回去也要像你们一样，多带孩子到户外去玩玩，通过锻炼使孩子身体更结实，动作更灵活，身体发展得更好。"

家长助教活动后，随着程程妈妈看法的转变，程程的体能也开始逐渐有了变化，人也变得更加活泼和自信了。

【分析与启示】

教师之间、家园之间遇事有交流沟通，达成教育共识，相互配合，采用一致的教育方法，能帮助幼儿体验到成功与自信，形成积极健康的心理和良好的个性品质。班长在管理班级工作中，要注意通过各种方式传播先进的教育思想和理念，努力与各方达成一致，形成教育合力，共同引导和支持幼儿身心健康发展。

二、对教师的管理策略

班长管理工作最核心的任务就是关于人的管理，也就是班长要在领会、贯彻幼儿园管理理念的同时，通过有效的管理，协调好班级教师之间的关系，从而更好地做好班级工作，建立具有一定特色的班级文化，促进幼儿的快乐发展。

以人为本的内涵是把依靠人作为管理的出发点，把服务于人视为管理的根本任务，把发展人看作管理的核心。① 以人为本的教师管理充分体现了对教师个性特长的尊重，有助于班员教师积极主动地投入工作中。同时，以人为本是促进教师发展的重要条件之一，能够发挥班员教师的主观能动性，为班级工作发挥创造性作用。

引领、带动意味着班长在班级工作中发挥带头示范的作用，但并不表明班长要"一人包揽事"。在合理分工的情况下，班长应以积极投入的工作状态和认真负责的奉献精神带动班员教师积极投入工作。其管理方式有多种，介绍如下。

（一）亲情式管理

亲情式管理就是指对待班员教师要像对待自己的家人一样，爱护和关心他们，从而形成一种相互信任的工作关系。一般在班级中有年龄比较大的老教师或年龄比较小的新教师时，这种情况比较常见。

案例

以情动人，赢得信任

A老师是班上一位即将退休的老教师，由于血压不稳定，每天要定时吃药，还有一些明显的更年期症状。身体的不适使她对自己也没有太多的要求和想法了，只希望自己能顺利退休，回家享受晚年生活。

班长通过观察发现，A老师记性不好，经常忘记吃药。于是，班长买来了七天小药盒送给A老师，并偷偷在自己的手机上设置了提醒，每当时间到的时候，班长就催促A老师吃药。起初，A老师还很不好意思地感谢班长。慢慢地，秘密被发现了。A老师回报给班长的是，常常给班长做一些好吃的，彼此之间的感情一下拉近了很多。就这样，班长在生活上时常关心A老师，每当有脏活、累活时，都会主动帮忙；工作量大时，会关切地问一句"A老师您累不累，回去早点休息"；天气变化时，会叮嘱一句"您多带件衣服，别生病"。该轮休放假了，班长也会想在前面："A老师，您想先休息还是后休息呢？"

A老师也因此给了班长很多的支持和帮助。对于家长工作，她提的建议最

① 刘圣福：《以人为本的教师管理探析》，曲阜师范大学硕士论文，2004。

多，开放活动中的很多材料都是她利用周末亲手制作的。在老教师中她时常夸奖班长，使班长得到更多教师的认可。

【分析与启示】

老教师由于年龄大了，身体会出现各种不适，对于日常很多工作会力不从心，就会躲避工作，甚至索性报病假。面对这种情况，班长应该换位思考，主动分担工作。班长小小的举动和话语能够融合班级教师关系，换来更多珍贵的情谊，为顺利做好各项班级工作奠定基础。年轻的班长可以用亲情换取老教师的信任与支持，如多付出、多承担。但是要注意，班长要明确教师之间的分工与职责，一方面让各位班员教师各司其职，另一方面调动老教师的工作积极性。

（二）闺蜜式管理

所谓闺蜜式管理，就是无话不说、亲密无间的管理方式，适合班长和班员教师性格相投、没有明显代沟的班级关系。沟通往往是随时随地，或是在单位，或是在家中。

案例

拉近距离，严爱结合

班长 Z 老师对 B 老师采用的就是闺蜜式管理模式，这源于她们相似的性格和爱好。两个人都喜欢新鲜事物，最先开始使用微信，喜欢逛街看电影，爱吃各种美食佳肴。就这样，她们变成了无话不谈的好朋友，每天在一起开心工作，休息之余享受她们的快乐时光。

但是信任不能代替监督，严格就是厚爱。一次，班上出现了一例"手足口"，消毒工作量加大了很多。作为助理教师的 B 老师并不以为然，为了省事，她并没有按照传染病消毒程序进行工作。她的行为被班长发现了。下班后，班长像往常一样和她谈心。班长批评了 B 老师，她很不开心。接下来的几天，她对班长也是爱答不理的。但是班级工作确实有所改变，消毒很认真，班级的传染病也得到了控制，受到了园长的表扬。班长骄傲地拍着 B 老师对园长说："都是我们 B 老师的功劳，消毒特别认真。"就这样，她们又恢复了好朋友关系。在聊天时，B 老师告诉班长，班长令她很没有面子，其实善意提醒一下就行了，她会改的。班长批评她时很急躁，让她很伤心。直到班长当着园长的面把功劳给她时，她才明白班长的用心。

【分析与启示】

班长与班员教师成为很好的朋友是一件非常幸运的事情，但班长不能因为私下关系好就对班员教师工作上的失误睁一只眼闭一只眼。班长若能真心为班员教师好，以真心换真心，那么最终收获的不仅仅是优秀的班级，还有一份珍贵的友情。简言之，"信任不能替代监督，严格才是厚爱"。班长既要用情沟通，还要守住底线，这样才能更好地开展工作。

（三）教练式管理

教练式管理是针对经验较少，但性格乖巧，做事认真的班员教师而言的。这类教师往往安分于做好班长所布置的工作。这时，班长需要与班员教师多沟通，了解他们的情况，帮助他们制订自我发展的计划，同时，根据班员教师的个人能力，有针对性地布置班级工作，帮助他们更快地成长起来。

案例
策略支持，规划发展

C老师性格乖巧，做事认真，婚后相夫教子，平静而温和地经营着自己的家庭生活。班长A老师想：怎样做既能顺从C老师与世无争的个性，又能开展好班级工作呢？班长与C老师在开学初进行了沟通，了解到她工作认真，对分内工作一丝不苟，于是采取了这样的管理策略：多沟通，沟通工作理念和建议；细布置，布置工作方式；勤过问，过问问题和解决方法。例如，在开学工作中，首先，与C老师沟通新学期的设想，通过分析班级幼儿情况、家长情况及学期工作重点来确定班级工作目标和内容；其次，布置相关调查问卷、班级环境创设及幼儿常规培养；最后，多次询问相关工作的进度和问题，并与C老师不断协商解决，在完成任务的过程中，与之形成默契，完善教育理念，达成一致，实现共同发展。

【分析与启示】

有些班员教师比较年轻，性格乖巧且做事认真，但经验较少，他们往往喜欢做好自己的工作。班长可以主要采取教练式管理方式，计划好对于这类教师的培养策略。通过交谈和了解，一旦确定了教师是这种类型，可以采取多沟通、细布置、勤过问的形式，了解其工作。作为班长，要激发每位教师内在的工作动力。除了手把手地教之外，班长还要借助典型事件剖析、挖掘闪光点等方式，激发"乖巧"教师的内驱力。

（四）自主式管理

自主式管理是指，对于头脑清晰、解决问题能力比较强的教师，班长可以适当地放手一些事情，更多地为班员教师提供支持和帮助，而非直接告知其如何操作，从而让班员教师拥有自己处理事情的机会。这样能够更好地激发这类教师的积极性。

案例

甘当绿叶，激发自主

D老师来园工作的第一天就被大家认为是位聪明灵巧、有主意的老师。能力强、干劲足、有办法是她的长处。有机会和这样一位教师在同一个班工作，班长A老师特别开心，因为会省很多心。于是，班长放手把很多工作交给她完成，如班级环境布置、课间操编排、家长半日活动。起初，班长还沾沾自喜，以为大可以松心了，但慢慢发现，这样的教师非常自信，很多时候喜欢包办代替，往往就忽略了幼儿的主体地位。班级环境是她自己加班做的，徒手操考虑的是怎么漂亮，家长半日活动在形式上也是花样百出。一件件工作的完成虽然顺利、高效，但是却忽略了孩子的自主发展。班长开始反思自己哪里做错了，她想到的原因是放手管理使D老师做了很多无用功。于是，班长开始转变观念，多询问，给建议，说想法。每当布置一件工作时，班长先询问D老师的想法，并提出自己的困惑，然后二人共同制订工作计划。工作进程中，班长会询问情况，寻找问题，把握方向，找出解决办法。工作结束后，班长会关注D老师的反思和收获，与D老师一起梳理出工作思路，提升理念，共同进步。渐渐地，D老师工作起来更加得心应手，也取得了很多成绩。

【分析与启示】

像案例中D老师这样的教师一般比较自信，并有一定的工作能力。作为班长，可以尝试放手，给这些教师更多的空间和支持，最大限度地发挥他们的主观能动性，使他们可以主动发展。但同时，在他们遇到困难或碰了壁时应适时地给予帮助。班长是班级的主心骨，对于班级工作不能只看到是否被完成或出彩，而应该反思这样的做法是否有利于幼儿的发展，是否有利于班员教师的专业化成长。让班员教师充分发挥自己的能力，不仅能充分调动班员教师的工作积极性，还能使班长更省心。如果让每位班员教师都能在工作中产生成就感，相信班级管理会更加得心应手。班长在管理中要有"甘当绿叶"的思想觉悟，要学会管理比自己能力强的教师，让这些教师脱颖而出，还要做好班级协调工作。

（五）合作式管理

这是一种较为常见的管理模式。班级中的几个人年龄不相上下，能力差别也不大，组合成一个班级。班长的脱颖而出或许是因为幸运或多做了一点点工作，如果引领不好往往会影响工作，甚至会造成谁也看不上谁的局面。如何让这样的班级发挥每个人的价值，形成合力，使全班共同发展呢？答案就是——合作。

班级中的每个人都有自己的特点和爱好。作为班长，要细心观察每个班员的优势，在保证班级工作正常开展的同时，不妨给每个人一些个性化的工作。比如，喜欢聊天的教师可以多做一些家长工作，负责班级微信群介绍活动等；喜欢动手做东西的教师可以把方法传授给孩子，带着孩子一起玩。这样一来，每个人都有施展自己特长的机会，既提高了他们的积极性，又使他们有成就感。还有需要注意的一点是，班长要对每个人的工作心中有数，如他们做了什么，什么时候做的，怎么做的，效果如何等。一旦发现问题要及时解决，避免事倍功半。

班长对班员教师的管理应是有策略性，且巧妙而艺术的，但也应体现坚持原则、坚守底线，统筹兼顾、顾全大局，以人为本、引领带动的原则，更要以柔克刚、以理服人。班长应根据本班教师的年龄、性格、能力等进行管理，多一些理解和包容，多一些沟通和交流，多一些温情和付出，多一些实干和带动。这样，一定能够使班级管理工作更加顺利有效。

以上这五种是比较常见的管理模式，但是不能囊括所有的管理模式，也不是一成不变的。随着时代的发展，以及幼儿园教师队伍结构的变化，思想灵活、价值多元的"80后""90后"会成为教师队伍的主要力量。班长的管理也要与时俱进，要根据班级成员的专业发展、个性特征、发展需求等特点不断调整管理方法，提高管理水平，形成自己的管理风格，把班级工作做得有声有色，共同促进幼儿园的整体发展。

三、对班务的管理策略

（一）系统管理

在班长对班级的管理内容中，一项重要的工作就是对班务的管理。唯有系统管理，才能使管理工作常态化，更全面，更具可行性和操作性，才能保证班务管理的质量与品质。

面对繁杂的行政事务，班长的工作不是简单地执行一事一议，而是要全面、系统地思考，统筹合理安排，秉承"重点突出，计划优先，提升工作效果"和"串并结合，提升工作效率"这两大原则，努力做到科学合理地管理。

案例

串并结合，高效工作

新学期伊始，领导在班长会上布置了第一周的几项重点工作，为迎接正式开学做好各项准备。具体内容包括消毒并打扫班级卫生，策划班级环境，进行新生家访，做好班级财产的核对与交接，自查安全隐患，布置家园栏。面对这么多项工作，新班长小 A 不免焦虑起来，直犯嘀咕："这么多事，一周能干完吗?"平行班有丰富经验的老班长告诉她："别着急，怎么能自己先乱了阵脚，好好想想这些事情，重要的事先做，着急的事先做，有些事可不可以串并结合着做……和班里教师们商量着来，你一定没问题。"在老班长的鼓励下，小 A 将这些任务罗列下来，经过系统思考，分清哪些可以并列工作，哪些可以串行工作，统筹安排，并制订了如下实施方案与班员讨论。

一、并行工作内容：工作兼顾，一次搞定

第一要务：核对财产、检查安全

• 与原班班长进行财产核对

• 清点班级财产，并做好记录

• 检查班级安全隐患，发现问题及时上报

第二要务：卫生消毒、规划环境

• 一边打扫卫生，一边策划班级环境布局

• 边给玩具材料消毒，边整理补充玩具

• 间隙时间联系家长，做好新生家访工作

二、串行工作内容：充分考虑工作连续性

家访过后，梳理幼儿特点及家长需要——依据调查，创设家园栏板块内容——结合对幼儿的了解，逐步完成班级环境创设。

在班长小 A 的系统管理下，班级事务串并结合、合理分工，有条不紊地进行着，不仅工作效率得到了提高，小 A 也得到了班员教师们对她的信服。

【分析与启示】

班长在对班务系统管理过程中，要努力做到科学合理地管理，注重形成系统的工作方案，秉承"重点突出，计划优先，提升工作效果"和"串并结合，提升工作效率"两大原则，注重对细节的关注，细化到具体完成时间、实施步骤，确保有条理地执行。值得注意的是，工作方案绝不是班长一人决定、一次形成的，而是需要班级全体成员共同商议、合理分工、反复实践、对比效果、改善而成的。

（二）遵规守纪

遵规守纪是维护班级各项工作秩序的基础，对班级成员具有引领、规范和约束作用，是班级每个人在班务工作中应遵循的标准或原则。作为班长，在开展班务管理工作中要严格执行幼儿园各项规章制度及班级共同制定的系统管理要求，使班员教师熟知制度要求，明确自身责任，形成自主与自律，共同做好班务工作，使班级工作顺畅、高效地运转起来。

📚 **案例**

交接工作小风波

早晚班教师每天都需要填写班级交接班本，以此作为一种沟通途径，保证幼儿上、下午活动的安全和质量。幼儿园严格要求早班教师中午填写交接班本，晚班教师则在幼儿离园后填写，内容包括幼儿人数、活动情况、服药幼儿、个体关注、安全收尾工作等。可是最近班长 A 发现，小 C 老师一上晚班时，就会利用中午时间匆匆填写交接本中的晚离园情况，而且书写内容糊弄了事。这样做显然违背了幼儿园的制度要求，也没有真正发挥交接班的作用。因此，班长 A 进行了反思。首先，自己的工作态度和责任心会直接影响教师的思想与表现。于是班长 A 从自身做起，保证每天按时填写，并在书写内容中特意写明"特别关注"和"家园沟通"内容，并会提示小 C 按时填写，先起到了表率作用。其次，班长 A 利用班会时间，发起"谈一谈交接班重要性"的话题交流，使班级青年教师明确幼儿园相关交接班制度，明白为什么要严格遵守，需要交接的具体内容有哪些。伴随班长 A 不定时地对晚离园安全收尾工作的抽查，小 C 老师真正体会到了按时填写交接班本的重要性。小 C 老师调整了自己的行为，逐步形成了自律习惯。

【分析与启示】

俗话说，"不以规矩，不能成方圆"。班长在进行班务管理的过程中，引领每个人遵规守纪是极为必要的。案例告诉我们，"正人先正己"。作为班长，首先要做到以身作则、遵规守纪；在发现班员教师违反纪律要求时，要注重引导，不仅使其知道规章制度，做到遵规守纪，还要使其明白规章制度的本质及遵守的原因。这样就能变被动为主动，变他律为自律，更有质有量地完成班级各项工作。

（三）灵活变通

灵活变通指的是善于应变，不拘泥呆板，能够根据不同情况，做非原则性的变动。班长在班务管理策略中的灵活变通是在遵守法规、法纪、原则和要求之上的变通，是对班长权力之下有自主决定权的事情的灵活调整。例如，在班务管理中，会增加一些临时任务。如果按原计划进行，肯定完不成任务，因此就要调整计划，灵活地开展各项活动。这里的灵活可以包括活动的内容、形式、时间安排、策略等。另外，灵活变通有时也会发生在对班级教师的理解、包容和帮助之上。

案例

给爸爸送饭

一天中午，A 老师焦虑地说她爸爸带着家里的猫咪看病，中午看着输液都吃不上饭，真是心疼爸爸。班长 C 老师知道宠物医院就在幼儿园旁边，如果 A 老师中午能出去给爸爸买份饭送过去该多好啊！班长想这也不是没有办法。A 老师是早班，中午不休息，不能外出，那怎么办呢？班长了解到 A 老师还有倒休没有用完，于是，就给 A 老师提出了建议："中午可以倒休 1 小时给爸爸送饭，而中午的班我可以替你上。"（中午是班长午休的时间）A 老师听到班长的这个建议很开心，说："谢谢班长，辛苦您帮我看一下班，我给爸爸送完饭就回来。"看到 A 老师的问题迎刃而解，班长也替她高兴。

【分析与启示】

班长以灵活变通的方式帮助 A 老师解决了问题，A 老师对班长也更加信任了，在工作中也更加积极主动了。的确，在这个社会上，懂得灵活变通的人会获得更长远的发展，而在班务工作中，也确实需要我们具备灵活变通、善于解决问题的能力。

在工作中，无论是对事还是对人，一成不变或者墨守成规所带来的都不会有好的成绩和效果。有时候太过于循规蹈矩就会显得不讲情面，不够理解人，从而错失了"笼络人心"、团结班员的机会。因此，作为班长，要讲人情、肯理解、懂包容，为人处事懂得灵活变通，这样不仅能够顺利地解决问题，同时也能够团结人心，形成良好的班级氛围，让教师、家长、幼儿之间的关系都能保持积极向上，快乐和谐。

（四）勤俭节约

在班务管理中，对班级物品的管理是班长的责任之一。班级物品的多与少、好与坏，班长都要心中有数。在班级物品管理中，要做到"勤俭节约"。勤俭节约是中华民族的传统美德，这个美德要从小培养。幼儿园是我们所有教师的"家"，每个班级就是一个"小家"，如果每个"小家"都懂得节约，积小聚多，那么我们会节省出较多的班级资产。幼儿园里的勤俭节约需要从教师做起，为幼儿树立良好的榜样，引导幼儿养成勤俭节约的好习惯。

1. 勤俭节约从我做起

班长作为班级的管理者，发挥榜样作用非常重要。如果班长能够树立良好的班风和行为习惯，会直接影响班员教师和幼儿的习惯养成。因此，班长对物品使用的态度很重要。例如，可以把在环境创设中使用的大张纸所留下来的边角料裁剪成一块块的小纸张保存好，当幼儿玩剪纸、撕纸或装饰游戏时可以利用。另外，可以在班中摆放物品收纳盒，随手把节约出来的废旧物分类放在收纳盒中，便于教师和幼儿再次使用，也帮助大家养成勤俭节约的好习惯。而在班级创设中使用的材料，也不能铺张浪费，可以多使用废旧物等材料。

2. 勤俭节约从小事做起

班级物品种类多，数量大，包括日用品、消耗品、电器设备等财产，这些都是我们节约爱护的对象。在平时的生活中，我们要从自己身边的点滴小事做起。正是一次次的点滴小事使得节约更有意义和更具效果。例如，出门时要做到随手关灯；可以利用洗毛巾、洗水杯的水冲厕所，涮墩布；可以把孩子们用剩下的香皂头收集在一起，供教师在日常清洁中使用；使用电脑、电视、录音机等电器时，要遵守相应的使用方法和步骤，减少损坏等。这些事虽小，但意义重大。作为班长，不但自己要注意从小事中讲节约，同时还要有意识地带领全班师生从小事中讲节约。现在很多年轻教师节约意识差，在生活中没有形成良好的节约习惯，班长在以身作则的同时，还要提出适宜的要求，对节约的好习惯进行培养和鼓励。例如，形成书面的节约小儿歌张贴在班中，鼓励大家一起来践行。

3. 抓住教育契机，开展勤俭节约的班级活动

勤俭节约的好习惯不仅要求教师们做到，也要求幼儿们养成。因此，在幼儿的一日生活中，我们一旦发现有浪费或不爱惜的情况要马上提出来，并通过活动培养幼儿的好习惯。在这个过程中，班长要有双善于发现的眼睛，敏锐地发现问题，抓住教育契机，并有果断的决策能力，和班员教师及时针对问题进行讨论，梳理出关于"勤俭节约"的系列活动，如"纸都去哪了""彩泥朋友回来啦""节约用水的好宝宝"等。同时，对于幼儿勤俭节约的行为，我们还要给予肯定和鼓励，让勤俭节约的风气一直在班中传播。

第四章　班级保教工作

第一节　班级日常工作计划的制订与落实

一、班级日常工作计划的重要性和内容

（一）班级日常工作计划的重要性

1. 班级日常工作计划是一日活动的依据和保障

幼儿在园的一日活动是由多个时段和环节构成的，每个时段和环节又由许多项活动组成，而每项活动的内容都是班级教师事先有目的地计划好的。制订班级日常工作计划，便于教师按照自己预计的内容逐项完成，以保证幼儿园一日工作的开展。

2. 班级日常工作计划可将幼儿发展目标阶段化、分解化

每个年龄段的幼儿都有其不同的发展目标，而班级日常工作计划是指教师将幼儿发展目标分解并融入不同阶段、不同领域的活动中，通过一个个具体的游戏活动、教育活动等去完成，使目标切实可行。

3. 班级日常工作计划有利于促进班级工作有条不紊地开展

制订班级日常工作计划要有预设完成的时间范围，教师要按照计划在预设的时间内逐步完成各项工作，从而逐渐达到目标，以保证工作的顺利开展。

4. 班级日常工作计划有利于班级工作的实施与改进

日常计划是一日工作的依据，同时也是对一日工作的检验。班长可以带动教师依据实施中的情况进行总结，在日后的工作中加以改进，把工作做好、做细，提高工作效率与质量。在实施过程中，计划可从依据幼儿的兴趣需要，随机生成新的教育目标及内容，计划不是一成不变的，而是具有一定变化性的。

（二）班级日常工作计划的内容

班级日常工作计划由班长及班员教师依据保教计划的重点和阶段来制订形成，并通过系列活动具体落实与完成，大致包括以下几个方面的内容。

1. 前期分析

前期分析指在制订计划前，对幼儿、教师整体的工作进行简单的现状分析，做好前期的基础工作。

2. 每月活动重点目标

每月活动重点目标依据幼儿的发展需要，幼儿园的阶段活动要点及班级的重点工作而制订，要清晰明确，有条理性。

3. 每周重点工作

每周重点工作简述每周要达成的目标和需要完成的工作要点。

4. 逐日工作计划

逐日工作计划一般包括区域活动、生活活动、集体活动、户外体育活动等不同的内容。

5. 班级家长的工作重点

班级家长的工作重点包括家园合作、家园沟通、家教宣传、家长配合事项等。

6. 反思与改进

反思与改进指针对一日或一段时间的工作所进行的自我或集体的交流与反思，并生成初步的改进方法，以便日后实施。

尽管目前各园存在多种形式的班级日常工作计划模式，但其作用与目的是相同的，都是有利于幼儿通过多形式的游戏活动，在多领域获得认知经验，从而支持幼儿的自我建构和自主发展。

二、班长在制订与落实班级日常工作计划中的作用

（一）制订班级计划的时间与内容

以一所幼儿园为例。

1. 制订班级计划的时间

（1）月计划

开学初，班长根据幼儿园的保教计划来制订班级学期计划，在班级学期计划中初步设计制订简单的月计划。这时制订的月计划是梳理出简单概括的重点内容，方便教师们对本学期的重点工作有大致的了解，知道每月的月重点是什么。在每月末召开班会时，班长根据班级情况再制订班级下一个月的月计划。此时教师不仅要完成幼儿园设计的重点工作，而且要根据本班幼儿情况做出活动设计。

（2）周计划

班长每周四制订出下一周的周计划，这样方便保教负责人查看计划，并给教师提出好的建议，对教师进行指导。教师们也能够根据问题及时调整。

（3）日计划

班长每周四把下一周的日计划完成，这样方便保教负责人查看计划，并给教师提出好的建议，对教师进行指导。教师们也能够根据问题及时调整。

（4）大型活动计划

在开学初制订的班级计划中班长就要初步制定大型活动的内容，让教师们从一开始就心中有数，为活动早做准备。在大型活动前两周，班长要具体策划、安排制订更为完善的大型活动计划，这时的计划会随着活动的准备不断调整和丰富。

（5）主题计划

在开学初制订的班级计划中班长就要初步制定预设主题活动的内容（一般预设的主题活动多与季节和节日有关）。班长要及时召开班会和教师们一起分析情况，根据幼儿的兴趣或需要生成主题活动，并商定出相应的主题计划。因此，这个时间不是固定的，是要根据班级活动开展的需要应运而变的。

2. 制订班级计划的内容

以一所幼儿园为例。

月计划的内容包括班级现状分析、月目标、月工作重点。

周计划的内容包括周工作重点、家园共育、生活活动、游戏活动、集体活动、户外活动。

日计划的内容包括半日目标、生活活动、区域活动、教与学活动、户外活动。

大型活动计划的内容包括活动名称、活动时间、活动主题、活动目的和意义、活动前的准备、家园配合、活动具体过程、负责人分工、活动注意事项等。

主题活动计划的内容包括主题活动名称、活动由来、活动目标、设计思路、家园配合、预设系列活动。

（二）带动班员教师落实计划

幼儿园班级各项工作都是围绕计划有目的地开展起来的。只有依据并落实计划，才能保证班级日常保教工作正常而有序地开展，它是提高班级保教工作质量的现实需要。引导班员落实计划，是班长做好班级工作的职责之一。

以一所幼儿园落实计划为例。

1. 班长有自己的思考，敢于尝试创新

在落实计划的过程中，班长要有自己的思考，敢于大胆尝试创新，组织协调教师高标准、高要求地落实计划，保证班级保教工作质量的不断提高和教师的专业成长。

例如，幼儿园组织幼儿外出游玩时，按惯例乘坐的交通工具一般都是旅游大巴，这样既能保证幼儿安全，也能让教师省心。但是，为了充分发挥活动的价值，为幼儿提供更多自主学习和探索的空间，促进幼儿主动发展和教师专业成长，班长就需要有自己的思考，有敢于人先的勇气和精神，在保证幼儿安全的前提下，大胆尝试创新，高标准、高要求地落实计划。

在"我们乘坐地铁出游去"的亲子活动中，班长将外出活动需要乘坐交通工具的选择权赋予幼儿，由他们自主决定乘坐什么交通工具，以及怎样换乘，这极大地调动了幼儿的出游兴趣。大家畅所欲言，凭借自己已有的生活经验献计献策，相互分享，最后达成共识，决定从幼儿园出发乘坐地铁游玩去，这样会更快，更方便。但是乘坐哪条地铁线路能够到达奥林匹克森林公园呢？幼儿带着迫切的心情查看地图，回家后还积极地请爸爸妈妈帮忙在网上查，结果发现没有直达公园的地铁。于是，有的幼儿联想到自己坐车时的换乘经验，马上又开始换思路查找路线，终于设计出不同组合的换乘路线和车次。除此以外，还有的幼儿提出了其他问题。比如，在地铁里可以做一些什么事情？需要注意什么？……一个个问题的出现和解决，充分体现了幼儿自主学习、主动发展的过程，促进了班级保教工作质量的不断提高和教师专业引领能力的提升。

2. 共同制订具体可行的活动详案

按照每月的工作计划或重点，班长带领教师制订相应的活动详案，保证每次活动，如班级亲子活动，春游、秋游，户外社会实践活动（参观博物馆、地铁体验活动）等都能有效落实。月计划只是提纲挈领地写出本月需要做的主要事情，并不是详案，实践中无法具体操作。因此，在执行计划前，班长需要带领班员教师进一步制订出相应的活动详案，以便有效落实计划。

活动方案最好包括目标、内容、分工、流程等主要部分，其他部分则可以自行添加。在活动目标里，要写明本次活动主要达成的目的，根据活动的不同，可以是需要引导幼儿达成的目标，也可以是需要引导家长达成的目标等；在活动内容里，要写清楚做什么；在分工里，要写清楚谁来做；在流程里，要写明什么时间做和怎样做。总之，具体可行的活动详案应该能够使大家看明白什么时间，做什么，谁来做，怎样做。

资料链接

大班亲子活动详案
"我们乘坐地铁出游去"

主要目标：

1. 引导幼儿在亲身体验中感受北京交通对我们生活的影响。

2. 了解地铁里的公共设施和标识，知道其含义，提高自我保护能力。

3. 了解基本的社会行为规则，学习自律，爱护公共环境。

4. 感知春季植物生长变化及对人们生活的影响，有好奇心。

主要内容：

1. 根据自己制订的出行计划，乘坐地铁 6 号线，然后转乘 8 号线，同时体验车票购买、安检、乘车的全过程。

2. 观察、寻找并了解地铁里的公共设施和标识，能用照相的方式进行记录。

3. 目的地奥林匹克森林公园活动：跳绳亲子游戏、寻找春天。

人员分工：

1. 班长：

(1) 带领班员教师一起商定具体的活动方案，书写成文。

(2) 负责事先召开家长会，介绍本次社会实践活动的目的和意义，以及活动流程，征求家长建议（利用晚间离园时间）。

(3) 主要负责组织幼儿在地铁里的社会实践活动，兼顾幼儿安全。

2. 班员教师：

(1) 拟定家长通知，并告知家长班级活动内容及需要配合准备的物品。

(2) 主要负责组织幼儿和家长在奥林匹克森林公园的活动，兼顾幼儿安全。

3. 保育员：

(1) 准备外出需要的必备物品（卫生纸、消毒纸巾、创可贴、卫生棉签、药水、垃圾袋等）。

(2) 负责关照幼儿的生活和安全（对于需要为特殊幼儿提供哪些相应的帮助做到心中有数）。

主要流程：

一、集合时间及地点：

集合时间：2015 年 4 月 29 日（周五）上午 8：00。

集合地点：幼儿园（吃早饭）。

二、主要活动：

（一）8：00—8：30　幼儿来园吃早餐。班长在班外召集家长并简介活动流程。

（二）8：30—8：45　出发前准备（如厕、整理服装等）。

（三）8：45—9：00　徒步行走到 6 号线平安里站（幼儿、教师、家长）。

（四）9：00—10：30　乘坐地铁（6 号线、8 号线）。

（五）地铁里的社会实践活动：

活动名称：地铁里的发现

活动目标：

1. 感知乘坐地铁的全过程，体验地铁给我们生活带来的便利。

2. 认识地铁里的基础设施和安全标志，掌握简单的自我保护方法。

活动准备：照相机，幼儿事先已经自己制订好的出行计划书，2元车票钱。

活动过程：

1. 出发前的简单回忆性谈话。

(1) 我们怎么去奥林匹克森林公园呢？

(2) 需要乘坐地铁几号线？在哪里换乘？又需要乘坐几号线？最后在哪里下车？

(3) 我们乘坐地铁的主要任务是什么？（寻找公共设施和标识；体验乘坐地铁的全过程）

2. 乘坐地铁6号线和8号线，认识基础设施和安全标志，感受乘坐地铁的全过程，体验地铁的便捷。

(1) 从幼儿园出发，徒步走到平安里6号线车站。

(2) 进入车站，了解站内的环境设施（自动售票机、安检机、检票机、屏蔽门、站名线路图、各种安全标志等）。

(3) 寻找站台内的安全标志，并用照相机记录下来。

(4) "我们来做小乘客"：指导幼儿们在自动售票机前亲自购买一张地铁票，经过安检机、检票机，进入站台，体验乘坐地铁的全过程。

(5) "我是文明小乘客"：学习根据地铁里的标志正确地排队候车。上车后，站稳、扶好或坐好，不追跑打闹，不大声喧哗。

3. 观察有特色的奥林匹克森林公园地铁站，看看自己有什么发现。鼓励幼儿间交流分享。

(六) 10：30—11：30 奥林匹克森林公园内的活动：

1. 集体照相。

2. 《我眼中的春天》——寻找春天，并用相机拍摄下来，回园举办相关展览。

3. 跳绳活动：幼儿独自跳绳，和爸爸妈妈一起跳绳，爸爸妈妈表演跳大绳，两人三足……感受亲子游戏的快乐。

温馨提示：

1. 请家长为孩子们穿上春季园服（红上衣、灰裤子、白帽衫）。

2. 自带双肩包（内有湿纸巾、手纸、白水、简餐、垃圾袋）。

3. 带照相机或手机以备拍照用。

4. 活动后任务：

（1）女孩们任选 2 张地铁里的标识照片打印或绘画出来（线路标识……）。

（2）男孩们任选 2 张地铁里的公共设施照片打印或绘画出来（自动售票机、安检机、闸门、食品饮料零售机、垃圾桶、座椅……）。回幼儿园后，师生共同布置班级的主题活动墙饰"车水马龙的北京交通"。

3. 按照计划有序地开展活动

依据计划详案和幼儿发展目标，班长带领班员教师有目的、有计划地开展活动。计划是班长在班会上带领班员教师共同协商制订的，因此班级每一位成员都要清楚地了解班级的计划内容。

班长需要注意带领班员教师按照计划的时间节点、人员分工有序地开展工作。例如，在"我们乘坐地铁出游去"的详案中，主要目标、主要内容、人员分工、主要流程等，制订得非常清楚，班长只需提示班员教师遵照什么时间、谁来做、做什么、怎么做就可以了，然后通过有序、有条理地开展活动来推进计划的落实。

4. 关注计划执行过程中的问题和突发事件，并及时做出相应调整

在执行计划的过程中，可能会出现一些事先没有预料到的细节问题或突发状况，这时需要班长及时召集班员教师，一起分析讨论，提出解决办法，及时调整计划，保证班级计划的顺利实施和落实。

例如，在开展"我们乘坐地铁出游去"的活动中，为了避开早高峰，我们特意安排在上午 9：00 后带领幼儿和家长们进入地铁 6 号线平安里站，引导幼儿体验购买车票、安检、乘车的全过程，并学着按照公共标识（如地面排队箭头等）学做文明小乘客，同时感受北京交通发展为我们出行带来的便利。当幼儿们在地铁里拍照记录自己发现的设施和标识的时候，受到了站台个别工作人员的制止。班长马上与班员教师、家委会代表商量解决办法，派出一名教师和一名家长与站长沟通，说明活动的目的和意义，争取得到地铁工作人员的支持。在交流中，我们了解到对方担心的是我们在地铁停留时间较长会带来安全隐患。为了保证活动的顺利进行，同时也为了消除地铁工作人员的顾虑，我们商量后，决定在保证幼儿体验的基础上适当缩短停留时间，保证了计划的实施和落实。

5. 定期召开班会，做好总结、计划并积极落实

班长还要组织召开每周一次的班会，带领班员教师分析本周计划的执行情况，同时一起制订下一周的周计划，如周计划中的工作重点、家园共育、生活活动、游戏活动、集体活动、户外活动等。

例如，班长和班员教师一起分析了周重点工作之一的"我们乘坐地铁出游去"的活动开展情况，根据幼儿的现场表现、家长反馈、突发事情解决等方面

来分析活动的开展情况,不断积累活动经验。例如;幼儿在亲身操作中懂得了自动售票机、饮料售卖机、安检机、闸门等公共设施和"请勿倚靠门"等各种安全标志的含义,增强了幼儿自我保护的意识和能力;在做文明小乘客中,幼儿学着按照地面标志线排队候车,先下后上,上车后扶住栏杆站稳,车厢里不大声喧哗和打闹……幼儿们在社会实践中学会了遵守社会公德。家长们对本次外出社会实践活动也是非常满意,在整个活动过程中,他们看到了孩子们自主解决问题、自主学习的一种真实状态。其中,有一位家长感慨道:"孩子们变得越来越有想法了。在解决突发事件时,他们能够发挥团队作用,共同解决。"同时,家长们也应看到存在的问题,如预先估计不够细致、全面,存在漏洞,需要改进。这些都为制订下一周的计划提供了依据。

（三）对班级计划的调整和反思

调整和反思班级计划就是班长自觉地把日常班级计划作为认识对象而进行全面且深入的冷静思考和调整改进的过程。调整日常班级计划的这种方式,是不断对自己制订计划的深入反思和进一步优化班级工作的好办法。在班级计划的实施中,班长也会随时根据突发情况调整和反思并修改计划的内容。

案例

雾霾天也不能阻止我们运动的脚步

幼儿园要通过体育活动培养幼儿对体育活动的兴趣,发展幼儿的基本动作和体能,并在体育活动中培养幼儿良好的个性品质和社会性。所以,体育活动对幼儿的发展意义重大。《3～6岁儿童学习与发展指南》在健康领域中明确了幼儿每天的户外活动不少于两小时。在每周的班级计划中,教师们都会详细设计和制订出幼儿进行阳光户外体育两小时活动的内容和时间安排。但是近日来,越来越频繁的雾霾严重影响了幼儿的户外活动。雾霾来了,幼儿不能如期到室外活动了。怎样应对雾霾天气,让幼儿在雾霾天气也能玩得开心,玩出健康成为摆在教师们面前的重要问题。

班长及时召集班员教师召开班会,共同讨论调整班级计划内容和教学安排,带领幼儿进行室内活动,即使雾霾天也没有阻止大家运动的脚步。例如,幼儿、家长和教师一起用低结构材料制作报纸球、障碍杆等跑跳投的室内游戏,孩子们兴趣盎然。教师们将活动室、楼道、专用室等作为开展体育活动的场所,让孩子们自主选择利用室内的桌椅、器材,有机组合钻、爬、攀、跨,选择自己喜欢的材料开展活动,将玩法多样化,把室内创设成一个快乐的游乐场。孩子们在活动场所体验着与平时不同的活动，快乐无比。

【分析与启示】

在不利因素的影响下，班长带领班员教师能够及时调整班级计划内容，班内教师相互配合，和孩子们一起制订出他们喜欢的游戏内容。虽然室内场地比较有限，活动材料有些单一，但是孩子们在自己的大胆设想下，也玩出了花样，玩出了创意，孩子们也因此玩得非常尽兴。因此，班长要及时调整和反思班级计划，把不利因素变为有利因素，因地制宜地开展幼儿室内活动，促进幼儿的身心健康发展。例如，在设计一日生活主题活动计划时，可做如下调整和反思。

• 主题来源

班长简单说明主题是怎样产生的，主要看这一主题对于这个阶段的幼儿是否具有开展的价值。

• 活动目标

活动目标必须适合幼儿的年龄特点，同时也要体现整合性。班长虽然预设了目标，但可以随着主题的发展做出相应的调整和补充。

• 活动内容

活动内容包括班长预设的内容和幼儿生成的内容，随时可以添加或改变，而且要留给教师比较大的空间，使其可以根据幼儿的发展情况选择相关活动。

• 活动方案

对于预设的活动，班长进行备课；对于生成的活动，教师进行记录。教师捕捉的有价值的生成内容可以转化为新的预设活动。在每次的活动方案后，教师可以有选择地记录自己的观察和反思。

▶对自己活动组织的评析。

▶将幼儿的反应作为自己下一个活动的依据，从而更好地促进幼儿的发展。

▶发现幼儿的兴趣点，掌握幼儿的个体特点。

班长制订班级日常工作计划后，在执行时不是一成不变的，可以根据幼儿的发展情况和兴趣点及时灵活地更换、调整做法，使其能适应幼儿继续发展的需要。

三、班级日常工作计划案例

调整和反思班级计划是班长自觉地把日常班级计划作为认识对象而进行全面且深入的冷静思考和调整改进的过程。调整日常班级计划的这种方式，是不断对自己制订计划的深入反思和进一步优化班级工作的好办法。在班级计划的实施中，班长也会随时根据突发情况调整和反思并修改计划的内容。比如，在设计一日生活主题活动计划时，可以做如下调整和反思。

（一）以××幼儿园大二班为例（月、周、日）

××幼儿园十月保教工作重点内容如下。

<h3 align="center">××幼儿园十月保教工作重点内容</h3>

	第一周 （10月5—9日）	第二周 （10月12—16日）	第三周 （10月19—23日）	第四周 （10月26—30日）
幼儿园工作重点	"十一"假期	政治学习： 解读园所文化 师幼创设公共性游戏（中、大班） 早操（小班出操，中、大班正常） 园本教研： 班级自然角环境研讨	园本培训： 班长交流、游戏组、大信息汇报 观摩大班及中班常规、班级环境展评 技术练兵： 边弹边唱 政治学习： 解读园所文化	园本教研： 交流展评：结合幼儿兴趣需求，突出年龄特点的"班级自然角" 观摩中、小班常规、班级环境展评 笔记交流与评价

（二）十月班级工作重点

1. 班级情况说明

（1）幼儿情况

本班共有38名幼儿，他们是一群活泼可爱的小天使，每天在幼儿园里快乐地生活、游戏。升入大班近一个月的时间，幼儿一日生活比较有序，具备一定的自我服务能力；在游戏活动中他们思维活跃，乐于思考，具有一定的主动性，同伴间的学习互动逐渐增多。为了能更好地适应未来小学生活，幼儿还需要在自我管理和为他人服务、主动交往和分工合作、有目的地做事等方面加以锻炼和提高。

（2）教师情况

本班有3名教师，其中两名教师为大专学历，一名为本科学历，一名是区级骨干，一名是市级骨干。教师们年轻充满活力，善思考，爱创新，虽是全新的组合，但深受幼儿、家长的喜爱，影响力大。经过一个月的磨合，在保教过程中配合得更为默契，能够保质保量地完成每天的教育教学工作。由于工作时间较短，缺乏经验，在下个月的工作中，一方面，要多学习理论，关注幼儿的兴趣与需要，更好地结合大班幼儿的年龄特点及学习特点开展各项活动；另一方面，加强对幼儿常规的巩固及细致的照料，熟练自己的工作内容及方法，更加高效地完成工作。

2. 本月重点

(1) 教师

岗位	重点
班长	环境体现幼儿的学习：结合幼儿兴趣与需要，开展各项活动，让墙面环境留有幼儿学习的痕迹。 深入开展活动：关注活动，观察幼儿，及时跟进活动，让环境体现幼儿学习与发展的轨迹。
带班教师	顾全体，常走动：在一日生活各环节中，注重集体的同时关注个体，及时进行引导。 有重点，稳常规：基于上月情况，有重点地进行常规培养，并巩固以形成常规。
配班教师	内容熟，方法对：熟悉一日生活的保育内容，方法正确，总结策略，提高效率。

(2) 幼儿

大二班	重点
习惯养成	巩固新常规，重点是进餐环节、盥洗环节。
自主游戏	在游戏与生活中充分发表自己的想法和主见，在活动中充分地动手与动脑。
专注探索	对活动兴趣浓厚，认真专注，愿意较为持续地进行游戏探究。

(三) 近期活动概述

根据大班幼儿的初期特点，围绕近期的发展目标，从发挥幼儿潜力、支持幼儿主动学习的理念出发，我们积极为幼儿创设自主生活、学习的环境氛围，鼓励幼儿大胆发现与表达，尝试解决问题，不断提高幼儿做事的计划性、目的性和主动性，让幼儿在活动中体验成功，获得自信。

依据这样的思考，我们和孩子们共同商定游戏内容、班级规则，创设班级环境。教师给予幼儿更多的自主空间和时间，让幼儿决定玩什么、怎么玩，由此产生了"我是小士兵"的游戏，美工区为表演区制作服装等幼儿自主性的活动。幼儿还通过"咕咚水吧""爱心护理桌"等活动，体验自主安排与管理生活的乐趣，发现并尝试解决遇到的问题，并从中获得自信，逐步增强服务自我及他人的能力。

班级的很多活动都顺应了幼儿的兴趣需要，如"我的蜗牛朋友"活动。阳阳小朋友带来的大蜗牛生蛋了，这引发了很多小朋友的热议和关注。从期盼蛋的出生—关注蛋的变化—查阅蜗牛资料—尝试饲养蜗牛—关注蜗牛的生活环境及习性，伴随着活动的开展及深入，孩子们对大蜗牛产生了浓厚的兴趣，表现出强烈的关爱，自发地观察、探索、讨论、猜想，生发了一系列有趣而且有意义的活动。

资料链接 1

大二班周工作安排

一、班级活动安排

本周重点	快乐的"十一"假期结束了，很多家庭都利用假期外出游玩。这一过程拓展了幼儿的视野，丰富了他们的经验。为了进一步满足幼儿交流及学习的需要，我们将开展"小脚丫走天下"活动，通过信息交流，增加幼儿对社会环境、风景名胜、风土人情的了解，使其倾听同伴的想法，表达自己的感受与经验。与此同时，我们将继续开展"我的蜗牛朋友"探究活动。 经过一个月的时间，本班幼儿的常规已经基本养成，本周会继续加强幼儿的习惯养成、自主生活，鼓励幼儿在集体生活中按自己的想法做事，敢于尝试解决遇到的问题。	
环节	活动内容	家园共育
生活活动	1. 引导幼儿关注气温变化，学习根据温度的变化和自己的感受主动增减衣服。 2. 在室内外活动中，根据自己的需要主动饮水。 3. 鼓励幼儿对同伴说一说自己的假期见闻。	1. 为幼儿准备水瓶并按时带来。 2. 引导幼儿在生活中关注气温，自主增加衣服。
游戏活动	1. 图书活动：假期新闻分享 2. 科学活动：给蜗牛建家 3. 建筑活动：航母大作战 4. 区域联动活动：超市游戏	支持幼儿进行假期分享，将所见所闻带到幼儿园进行分享。
集体活动	分享活动：快乐的假期 讨论活动：设计我们的餐单（公共游戏） 科学活动：给蜗牛建家（二） 美工活动：节日的餐桌 体育活动：勇敢的小兵 数学活动：生活中的规律	按照幼儿的计划单，共同收集蜗牛家的搭建材料。
户外活动	1. 猪八戒吃西瓜 发展幼儿快速反应的能力及快速跑的能力。 2. 排雷大作战 发展匍匐爬和跨跳动作，锻炼大肌肉群和身体协调性。	秋天悄悄走来了，鼓励家长陪同幼儿走到户外，阅读大自然的美丽画卷。

二、班务工作安排

根据下周工作安排，周五召开班会。班长向班员教师传达下周的工作重点，讨论、交流、征求班员教师的意见和建议，细致说明工作重点与分工。

本周重点	1. 与幼儿一同创设公共区游戏环境（小超市）。 2. 复习并纠正武术操作要领，动作精神有力。 3. 进一步丰富班级区域环境，重点是自然角、假期新闻的分享。 4. 政治学习：解读幼儿园（每人3分钟）。
周一	升国旗仪式后，大班组进行武术操练习，重点复习动作。
周二	分上、下午两组进行政治学习：解读幼儿园，每人准备3分钟。 上午9：00，下午1：00；三楼会议室。
周三	下午1：00进行教研活动，观摩、研讨各班的自然角环境，一名教师看午睡，两名教师参加。 本班重点分享：蜗牛的家（由教师分享）。
周四	分上、下午班进行三楼公共区环境的创设：小超市。
周五	重点：1. 与幼儿一起创设大环境（超市规划、广告牌等）。 　　　2. 引导家长与幼儿共同收集废旧物，丰富超市货品。

资料链接2

大二班半日活动计划

半日活动目标

1. 乐于与同伴交往，倾听同伴的想法，分享自己的感受与经验。

2. 按照自己的想法做事，敢于尝试解决遇到的问题。

半日活动内容

（一）生活活动

活动目标：

1. 结合自身需要喝水、如厕，尝试自主管理生活。

2. 能在集体生活中做力所能及的事情，感受为他人及集体服务的乐趣。

重点观察与指导：

1. 提示水吧服务员关注同伴喝奶及饮水情况，做好服务工作。

2. 利用班级天气播报，引导幼儿关注气温，增减衣服。

3. 关注幼儿需要，及时给予必要的指导。

（二）区域游戏

美工区：

近期目标：

1. 能够利用多种美工材料表达自己的想法和感受，体验自主创作的乐趣。

2. 能够不断尝试，积极想办法解决制作过程中遇到的问题。

重点观察与指导：

1. 尊重幼儿的创作，聆听幼儿创作中遇到的问题，并适机给予支持。

2. 观察幼儿的游戏情况，提供多种连接工具，鼓励幼儿在不断尝试的过程中找到适宜的工具及连接方法，如粘贴、穿插等。

科学区：

近期目标：

1. 积极、主动地进行探究活动，对简单的科学现象感兴趣。

2. 尝试记录探索的结果，并与同伴分享自己的发现。

3. 喜欢观察和照顾小动物，了解小动物的特点和习性。

重点观察与指导：

1. 观察幼儿的探索，鼓励幼儿用多种方式记录和表达自己探索的过程和结果。对幼儿的兴趣、发现与问题，给予个性化的支持与回应。

2. 了解幼儿对蜗牛习性的发现，支持幼儿关注它的生存环境。

（三）学与教活动

活动名称：综合活动——给蜗牛建家（二）

活动形式：分组活动

活动由来：在饲养大蜗牛的过程中，孩子们发现当大蜗牛的“家”干燥时，蜗牛缩进壳中一动不动。可每次为蜗牛清理便便、洗家、简单冲洗外壳后，幼儿发现大蜗牛伸出触角，爬来爬去，特别活跃，这是为什么呢？孩子通过观察和查阅资料后认识到，蜗牛适合生活在阴湿的环境中。随着蜗牛数量的增多，特别是几只大蜗牛爬进蛋宝宝的“家”中，压碎了几颗蛋后，“这么多蜗牛住在一起很拥挤，多建几个家，让它们住得舒服点”成为很多小朋友的共同愿望。经过商讨和制订计划，我们的工作开始了。

活动目标：

1. 尝试为蜗牛创设舒服、适宜的家，表达对蜗牛的关爱。

2. 能根据计划动手、动脑，想办法为蜗牛建家，解决遇到的问题。

活动重点：结合计划尝试为蜗牛建一个适宜生活的家。

活动难点：尝试用自己的方式解决遇到的问题。

活动准备：

1. 经验准备：为建蜗牛的家制订实施计划。对蜗牛的特点及生活习性有一定的了解。

2. 物质准备：幼儿制订的计划，师幼共同收集的材料、图片。

活动过程：

1. 回顾蜗牛的生活习性，进一步明确蜗牛家的特点

（1）利用图片回顾幼儿自己总结的蜗牛家的特点。

（2）分享幼儿计划，幼儿根据计划为蜗牛建家。

2. 按计划建造适合蜗牛的舒服的家

（1）观察幼儿按计划实施、选择材料并建造的过程，支持、鼓励幼儿敢于发现问题，自主探索解决问题。

（2）关注幼儿的特别需要，适时给予支持。

3. 交流制作情况，分享制作的感受与经验

提问：你（你们）建造的家是什么样的？适合小蜗牛吗？为什么？建造过程中有什么感受？你遇到困难了吗？怎么解决的？

帮助幼儿梳理在设计和实施过程中的好方法和经验，宣扬同伴间的互相与合作，以及活动中显示出的学习品质等。

延伸活动：

1. 继续观察探索幼儿建造的家是否适宜蜗牛生活。

2. 根据观察了解的情况，继续完善蜗牛的家。

（四）户外活动

1. 集体操：武术操与器械操

指导重点：动作有力、规范，听节奏做武术操与器械操，培养幼儿身体的协调性。

2. 集体游戏：《排雷大作战》

活动目标：

（1）在游戏中发展匍匐爬和跨跳动作，进一步锻炼幼儿大腿部的肌肉力量和身体的协调能力。

（2）遵守游戏规则，知道保护自己及他人，有安全意识。

游戏准备：音乐、地垫、跨跳栏等材料。

游戏玩法：幼儿扮演小士兵，进行排雷大作战，爬过电网，跨过战壕，进行排雷，通过各种障碍返回军营。

指导重点：

（1）观察幼儿的动作发展情况，指导幼儿，使其基本动作标准、协调。

（2）幼儿注意自己和他人的安全，增强自我保护的意识与能力。

3. 分散游戏

自选游戏材料：小士兵情境材料、扁担、水桶、小推车、滚小球、跳跳球、低结构材料等。

指导重点：

（1）探索低结构材料的多种玩法，发展身体动作。

(2) 参与材料的摆放与收整，感受为集体做事的快乐。

(3) 根据自己的身体状况动静交替进行游戏，调整运动量。

第二节 班级一日教育活动的开展

一、班级生活及常规培养

（一）班级生活活动和常规培养的重要性和内容

班级常规是指幼儿在班级所要遵守的日常行为规范，包括幼儿早晨入园、如厕、早餐、早操（冬季为课间操）、教育活动、区域游戏、午餐、午睡、喝水、吃午点、户外活动、晚餐、离园的所有活动。

一日常规是幼儿教育的主要内容之一，是幼儿在幼儿园一日生活的各种活动中应该遵守的基本行为规范。建立良好的常规，科学合理地安排和组织幼儿一日生活，不仅能促进幼儿形成良好的卫生习惯、生活习惯和行为习惯，还有益于促进幼儿身心健康和谐发展。有这样一句教育名言："播下行为，收获习惯。播下习惯，收获性格。"意思是说，良好的行为习惯是可以通过教育来培养的。一日常规的建立是培养幼儿良好行为习惯的有效途径，对幼儿适应社会的发展有着很深远的影响。

（二）班长在生活活动和常规培养中的作用

1. 班长组织班员教师共同商讨，建立本班常规

班级常规的建立与教师之间的配合是密切相关的，班长在建立好的班级常规上起着承上启下的作用。班长要引领班员教师结合对本班幼儿情况的分析，按照幼儿园的常规培训细则要求，制订出对本班幼儿的培养方案，并要引导本班教师相互配合，密切关注幼儿，对方案进行调整。在常规培养中，教师之间要相互帮助，相互提醒，相互补位，这直接关系到班级常规建立的成功与否。

例如，学期初，班长要组织班员教师共同学习园内的保教细则，并依据学期计划共同商讨、制定适合本班幼儿的常规。班长要把职责、任务、要求等分解，落实到每一位教师，让大家各司其职、各负其责，共同执行，做到要求一致统一，对幼儿一视同仁，以免形成正负两面性。好的班风是促进好的常规形成的重要因素，班长要善于发现班员教师带班的长处，及时给予肯定和鼓励。当班长发现问题时，要及时组织班员教师召开班会，进行分析解决，逐渐完善班内的常规工作。

中、大班幼儿的独立自主能力和集体荣誉感逐渐增强。为了培养大班幼儿的主人翁意识，班员教师在制定班级常规中要充分发挥幼儿的主观能动性。班长要带领班员教师与幼儿共同商讨，建立适合本班幼儿的常规。班员教师更要

注重为幼儿创设平等、宽松的班级氛围，充分给予幼儿畅所欲言的机会。

2. 班长引领班员教师通过环境创设，培养幼儿常规

环境是一位会说话、会和幼儿互动的"教师"，教师除了创设适合幼儿的游戏情境，让幼儿在游戏中操作体验，学习基本方法外，还可借助墙饰环境直观形象这一显著特点，有效地推进幼儿良好生活习惯的养成。教师要巧妙地利用环境中的教育元素对幼儿进行常规培养。

（1）儿歌式的提示环境

儿歌具有短小精悍、朗朗上口、易于理解的特点，是小班幼儿熟悉并喜欢的一种语言形式。在班级常规培养中，班长要善于观察、发现常规中的不足与进步，及时分析总结。

例如，近期幼儿经常出现不认真洗手的现象，针对此现象，班长引领班员教师分析小班幼儿的年龄特点，创设洗手步骤图，创编朗朗上口的儿歌："打开水龙头，冲湿小小手，变变小泡泡，搓手心，搓手背，还有小手腕……"教师通过边说儿歌边演示洗手的方法，帮助幼儿在实践中解决遇到的困难，学会正确洗手的方法。

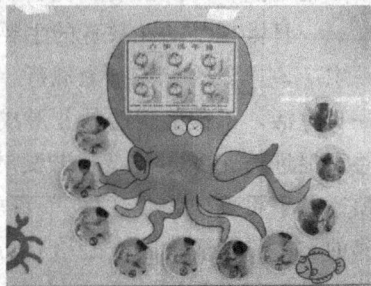

（2）游戏性的指示环境

游戏是幼儿的基本活动，更符合小班幼儿的一日生活学习方式。在常规中，班长要引领班员教师学会利用游戏的方式，帮助小班幼儿建立常规。例如，开学初，教师发现了小班幼儿不会擦嘴的现象，为此，班长马上引领班员教师共同商讨，创设了"小猫擦嘴巴"的游戏情境，引导幼儿在游戏墙饰中掌握擦嘴的方法，同时也起到了提示作用。

环境创设对小班幼儿良好生活习惯的养成具有推动作用，教师要用心设计并创设好的墙面环境，让其与幼儿进行有效的互动，促进幼儿健康快乐地发展。幼儿通过环境与同伴的促动，养成"自己的事情自己做"的好习惯，从而建立自信心。在常规培养中，首先，班长要善于观察、发现。有问题时，班长要引领班员教师共同研究，了解不同年龄段幼儿的特点：小班幼儿以游戏情境法、儿歌提示法为主；中、大班要充分体现幼儿的自主性，培养幼儿养成"自己的事情自己做"的好习惯。其次，班长还要引领班员教师注意带班时的站位，眼里有孩子，能够照顾大多数幼儿，并与其他教师相互合作。在幼儿活动前，教师要先提要求，再检查，最后有总结，这样才能培养出幼儿的良好习惯。

（三）在生活活动和常规培养中应注意的问题

1. 在常规培养的过程中，尊重幼儿的年龄特点及发展规律

在常规培养的过程中，要注意幼儿的年龄特点，尊重、顺应幼儿的发展规律，创设和开展能够帮助幼儿养成良好习惯的环境、游戏和教育活动，避免对幼儿进行模式化的训练。例如，小班幼儿年龄小，思维能力和自控能力还不完善，所以对幼儿的管理应体现在耐心说服和引导上。

2. 班员教师坚持一致性原则

所谓一致性原则，是指教师要尽力为幼儿的学习营造一个连续和统一的影响环境。首先，三位教师须对一日生活中每一个环节的要求都达成共识，一起遵守规定要求，形成常规，如如厕盥洗的时间、喝水的时间要求等都要一致。其次，教师要注意自己的言行举止，时刻做幼儿的榜样。最后，要关注个别幼儿，做好转变与带动工作。

3. 发现问题要及时检查并进行调整

在培养常规中，班长有意识地提示三位教师做到"要求在前，检查在后"，这样能够更好、更快地帮助幼儿形成良好常规。同时，在检查的过程中，班长要注意，常规的内容和培养的方法对本班幼儿是否适宜，提出的要求幼儿是否能够达到。发现问题后，班长要组织班员教师一起进行分析和讨论，并进行调整。例如，教师发现，幼儿每次在早饭前洗完手后，都要再用洗干净的手去拉开自己的小椅子，然后再坐下吃饭，这样不利于幼儿卫生。于是班中三位教师根据这一情况重新调整了早餐前的常规，让幼儿来园后直接把椅子摆成吃饭时的样子，这样就避免了之前的问题。

二、班级区域游戏的开展

区域游戏作为幼儿园教育的重要组成部分，对幼儿的身心发展起着举足轻重的作用。它以其独特的"自由、自主、宽松、愉快"的活动形式深受幼儿的欢迎，为幼儿提供了充分自主活动的机会，最适合让幼儿进行个性化的学习，从中凸显其优势。

（一）班级开展区域游戏的重要性

区域游戏是一种重要的幼儿自主活动形式。它是以快乐和满足成功为目的，以操作、摆弄为途径的自主性学习活动。它是幼儿主动地寻求解决问题的一种独特方式，其活动动机由内部动机支配而非来自外部的命令，表现为"我要游戏"，而不是"要我玩"。自主性是幼儿游戏活动的内在特征。班级区域游戏活动充分体现了幼儿身心发展的特点，可满足幼儿活动和游戏的需要，更好地促进幼儿自然、自由、快乐、健康地成长，实现"玩中学""做中学"。在区域活动中，幼儿参与的积极性高，能积极动脑，大胆创作。区域活动的开展能有效地促进幼儿良好个性的发展。幼儿通过互相交往，互相合作，共同商讨，提高了处理问题、解决问题的能力，同时还有效促进了良好个性的发展。

（二）班长在区域游戏中的作用

1. 班长带领班员教师共同创设区域游戏

班长引导班员教师根据幼儿的认知特点、年龄特点、兴趣、季节及教学活动的开展，通过与幼儿探讨，共同设置区域，同时，引导班员教师利用班级环境现有的活动空间，采用固定和灵活设置相结合的方式进行创设。创设中既要考虑到幼儿之间能相互交流、共同合作，又要注意他们彼此之间的互不干扰，尽可能地使活动动静分区，并根据游戏情况随时灵活调整。

2. 班长与班员教师共同进行区域材料的投放

班长引导班员教师根据班级的教育目标及幼儿的年龄特点和兴趣来投放材料，为幼儿提供时间、空间及工具等方面的物质材料。投放的材料要具安全性、科学性、多样性，这样才能充分挖掘其教育价值，才能发展和调动幼儿内部驱动力。只有在这样的空间里，幼儿的心理需求才可以得到满足，幼儿才可以自主选择，并按照自己的意愿去操作，去探索。

3. 班长与班员教师经常交流，形成研究氛围

班长根据班级区域游戏的不同需求，合理分工并安排教师指导。班长还应引导教师以观察者的身份随时关注幼儿，并能把握时机，适时介入指导。班长与班员教师随时沟通班级游戏出现的问题，交流幼儿的游戏状态，适时对区域游戏做出调整。

（三）组织区域游戏应注意的问题

1. 区域设置不是越多越好

有的教师认为区域设置越多越好，那样孩子选择的机会多。然而孩子一会儿干这，一会儿干那，并没有得到发展。因此，区域设置的"质"比"量"更为重要。

2. 区域材料投放不能过于盲目

材料的投放盲目，缺乏目的性、有序性、针对性、层次性。很多教师在投放材料的时候比较盲目，找到什么就投放什么，摆满玩具柜，结果导致投放的材料缺乏针对性，起不到对幼儿发展的引领作用。

3. 游戏指导不是简单的三言两语

班长指导幼儿游戏的过程不是简单的三言两语，如"你在做什么?""好好做啊"，而是在指导区域游戏的过程中，仔细观察与理解幼儿，在旁边适时地给予幼儿回应与支持，鼓励幼儿自己发现问题与解决问题。

4. 区域评价不是评价孩子，而是回顾与梳理

有的教师只评价哪个幼儿表现好，这种评价太表面化，容易导致幼儿为了表现而失去了参与区域活动的意义。班长应与幼儿一起回顾游戏，这样有助于梳理和提炼有效经验，为之后的游戏做好经验的积累。通过区域游戏的指导，班长可引导幼儿学会做计划，有目的地进行游戏，还可以了解幼儿游戏的意图，有效支持幼儿达成目标。同时，在回顾的过程中，幼儿的语言能力也可以得到锻炼。

三、班级教学活动的开展

（一）班级教学活动的重要性

幼儿园的教育活动包括个别、小组和集体等多种教育形式的活动。它是教师有目的和有计划地引导幼儿主动活动的学习过程，包括教师预设的和生成的教育活动。首先，集体教学对幼儿的学习和发展具有引领性。其次，集体教学有较强的系统性，有利于幼儿循序渐进地学习，有利于幼儿获得相对系统的经验。最后，集体教学有利于幼儿形成学习共同体，培养集体感。小组学习中，教师与幼儿间、幼儿与材料间、幼儿与幼儿间能够更充分地互动，幼儿有更多学习与交流的机会。小组的形成一般应以幼儿共同的兴趣和能力水平为依据进行划分。个别幼儿的独自学习活动经常是很有价值的活动。活动中，幼儿独立、专注地与材料互动，按照自己的方式和节奏进行学习，教师不要随意地打断。

总之，对于教育活动组织形式的开展时机、时间长短等，教师都应根据需要合理安排，以便为幼儿提供多样化的学习机会和条件，提高教育效率。

（二）班长在班级教学中的作用

1. 班长根据幼儿的发展现状，制定集体教学活动目标

集体教学活动注重体现教师的预设，反映教师在观察幼儿最近发展区的基础上对幼儿发展的把握，是教师按照一定的教学目标，依据一定的原则，选择教学内容，设计教学活动，面向全班幼儿实施教学过程的活动。在这个过程

中，班长首先带领班员教师分析幼儿本阶段、本周或者此次主题活动中的发展情况，然后与教师共同梳理下一周或下一阶段的重点目标和重点教育内容。

案例

足球比赛

足球比赛中大三班的小朋友连输两场比赛（输给了大一班与大二班）。小朋友们非常失望，有的小朋友甚至开始埋怨。带班教师也非常沮丧，连连表示今天孩子的状态差，因为某某小朋友没有来园才造成了失败。

看到此情景，班长认为这是一个良好的契机，于是带领幼儿分析了"为什么输了""输球后怎么办"等问题，使教师与幼儿认识到输比赛的真正原因是缺少团队意识，不会配合，同时由于幼儿兴奋与激动时就会乱踢，没有了方向。通过分析，教师与幼儿对于体育的拼搏精神有了更加深刻的了解，对于团队配合的重要性有了更深刻的认识，这些也是由于教师在日常活动中对这些方面的教育进行得不深入而导致的。因此，班长带领班员教师制定出下周集体活动的重点目标，并选择主要活动内容，亲自带领幼儿练习有配合的球赛。

【分析与启示】

在足球比赛后，班长主动带领幼儿分析他们班输球的原因，也没有责怪哪个小朋友。而后，班长反思教育活动，认识到平时没有涉及该方面，从而导致幼儿缺少团队意识，没有互相帮助。班长作为班级的带头者和模范者，应主动承担班级的主要事务，积极与班员教师沟通交流，带领班员教师组织教育活动、户外活动等，而且班长应该根据幼儿的发展状况有目的、有计划地开展集体教学活动，增强幼儿的团队合作意识，培养幼儿互帮互助的品质。

2. 在班级教学活动中，班长要起到榜样作用

"其身正，不令而行。其身不正，虽令不从。"班长在进行集体教育时的以身作则是对班员教师无声的引导。班长要勇于承担较重、较难的工作内容，精心设计并有效开展教学活动，吸引幼儿热情投入。同时班长也要对活动不断探索与创新，为班员教师起到榜样的作用。

3. 班长主动与班员教师交流，形成共同研讨的氛围

班长要有意识地关注每一位教师的集体教育活动，并做到经常交流与沟通。同时班长也要请班员教师关注自己的教学活动，主动与自己进行沟通，从而形成研究氛围，提高班级教学活动的水平。在这个过程中，班长并不需要每天专门听课，可以在做自己的工作时顺便听，但要做到经常且及时交流。比如，教师在活动的过程中对各种习惯的培养是否重视，如生活习惯、学习习惯

等；教师在活动的过程中是否把握了年龄特点；对话中是否体现了对幼儿的尊重；能否帮助幼儿掌握重点等。

在此过程中，班长注意在对教师进行表扬与鼓励的前提下，提出自己的建议。有时候，班上的另一位教师具备某方面的特长，班长可以虚心地请教或者请其承担自己优势的内容，这样有利于教师共同学习与进步。

（三）班级教学活动中应注意的问题

1. 关注活动的落实情况与效果，有无偏科等现象

在进行班级集体教学活动的过程中，班长要关注活动的落实情况，做到心中有数。班长要了解班员教师是否进行了活动，活动效果如何。如果未能进行活动，班长要及时地与其交流，询问原因。

例如，班员教师一周开展了好几次讲故事的活动，但共同商量安排的科学活动未能开展。那么班长要了解是因为班员的个人喜好而改变活动安排，还是因为科学活动需要准备的材料多，教师选择放弃教育活动。班长要针对不同的情况与班员教师进行沟通。

又如，在组织活动的过程中幼儿秩序太乱，导致教师放弃活动。那么班长应帮助教师分析其产生的原因，是教学目标的确定或教育内容的选择不适宜，还是教学方法与策略的运用不恰当，抑或是教师与幼儿的互动出现了问题。

总之，如果是态度方面的问题，班长既要讲清道理，又要严格要求，在这里没有任何理由可以使教师对幼儿的发展不负责任。如果是能力方面的问题，班长要和班员教师一起分析问题，帮助他们总结经验。

2. 关注活动常规是否一致，有无调整内容

集体活动中也存在很多常规的培养，如美术活动、音乐活动等，都要有统一的要求。班长要关注常规是否一致，这一点在开学初期更要注意。在进行了一段时间的培养后，班长要及时观察常规的实施情况，看看有无需要调整的内容。

3. 关注保育员的指导水平，共促和谐班风

与教师配合默契的保育员能够帮助教师组织活动，对于集体活动中的个别指导也尤为重要，所以班长不仅要关注班员教师开展集体活动的情况，还要注意对保育员的指导，提高班级教师的意识与水平。

随着幼教事业的发展，很多年轻的教师都在做保育工作。有时候他们对这一职位认识有偏见，认为保育员没有地位，不能够成就自己，所以班长不仅要指导保育员的工作，还要使其在思想上认识到保育工作的重要性，如保育工作对幼儿发展的重要意义。保育员也可以观摩另外两位教师的带班情况，积累经验，为将来的工作打基础。总之，三个人的共同努力才能够使班级工作的开展更加顺利。

四、班级体育活动的开展

（一）体育活动的重要性和内容

班级体育活动能起到促进幼儿个性发展，充实幼儿生活，有效激发幼儿运动兴趣的作用，对促进幼儿健康发展与能力提高有很大帮助。班级体育活动也有利于儿童本位的发展，使幼儿身心处于轻松愉快的状态，从而有助于幼儿的全面发展。丰富的班级体育活动还能促进班员教师多方面能力的发展，使班员教师的能力得到充分的发挥，促进班员教师主创精神的培养，促进青年教师观察分析、设计活动、组织管理能力的发展，使每一位教师都认识到自己是班级活动的主人，有积极开展班级活动的需要。

幼儿园体育活动的主要内容有基本动作练习及游戏，幼儿基本体操，队列、队形活动，器械类活动和游戏，运动会，自由自选、一物多玩活动，远足活动，体育开放区、循环区活动，体育教学活动，室内体育活动。

（二）班长在班级体育活动中的作用

在班级体育活动中，班长对把握一个班的发展方向，创设适合本班特点的班级体育课程也起着至关重要的作用。在班级体育活动中，班长首先要引领本班教师观察发现幼儿的兴趣点，按兴趣、爱好组织活动，鼓励班员教师尝试、观察、设计、组织活动。即便活动是以班长为主组织、领导的，同样需要班员教师积极参与设计、管理，这些对班员教师独立工作能力的培养和锻炼都有积极的作用。

体育活动具有灵活性、趣味性、运动性、安全性等特点，可以运用幼儿喜欢的方式支持他们的兴趣与爱好，还可以帮助青年教师顺利地解决带班中发生的种种问题。班长在班级活动中要充分发挥指导、诱导、引导作用，设计活动时要充分体现幼儿的主体作用，引导青年教师站在幼儿的兴趣点上，思考如何体验孩子们的情感，设计丰富有趣的活动。在班级体育活动中，班长要帮助班员教师树立正确、严格的安全观，使其把所设计的户外及室内体育活动安全地完成。班级活动要为幼儿的个性发展和完善以及个性特长的发挥搭建平台，激发幼儿运动的热情，提高幼儿运动的兴趣，养成幼儿运动的习惯。

班员教师应掌握设计体育活动时要抓住的几个特点：创造、自主、有层次、有针对性、安全、多样、趣味性。在组织班级体育活动的时候，安全是基础，抓住规律是原则，趣味性强是条件，系列教育是途径，由内到外是目的，由浅入深是方法，利用时机是窍门。同时，班长要把班员教师的困难当成自己的困难，也可以把自己的需要转化成班员教师的需要，共同努力，共同进步。

（三）班级体育活动中应注意的问题

1. 科学进行体育锻炼

强健的体魄是个体全面发展的基础，而科学的体育锻炼则是促进身体生长发育的重要手段。班级体育活动应充分根据本班幼儿发展的身心特点和体育锻炼的卫生原理组织适宜的体育活动。

2. 做好充分的准备工作

体育活动的准备工作涉及多方面，场地、器材等是最基本的物质准备，应保障安全。幼儿知识和能力的准备是活动有效开展的重要保证，而幼儿心理方面的准备关系到能否真正达到锻炼的目的，在活动中应特别重视。比如，在首次进行某项活动时，应在必要的示范前提下让幼儿分步尝试，而不是导致幼儿无所适从。

3. 强调幼儿的积极参与

体育活动往往需要幼儿克服娇气，解决困难。如果没有主动参与的兴趣，幼儿则容易因难而退，这样不利于锻炼习惯的形成。因此，《幼儿园教育指导纲要（试行）》将"喜欢参加体育活动"作为幼儿园健康教育的重要目标。幼儿教师在活动中除了通过运用一定的教学方法不断激发幼儿锻炼身体的兴趣外，还可通过自身情绪、语音语调等感染幼儿。小场地幼儿园需要班级间协商好，合理运用时间和场地。

4. 循序渐进、全面锻炼

循序渐进、全面锻炼是体育活动的基本原则。体育活动中的循序渐进既体现为幼儿活动量的由小到大，也表现为动作技能难度的由低到高。教师在实践中应以幼儿动作发展、知觉发展、言语理解等心理特点为依据，科学地组织幼儿进行体育活动。体育锻炼的效果应体现在幼儿的全身发展中。体育锻炼应以促进其身体各部位的协调发展以及身体与心理的和谐发展为目标。因此，体育活动应能促进幼儿体能的全面发展，包括力量、速度、灵敏度、平衡性、耐力、柔韧度、协调性等基本素质，也包括走、跑、跳、爬、攀登等基本动作，并能合理体现测试的内容，将测试内容穿插在不同时段。

5. 关心体弱儿和病患儿

体育锻炼的初衷是增强体质，这一目标的达成必须以遵循科学原理、符合幼儿的身心发展状况为前提。对于体弱儿和慢性病患儿，应在锻炼的频率和强度上有所降低。条件允许的情况下，应制订专门的锻炼计划，并根据锻炼效果予以调整。急性病患儿则应暂停锻炼。

6. 保证体育锻炼的实效性

大自然是幼儿体育活动的最佳场所。教师应让幼儿尽可能到户外进行多种形式的锻炼，让他们呼吸新鲜空气。但当户外空气或天气不好的时候，如雾霾天、雨雾天或暴晒天，教师也要保证体育锻炼的实效性，这时室内体育活动就是非常好的一种活动形式。教师可以将室内桌椅、玩具柜、床铺等改造为运动器械，还可以利用楼道、楼梯的空间开展丰富多彩的室内体育活动。

7. 保证体育锻炼时间

每天坚持锻炼才有可能达到预期目标。《幼儿园工作规程》第十二条规定："幼儿户外活动时间在正常情况下，每天不得少于 2 小时，寄宿制幼儿园每天不得少于 3 小时。"第十八条规定："积极开展适合幼儿的体育活动，每日户外体育活动不得少于 1 小时，加强冬季锻炼。"体育锻炼或体育活动并非可有可无、可多可少，而应长期规划，有序进行，科学实践。

五、班级大型活动的开展

(一) 班级大型活动的内容

班级大型活动是有目的、有计划的，需要班级全体教师和幼儿、幼儿家长共同参与的，具有一定规模的综合性教育活动。它是精心设计的，具有涉及人员多、目标性强的特点。大型活动根据幼儿发展与活动需要，有时会打破班级界限，或需要有其他专业性较强的社会人员参与，如医生、消防员、警察等。

班级大型活动对幼儿的学习和发展具有促进作用，有利于幼儿理解已有经验，巩固已掌握的知识，并在活动中积累大量新的知识经验；有利于增强幼儿的集体感，以及师幼之间、幼幼之间、幼儿与环境之间、幼儿与家长之间的互动；有利于提高幼儿的自主学习能力。

班级大型活动不是随意的活动，它形式多样，内容丰富，有节庆活动类活动，如结合六一儿童节、三八妇女节、新年等节日举办的活动；外出参观类活动，如参观小学、动物园、博物馆等；班级特色类活动，如结合班级主题活动进行的义卖活动：跳蚤市场、图书节等。

总之，班级大型活动的开展和组织需要合理的安排，并根据幼儿的发展需要进行调整，以起到大型活动促进幼儿发展的作用。

(二) 班长在班级大型活动中的作用

班长带领班级成员共同组织大型活动的过程虽然复杂，但却是快乐、幸福的。纵然事情很多，但班长一定要理出头绪并注重细节，既要有条不紊地带领班员教师开展活动，又要得到家长的支持和配合。班长在整个过程中发挥着举足轻重的作用。

1. 共同商讨目标

班长应与班级成员在调查分析，了解需求的情况下，就活动目标进行讨论，使班级每一个成员都了解活动目标。

2. 组织制订活动方案

制订具体可行的活动方案是活动成功的保证，一个周密、完善的计划本身就是活动的一部分。班长要做到充分调动班级成员的积极性，集体讨论，集思广益，制订出最切合实际的、最佳的活动方案，最后以书面形式呈现一份周密、详尽的活动方案。

3. 加强班级成员间的沟通、分工与合作

班长要与班级成员进行沟通，根据每个人的特点进行合理分工。可以制定工作安排表，责任到人，落实到位，相互配合，忙而不乱，有序、有效地开展工作。例如，有的幼儿有尿频的情况，在外出活动时，班长就要为孩子做好预案，特意安排一名教师全程关注这个孩子，准备大袋子以防孩子在车上如厕。当然，在活动中，有可能会出现突发情况，班长和班级成员之间的沟通要及时，这样更有助于问题尽快解决。

4. 带领班级成员共同做好活动前的准备工作

不同的活动需要不同的准备工作。班长要和班级成员共同完成准备工作，如做好必要的心理准备，知道幼儿园要开展一个什么活动，了解活动的主要意义。同时，做好一定的物质准备，如为活动进行准备的物品，包括自带、自制或同伴共同制作的物品等。

5. 在活动组织过程中注意观察、指导和协调

班长在活动组织过程中要观察幼儿或家长的表现，了解他们的需求，对有困难的幼儿和家长及时给予帮助、指导，对一些突发问题要做好协调工作，并注意收集典型案例。

6. 做好家长工作

班级大型活动中，有了家长的合作与支持，活动就会成为家园主动探索、团结互助、友好合作的共育活动。让家长了解活动的目的以及活动的要求，有助于获得家长的支持。班长要引导班级成员一起注重信息传递，增强家长对活动的了解。家长们只有了解并认可了活动的目的与意义，才能积极地参与活动，做到理解和配合。

7. 做好回顾和总结

活动后，班长要和班级成员一起对活动进行回顾和总结，讨论活动组织过程中的收获以及经验与教训。班长以文字和图片的形式做好总结，为今后的工作积累经验。

（三）班级大型活动中应注意的问题

1. 在活动中重视幼儿的主体地位

教师在策划活动的时候，为了达到良好的效果或完成幼儿园的任务，有时

143

候会忽略幼儿的主体性，班长要把握好方向，及时站在幼儿的角度，与幼儿共同参与、策划、实施活动。例如，在"舍农源亲子运动会"活动中，班长带领班员教师先了解此次活动的意义，然后和幼儿一起协商、策划活动的内容，征询幼儿的意见，与幼儿一起设计活动海报、运动项目等，整个活动让幼儿参与其中，做活动的主人，让幼儿体验到活动中自己的力量和乐趣。

2. 在活动中重视安全问题

在组织活动的时候，一定要注意"安全性"。班长要有预见性，如活动前检查场地的安全，器材、道具的安全；外出大型活动前一定要事先踩好点，做到心中有数，并嘱咐班员教师提高安全意识。如果发现存在安全隐患，应立即调整方案或取消活动。总之，安全性原则是幼儿园大型活动策划应遵循的最根本的原则。

3. 在活动中重视家长的力量和参与

在班级大型活动中，还有一位重要的参与者，就是幼儿的家长。班长切勿忽视家长的主体性。在大型活动中，如果没有家长的参与，班长也要协调做好家长的"知情"工作，让家长了解幼儿的活动。如果是亲子类型的班级大型活动，班长更要做好家长的前期准备工作，让家长全面了解并主动参与。例如，在前期准备阶段，把孩子在准备过程中的活动照片和活动的进展情况通过小贴士的形式向家长介绍；在大活动的前一周，把活动举办的时间、地点、场地安排等通过离园前小型家长会的形式跟家长具体说明，并特别建议父母来参加家长会，以免造成消息的遗漏；在活动前一天晚上，把第二天的活动时间、家长要带的材料、幼儿的衣着要求等细节通过微信再次提醒家长。

资料链接1

致家长参加幼儿园内观摩半日活动的一封信

家长：

您好，欢迎您参加中二班观摩半日活动。这次观摩活动体现了孩子们的日常生活、游戏，我们希望通过这次观摩活动，使您更多地了解幼儿园，更多地了解孩子的幼儿园生活，同时，家长来幼儿园观摩活动要关注什么？我们给您一些建议。

1. 观察孩子在游戏中是否能专注地做一件事，能够遇到困难不放弃，有始有终地完成游戏。

2. 判断孩子在游戏中是目的明确，还是盲目操作。

3. 通过观察和比较，了解自己孩子和其他孩子的能力差异。

4. 孩子们发生矛盾时，请您鼓励孩子自己尝试解决。

5. 在幼儿园生活是培养孩子自理能力的好机会，请您尽量让孩子自己的事情自己做。

6. 观察孩子上课时的坐姿，是否能注意力集中地听老师讲话，注意力的持续时间，以及是否能和老师进行互动，有一定的表达表现能力。

为了不影响教师的教学活动，上课时请您站在活动室的周围。请保持安静并关掉手机。上课过程中不合影，以免分散孩子的注意力。

总之，希望您能以一个观察者的身份参加这次活动，因为了解孩子是促进他们发展的关键。同时，我们也期盼您能和我们一起游戏，体会童年的快乐，在幼儿园里过一个与众不同的新年。

再次感谢您在百忙之中抽出时间走进幼儿园。

中二班

资料链接 2

庆祝"元宵节"班级大型活动方案

活动名称："欢欢喜喜闹元宵"亲子游戏

活动时间：2015 年 3 月 5 日

活动地点：班内

活动目标：

1. 通过游戏感受中国传统节日——元宵节的快乐。

2. 能用点数的方法数出一个插片"元宵"的个数，并按数取出插片。

3. 体验亲子游戏的快乐。

活动准备：

前期班级游戏环境布置，帮助幼儿了解游戏玩法和规则。

1. 准备游戏道具。

2. 给家长发放活动通知。

3. 准备介绍游戏的小海报。

活动一：元宵节的来历

活动目标：

知道元宵节是我们国家的传统节日，知道元宵节的一些传统风俗。

活动过程：

1. 启发幼儿分享对元宵节的来历和风俗的了解。

2. 看视频丰富相关经验。

活动二：大家一起做元宵

活动目标：

1. 通过活动，激发对中国传统节日的喜爱。

2. 在制作和品尝过程中体会成功的快乐。

活动过程：

1. 教师示范元宵做法。

2. 分发材料。

3. 指导幼儿进行操作。

活动三：庆元宵亲子活动

1. 通过游戏感受中国传统节日——元宵节的快乐。

2. 能用点数的方法数出一个插片"元宵"的个数，并按数取出插片。

3. 体验亲子游戏的快乐。

案例

大型活动前班长召开班会

每周一次的班会时间到了。班长说："老师们，我们要组织孩子们去秋游，这是孩子们入园以来参加的第一次外出活动，也是家长们第一次参与幼儿园活动。我们来讨论一下如何顺利完成这次活动，并能够得到家长的支持与配合。"B老师说："孩子和家长都是第一次参加幼儿园集体外出活动，我觉得在外出之前要先开个家长会，让家长了解活动的目的、内容和具体安排，这样家长才能配合我们。"班长紧接着说："B老师说得特别对，我已经把活动计划写好了，我给你们念念。"于是班长把已经准备好的计划跟两位老师说了说，并询问大家有什么建议和意见。C老师说："听了您的活动设计，我觉得还是很全面的，咱们可以请几位家长做志愿者，在活动过程中充分发挥家长的作用。"B老师也觉得挺好的，并提出还可以留一些任务让孩子和家长在活动中去完成，这样更能提高家长的参与程度。

班长："那咱们分下工吧。我负责策划、统筹安排、开家长会。B老师您画画好，您负责宣传制作海报行吗？"B老师爽快地说："行！"

班长："C老师，您工作特别细心，您负责资料的收集整理行吗？"

"没问题。"C老师说。

【分析与启示】

班长在班会上主动告知班员教师学校要组织秋游活动，并与班员教师共同商量如何让活动开展得更加顺利。班长在班会之前早已将计划书写好，这样的班会更加高效。

从这个案例中，我们不难发现，整个沟通的整体氛围非常融洽与民主，而且班长充分尊重班员教师的特长与优势。班长作为班级管理的领头人，应主动与班员教师沟通班级事宜，共同商量探讨工作计划，只有这样才能更好地管理班级工作，令班员教师信服。

第三节　班级环境创设

一、班级环境创设的重要性和内容

幼儿园环境是幼儿园课程的重要组成部分，是"班级的第三位教师"。班级环境作为幼儿园环境的重要组成部分，直接影响着幼儿的生活、学习与发展。班级是幼儿园课程实践中一个最基本的工作单位，它可以是相对独立的，也可以纵横结合成一个整体。对幼儿而言，班级是他们最主要的学习与生活场所；对教师而言，班级是他们最重要的工作空间；对幼儿园而言，班级无疑是幼儿园课程最直观的实践载体。从一定意义上讲，幼儿园班级环境建设是幼儿学习环境的建构、教师教育环境的建构与幼儿园课程资源建构三方面的综合体现。[1] 因此，班级环境是学与教最主要的场所，也是影响幼儿园课程实施的重要方面。

（一）班级环境创设的重要性

对幼儿来说，班级是生活和学习的重要场所。儿童的学习是在与环境中的人、事、物不断作用的过程中产生、发展的。班级环境对幼儿的影响是潜移默化的，因此有必要创设有序和富有教育意义的班级环境。对教师来说，特别是班长教师，班级环境决定着班级的氛围，也体现了班级教师的儿童观、教育观。同时，班级环境也是实施教学的重要手段，它就像一位隐形的教师，影响着幼儿的所有行为。班级是幼儿园的核心组成单位，班级环境的建设是幼儿园课程实施的重要方面，也最能体现幼儿园的教育教学水平。

（二）班级环境创设的内容

班级环境包括精神环境和物质环境。

精神环境主要指班级的氛围、师幼互动的风格、班级管理风格等。精神环境的建设最能体现教师，特别是班长的儿童观和教育观。幼儿是否能够在教室中舒服自在地生活和学习，也取决于教师的精神环境建设。班级的精神环境能够体现教师的个人价值观和班级精神文化，并有传承社会价值观念的作用。班

---

① 李俐：《幼儿园班级环境建设》，载《学前教育研究》，2008（8）。

长是班级精神环境建设的主导者，因此在建设班级精神环境时，需要保持较高的觉悟和个人素质，释放正能量，创设蕴含教育理念的精神环境。

物质环境主要指班级中实际环境的规划和创建，包括物品摆放、墙饰布置、活动区设置、材料投放等。活动区应根据幼儿的兴趣与需要，结合教育目标而生成。同时，教师要引导幼儿参与各种环境的创设及活动。在创设物质环境时，需要注意以下几点原则。

1. 空间布局安全合理

物质环境的布置，首先要安全。桌椅摆放要方便幼儿就座，幼儿能接触到的家具应该没有尖锐的棱角，投放的玩具无毒无害，活动材料要方便幼儿取放。教师，特别是班长，应该随时保持安全意识，每日巡视，排除安全隐患。其次要合理。空间布局要保证教师能够兼顾到所有在教室活动的幼儿，尽量避免有视觉死角或是遮挡。家具与活动区的位置要方便幼儿进出，不阻碍通道。保证舒适的活动空间，避免幼儿拥挤现象的发生。活跃性区角和安静性区角要分开，保证幼儿活动时不受到特别大的干扰。要依据活动区的特点选择合适的位置。例如，自然角和语言区要在光线较好的位置，美工区和科学区可选择靠近水池的位置。

2. 符合幼儿年龄特点

《幼儿园快乐与发展课程教师指导用书》中提到各年龄班主要的活动方式：小班是"游戏化的一日生活"，中班是"目标化的活动区活动"，大班是"活动化的共同学习"。因此，小班的物质环境应该有利于幼儿游戏，过多的活动区设置是不适宜的；中班的物质环境重点是活动区的设置，特别是材料的投放需要结合幼儿年龄特点和教育目标不断调整；大班的物质环境应该更利于幼儿进行共同学习，狭窄的空间或拥挤的活动区不适合大班幼儿进行共同学习。

3. 环境整洁有序

首先，教室的清洁程度不仅和幼儿的健康息息相关，而且是幼儿养成良好卫生习惯的隐形支持。如果幼儿总在干净卫生的环境下活动，就很容易树立爱卫生的意识。因此，教师应该保证教室的整齐和清洁，不留死角。其次，环境的有序性也是非常重要的。教室中所有的物品，包括教师的物品，都要有秩序地摆放，这不仅能保持教室的舒适度，而且对幼儿的秩序感和规则意识都会产生潜移默化的促进作用。活动区的材料应该丰富，种类多样，但不能因此就让材料到处堆放，或散落各处，应有规律地收纳和摆放，并方便幼儿取放，让幼儿养成随时整理、有序收放玩具的好习惯。

4. 环境适时调整

教室的环境不是一成不变的，而是随着幼儿的发展不断调整的。开学初的环境布置应该符合孩子的年龄特点，并基于上一学年幼儿的发展情况进行环境创设。所以带班教师，特别是班长，一定要在了解本班幼儿发展的基础上进行环境设计。如果是新小班，开学初的环境布置应该以温馨、安全为主，可以设置一两个区角，玩具材料以操作简单、不易损、颜色鲜艳、安全为主。活动区应随着幼儿分离焦虑情绪的逐步缓解而不断增加和开放。其他年龄班，除了预设的环境主题，教师应在开学后，根据幼儿的兴趣爱好，增加生成性的环境主题，活动材料也随着幼儿探索和学习的深入替换或增加。幼儿是在与环境互动中学习和发展的，只有随幼儿变化的环境才能支持幼儿发展。

二、班长在班级环境创设中的作用

（一）在精神环境中的作用

环境包括精神环境和物质环境，精神环境的确定和把握，决定了物质环境的创建。班长在确定精神环境的主题中起着至关重要的作用，分别体现在以下几点。

1. 建立平等关爱的师幼关系

幼儿在每个阶段都会有特殊时期，特别是在刚入园的时候，这段时间是幼儿最难以克服的时期，他们每天处在分离焦虑中，情绪极不稳定，爱哭闹，对周围环境充满恐惧和拒绝，对教师不熟悉，在心理上不容易感知和接受教师的关心。作为班长，应事前考虑到幼儿的分离焦虑，向班员教师分析幼儿的现状和心理特点，带领班员教师寻找能让幼儿放松的元素。例如，粉色的整体色调充满温暖，能对幼儿起到舒缓心情的作用；在娃娃家的创设中，可以结合家访时的观察和总结，放置一些幼儿熟悉的物品，设计风格尽量贴近幼儿的家庭生活，让幼儿在娃娃家中能找到自己在家的感觉；在设计区域时，可设置一个暖暖区，放置一些柔软的物体，配合柔软的纱帘，让幼儿在里面放松心情，从而拉近幼儿与教师及同伴的关系。

2. 建立团结有爱的幼儿关系

每个幼儿都有其个性和成长方式，教师应尊重他们。首先，应该理性、客观、积极地去看待幼儿身上的特别之处，和班员教师讨论，找到幼儿出现问题的原因，挖掘他们身上的闪光点，寻找他们身上有待挖掘和可以纠正的地方。例如，班内有几名小朋友性格内向，不爱说话，班长和班员教师讨论后，找到原因，在班里设置小小木偶台，让幼儿在幕布后面进行表演和配音，这样能减少幼儿内心的压力。他们不用看到小朋友们的表情，也不用顾忌大家是否会嘲笑他，渐渐地，他们便会敢于说话，敢于在小朋友面前表现自己。

3. 建立协作快乐的教师关系

在一个班级中，教师间团结协作、和睦融洽的关系也在潜移默化地影响着幼儿。在幼儿的眼里，教师就是他们的活教材，幼儿会在日常生活中模仿教师的言谈、举止，而教师间的相处之道也是他们学习的榜样。他们会学习教师间的相处模式，从而愿意交往，喜欢交往，容易理解同伴，能主动为他人着想。这些优良的品质，幼儿都是通过教师的示范以及融洽和谐的教师关系而习得的。

4. 建立和谐互动的家园关系

无论面对多大的孩子，创设友爱的精神环境都是至关重要的。班长要在学期初带领班级成员，熟悉、了解本班幼儿的年龄特点，现有的知识经验，平均心理成长年龄，以及这个年龄段幼儿心理上的成长点、敏感期等，并进行总结和初步推断，及时与家长互动交流。例如，在中班中期，幼儿对自己的不良情绪开始有了明确的认识和体验，开始焦虑和烦躁。班长在第一时间注意到幼儿情绪上的变化，带领班员教师进行讨论。大家经过讨论后，决定在班门口创设一个"交流驿站"的互动墙面，及时与家长沟通幼儿在该年龄段出现的问题与现象，帮助家长了解育儿的经验及方法，家园积极互动。

班级环境对于一个班级来说至关重要，因为环境可以引导幼儿学习与成长，帮助他们疏解心理上的不悦，让他们感受到教师满满的爱，让他们更加喜爱幼儿园这个大家庭。

（二）在物质环境中的作用

班长应创设不断与幼儿相互作用的物质环境，让环境与幼儿"对话"。这不仅仅是让幼儿参与或部分参与环境的创设，更是将环境视为课程，了解幼儿的需要，从幼儿的角度出发，使幼儿真正成为环境的主人，使环境真正实现教育幼儿和促进幼儿发展的价值。班长在班级环境创设中既要能发现问题、解决问题，还要带领班员教师共同想办法，引导幼儿一起积极投入班级的环境创设中，使其成为班级环境创设的领航者。

1. 引领幼儿参与班级环境的创设

幼儿是幼儿园环境的主人，班长和班员教师在布置环境时，不要包揽，而要放手让幼儿参与和设计。教师与幼儿共同参与班级环境的创设是幼儿获得发展的重要途径之一，不仅能为幼儿提供参与活动的机会，培养幼儿动手操作的能力，满足幼儿自我表现的愿望，而且能在幼儿与环境、幼儿与教师之间搭起一座互动的桥梁。

案例

新学期小班刚刚开学，为了迎接新入园幼儿，帮助孩子们顺利度过分离焦虑期，班长带领班员教师一起进行了新学期的环境创设工作。班上的年轻教师认为，班级环境既然是孩子的，就应该全部交给孩子，让他们自己动手，自己布置，教师就不用管了。班长听后，并没有打击年轻教师的积极性，而是从孩子的年龄特点出发带领教师们一起研究孩子。小班初期的幼儿刚刚进入幼儿园，他们的美术创造力基本处于"涂鸦期"。因此，教师要给他们创造机会和条件，使他们愉快地参与到班级环境的创设中来。在班长的带领下，教师们了解了孩子们的需要和能力，知道在环境创设中要为幼儿提供适宜的帮助，并且也明确了班级环境创设的方向。于是教师们一起为幼儿提供了颜色鲜艳的颜料、便于操作的自制大笔等各种材料，还带幼儿运用手掌印画、手指点画等多种形式参与了班级环境的创设，收到了良好的效果。

【分析与启示】

年轻教师在工作中虽然有较高的热情，但是缺乏对孩子的认知和了解。班长并没有一味地否定教师，打击其积极性，而是从孩子的角度出发，带领年轻教师找问题、找方法，帮助年轻教师重新认识应当如何带领幼儿一起进行环境创设。因此班长要知道在环境创设中应给予他们什么样的支持，为他们提供什么样的材料，只有这样才能真正做到让环境与幼儿"对话"。

2. 创造有利于幼儿自主学习的区域环境

《3～6岁儿童学习与发展指南》指出："要珍视游戏和生活的独特价值，创设丰富的教育环境，合理安排一日生活，最大限度地支持和满足幼儿通过直接感知、实际操作和亲身体验获取经验的需要。"幼儿园是以游戏为基本活动的，而区域游戏则是幼儿园各种游戏活动中最能够实现最大限度地支持和满足幼儿直接感知、实际操作和亲身体验获取经验需要的活动。[①] 环境对幼儿的发展有着至关重要的作用，因此，创设有利于幼儿自主游戏的区域环境是班长在物质环境中的作用之一。

案例

大班幼儿要进行"大跳龙的故事表演活动"，美工区的小朋友为此设计了表演用的各种角色的头饰，装饰故事表演中需要用到的大山洞道具、萝卜道具等，他们迫不及待地想将自己设计好的物品提供给表演区的小朋友。班上的年轻教师觉得有的孩子所画的或所做的并不是特别好，想让他们再改进一下。班长教师没有阻止孩子们，而是支持了他们的想法，并鼓励美工区的小朋友去表

① 刘书靖：《创造利于幼儿自主游戏的区域环境——〈指南〉背景下的区域环境创设》，载《教育教学论坛》，2015（52）。

演区观看表演区的小朋友表演节目。在孩子们连动游戏的过程中，美工区的孩子们发现表演时山洞不够大，萝卜的材料不适合表演，头饰的佩戴让表演者看不到自己在表演什么角色等问题。于是，他们重新寻找新的材料，进行调整，游戏水平不断得到提高。

【分析与启示】

在区域游戏活动中，大班幼儿已经能够将区域游戏连动起来进行游戏活动。开放的空间让幼儿能够自己发现问题，并尝试自己解决。在这个过程中，幼儿能够自主学习，并体验到游戏的快乐；班长能给年轻教师做榜样，在活动中支持和鼓励幼儿，为他们提供和创造更多的游戏机会，支持幼儿按照自己的想法做事情，并帮助他们实现自己的想法，用实际行动影响青年教师。

3. 创设适宜与幼儿互动的环境

班级环境是引导幼儿主动学习的桥梁。良好的环境创设能够使幼儿在与环境的互动中各方面能力得到锻炼。因此，班长应带领班员教师创设符合幼儿年龄特点和需求的环境，最大限度地发挥幼儿学习的主动性与积极性，促进幼儿健康成长。

案例

随着年龄的增长，大班幼儿到了换牙期。牙齿引发了许多问题。班长敏感地发现了孩子们的话题，带领班员教师和幼儿一起布置了与牙齿相关的主题墙饰。班长和孩子们共同讨论了他们担心和关心的牙齿问题，从对掉牙的担心，到牙齿为什么会坏，还有掉牙后应该怎么办。随着孩子们换牙时期不断有新的事件发生，孩子们的主题墙也不断地丰富起来。

【分析与启示】

在进行墙饰的环境创设中，案例中的班长能敏感地抓住孩子们生活中所关注的事件，由此创设出相关的主题墙饰，并根据孩子们的需要不断总结经验，丰富墙饰的内容，帮助幼儿梳理成长的轨迹。

（三）在调整环境中的作用

班长的职责中有一点很重要，那就是调动班员教师的工作积极性、主动性，即充分信任每一位教师，让大家积极主动地解决问题，让每一位教师敢于说出自己的意见和看法，及时发现和解决班级中存在的问题。在环境创设的过程中，班长更应发挥每个教师的特长，为幼儿创设丰富的物质环境。

在创设物质环境中，作为班长，应引导班员教师注意以下几个问题。

1. 依据幼儿需要及时调整材料

幼儿的游戏是千变万化的，游戏指导也常常因人、因时、因事而不同。在幼儿的游戏活动中，教师作为一个观察者，应注意观察幼儿的游戏活动，了解幼儿游戏的意图、能力及行为表现，并对观察到的游戏行为加以分析，然后决定指导的对象和方式，给予幼儿及时的帮助和指导，促进游戏的开展。

案例

重整美发厅，幼儿欢乐多

美发厅这个活动区已经开设一段时间了，刚开始时孩子们对吹吹剪剪还挺感兴趣，时不时还会有一些精彩的造型出现。但是渐渐地，区角中这样游戏的场面就不见了，甚至有几天美发厅里都没有几个小朋友愿意去。班长发现了这个问题，配班教师在指导游戏的时候也发现了这个问题。于是，班长组织教师们一起来分析问题，解决问题。

在讨论中大家发现：第一，游戏形式比较单一，时间长了幼儿的兴趣点自然会降低；第二，材料没有太多变化，操作性不强；第三，空间相对封闭，区域间互动较少。

讨论后，在区域评价时教师把问题抛给了孩子们：为什么大家之前特别喜欢去美发厅，现在却不喜欢了呢？孩子们一致觉得，美发区只能理发太无聊，要是能打扮自己就好了。大家通过商议，最终决定在理发店里再增加一位造型师。

教师在内容、材料的选择和投放上给予幼儿大力的支持。教师和孩子们一起收集了大量的彩色皮筋、发圈、发卡等实物材料，同时还投放了毛根、浴帽、彩色纸条、皱纹纸等辅助材料。造型师除了可以给顾客设计发型外，还可以用发夹、发圈等给女孩子打扮，用面具、假胡子等给男孩子化装。除此之外，其他区域也可以为美发厅提供支持。例如，美工区可以制作服装、假发、布景等道具，建筑区可以搭建舞台，表演区的小朋友可以到美发厅进行化妆，然后再去表演等。这样区与区之间也有了互动，班内孩子们的游戏热情都提高了。调整后，孩子们又喜欢去美发厅游戏了。

【分析与启示】

作为观察者和指导者，班长与班员教师在这个过程中都起着非常重要的作用。班长在班级工作中发现问题应及时与其他教师沟通，不但要有发现问题、解决问题的能力，还应调动班级成员群力群策，发挥每个教师的特长。例如，班级主题墙饰的布置、区域材料的投放、自然角值日的安排等，都需要班级成员集体协商，充分发挥各自的优势。美术功底强的教师在布置上多提好的建议，音乐功底强的教师在班级"音乐区"的创设上多提意见，保育员在自然角的布置、动植物饲养方面可以提出更为合理的建议。

2. 分工明确，及时跟进，为幼儿创设有准备的环境

区域游戏环境是教师为幼儿创设的具有教育性、趣味性、操作性、创造性、探究性的自由宽松的学习环境。幼儿通过与材料、环境，师生间、生生间的相互作用，来达到促进身心发展的目的。

教师在活动中对材料的投放应有的放矢，与所要达成的教育目标紧密相关。也就是说，为了更有效地发挥材料的作用，教师应根据主题活动有计划地投放游戏材料，并随着幼儿游戏的发展不断更换、补充、丰富材料，从而给予幼儿尽可能多的选择机会。教师在材料的投放中不能一刀切，应该通过观察来评估幼儿的发展状况，为不同发展水平的幼儿提供不同层次的材料。

案例

规整材料后美工区更有序了

近期班内开展绘本剧表演活动，美工区的小朋友可忙开了，做服装，做头饰，做道具，每天都能看到他们忙碌的身影。为了能让孩子们更好地创作，班长和班员教师一起重新整理了美工区的材料。除了平时常用的各种类型的纸、笔、颜料、各种胶类以外，教师发动家长和孩子们收集了很多辅助材料，如纸箱、纸袋、瓶子、塑料袋、羽毛、彩带等。材料丰富了，孩子们的游戏兴趣和热情也更高涨了。但随着游戏的深入，问题也出现了。每天活动区结束，孩子们只顾着展示自己刚刚做好的作品，而无人顾及散落在桌上、地下的材料。班长和班员教师都发现了这个问题。于是，教师们开始商量解决的方法。经过讨论，教师们提出了几点问题：第一，材料一次性投入过多且分类不清晰，导致幼儿在使用时出现混乱；第二，虽有游戏内容，但目的性不够。

讨论后，教师们就出现的问题进行了调整。首先，在区域活动评价时让孩子们到美工区参观，让他们自己发现问题。孩子们觉得，在使用时只想着用哪些材料，由于材料拿得太多，在收的时候时间又紧，所以收不完，从而导致美工区每天都乱七八糟的。听了孩子们的想法后，教师们提供了几个纸箱子，并让孩子们对材料进行分类。材料归整后，美工区一下子就整齐了很多。同时，教师和孩子们讨论在游戏内容上如何调整，讨论的结果是制订好每天的制作计划，并以表格的形式呈现。孩子们每天在游戏之前，要想好做什么，并将内容填写在计划表内，避免游戏过程中的盲目性。

除了以上这些方面的调整外，班长和配班教师还商定在活动结束后帮助孩子们对材料进行分类和整理，并且根据幼儿活动的情况随时进行材料的填充和调

整，为第二天的活动做好准备。经过调整后，美工区游戏开展得更加有序了。

【分析与启示】

在投放区域材料时，班长应对班级所开展的游戏活动内容，班内幼儿的发展水平、特点、能力和需要做到心中有数，同时，也要指导班内教师根据幼儿的游戏情况，对游戏材料及时进行调整，以促进幼儿游戏水平的不断发展。

3. 捕捉教育契机，及时带领教师开展适宜的活动

兴趣是孩子最好的老师。大自然中的鲜艳色彩、万千姿态、动人声响、神奇变化，到处都有让幼儿陶醉其中快乐学习的素材。在生活中，教师应用心去观察幼儿的兴趣，捕捉稍纵即逝的教育契机，抓住一切有利时机，激发幼儿积极主动地进行探究活动。在捕捉到教育契机时，班长应及时带领班员教师开展适宜的活动，并且根据幼儿的兴趣，不断生成新的教育内容。在活动过程中，鼓励幼儿采用不同的方式探索、实践、验证，获得经验。

案例

幼儿观察桃花问题多

户外时间，孩子们在种植区散步。这时，有个小朋友跑过来对老师说，他发现桃树长花骨朵了。听到这个消息，孩子们纷纷跑到桃树前观察桃花。接连几天，每到散步时间，孩子们都要去看看桃花有没有变化。没过几天，桃花开了，孩子们兴奋地叫着喊着。这时，又有小朋友有了新的发现：为什么每棵桃树开的花颜色不一样，花瓣的数量也不一样？为什么有的桃树开花了，有的桃树刚长出花骨朵？

随着观察的深入，孩子们抛出的问题越来越多。班长抓住这个教育契机，经过和班内其他教师商量，开展了以"春天植物变化"为主线的主题活动，包括春天的动植物、春天的天气、春天的节日等一系列活动。

【分析与启示】

为了帮助幼儿获得更大的发展，教师应努力做到以下几点：有"时时处处有教育"的观念；有一颗细致观察的心和一双善于捕捉教育契机的眼睛，及时发现有教育价值的点点滴滴；有迅速做出反应的能力，能依据当时情境果断调整自己的教育策略，促进幼儿发展。

三、班级环境创设的小窍门

（一）区域材料的投放紧贴幼儿

对于迎接新生幼儿入园、步入集体生活的小托班，设置温馨舒适的娃娃家非常符合此年龄段，特别是新生幼儿的心理需求。为幼儿提供背景墙支持，张

贴孩子们的家庭照和爸爸妈妈在家做事情的照片等，都是非常直观再现生活场景的方式。为了进一步满足幼儿的兴趣和需要，教师要为他们准备好爸爸妈妈的日常用具，如书包、领带、饰带……环境和材料的提供是支持孩子们在娃娃家游戏时能够得到充分体验的基础。为了让孩子们有真正能做的事情和可以亲手操作的材料，准备大量的操作物品是很有技巧的。比如，各种可拼、可切的水果蔬菜和食物，教师自制的布艺玩具等都是不错的选择。教师自制的材料包括扣子、拉链、子母扣、挂钩，以及手工完成的食物饺子、包子、汉堡、比萨等。所有材料的投放既要让幼儿体验到妈妈做饭的用心与乐趣，爸爸上班和回家的好心情，宝宝在家中游戏的欢乐，又要让他们在区域中感到身心放松愉悦，没有紧张感和分离焦虑的烦恼，并以潜移默化的方式培养孩子做事情的条理性，使他们初步养成生活中的秩序感。

（二）创设阅读主题墙

在班级中创设图书阅读的区域是非常必要和重要的。教师要为孩子准备类型丰富和一定数量的图书，投放温馨舒适的沙发垫子等设施，并且提供光线适宜的环境等。除了以上硬件准备，一个有生机、有活力、受欢迎的阅读空间更需要教师们的专业支持。

在观察孩子们看图书的过程中，教师经常能发现，他们除了喜欢阅读图书绘本外，还乐于自己模仿讲解书中的内容。教师可以根据孩子们的需求提供多余图书中的插画，为他们做一个锡板的小舞台，让他们可以随意摘取图片，在上面自由发挥讲解。孩子们可以把看到的小故事在锡板上叙述讲解，用自己的方式对故事加深记忆。

有一些十分爱惜图书的孩子，遇到图书被撕坏的情况就跑去告诉老师，情绪表现得很纠结。在这种情况下，将"我的图书我爱护"作为主题墙或区域背景支持，便可以帮助孩子们化解矛盾。在活动中，孩子们知道了破损的图书需要得到整理和修复，就像小朋友生病了需要去医院看医生一样。于是，我在旁边投放了精美的收纳盒，请孩子们动手设计一个图书医院，和孩子们一起讨论修补小图书需要用到的材料和工具，并且请孩子们将收集好的剪刀、胶棒、胶条等材料放到图书医院里备用，如果谁发现有撕毁的图书就主动去把它粘贴、修补好。这样不仅能提高幼儿爱护图书的意识，也能让他们懂得轻轻翻阅和爱护图书的方法，还能让他们学会将图书分类摆放整齐，了解正确看书、爱护眼睛的方法。

资料链接

温馨提示

活动区的设置和使用要依据幼儿的年龄特点和需要。具体的游戏效果和论证需要教师们不断地观察幼儿的游戏行为和心理，做出专业的判断和分析，并给予正确的引导和支持。活动区的成熟与幼儿的游戏参与度、互动情况和获得的有益经验是相互促进的。教师需要注意以下几点。

第一，当幼儿对游戏材料不感兴趣，或对某个游戏材料的关注度明显降低时，教师要重视起来，及时调整，适当地减少或暂时撤换区域及材料。

第二，当幼儿对某个区域感兴趣时，教师要及时洞察，扩充材料的投放数量，给幼儿提供更多的游戏机会，并扩充区域以提供更多的游戏空间，支持幼儿更充分地与材料互动，鼓励幼儿大胆想象，进行探索和学习。

第三，班长要引导年轻教师积极观察和分析幼儿的游戏行为及需要，制作充足的活动区操作材料，根据幼儿的兴趣和需求及时做出调整。只有满足幼儿的游戏需要，才能促进幼儿在自主游戏中得到真正的有益经验。

第四节　对幼儿的观察与解读

一、观察幼儿的重要性和原则

观察是人们有目的、有计划、比较持久地与思维活动紧密联系的一种知觉。蒙台梭利曾说："唯有通过观察，才能真正了解幼儿的内心需要和个别差异。"观察是教师了解幼儿最重要的手段之一。在日常生活的各个环节中，教师对幼儿的观察无处不在。只有仔细观察，教师才能真正了解幼儿的发展状况，并提供适宜的支持与帮助，才能进行良好的家园沟通，为家长提供合适的建议，使工作更有针对性。

（一）观察幼儿的重要性

观察幼儿能帮助教师全面深入地了解幼儿的发展水平、个体差异，以及兴趣、能力等，以便因材施教，理解与尊重每一个幼儿。观察幼儿还能帮助教师熟悉与掌握《3～6岁儿童学习与发展指南》的各个领域和目标，促进幼儿全面协调发展。因此，教师应以幼儿的视角去理解幼儿，以开放的心态、宽容的情怀对待幼儿，真正做到尊重幼儿与信任幼儿，以幼儿为中心，促进每个幼儿富有个性地成长与发展。

（二）观察幼儿的原则

我们观察幼儿的内容有很多，如幼儿的动作、语言、表情、神态，幼儿一日生活中的各种活动等。为了更好地理解幼儿，观察幼儿时，班长及教师应该遵循一些行之有效的基本原则。

1. 全面性原则

全面性原则是指班长在观察幼儿时不能孤立片面，应该把幼儿作为一个整体来看待。从时间演化上来看，应系统观察幼儿变化发展的各个阶段和发展的全过程；从空间上来看，应观察幼儿的各个方面，还应把幼儿的外在表现与心理活动相结合来观察。

2. 客观性原则

客观性原则就是教师在观察幼儿时不带有个人的主观意识，能客观、真实、自然地反映各种事物和现象，了解幼儿的真实需要并尽量满足，它是促进幼儿学习与发展的前提。

3. 自然性原则

自然性原则是指班长观察幼儿时要选择在日常生活和自由游戏的场景中。因为那时幼儿的表现是自然的、轻松的，他们会按照自己的想法做事情，这样就可以真正观察和解读到幼儿的想法、特点以及幼儿的实际能力。

4. 目的性原则

目的性原则就是要求观察必须有明确的目的。教师在观察中要抱着一颗真正想了解幼儿的心，尽量避免无目的地为观察而观察。观察有了明确的目的和清晰的意向，才可能看到并有效地记录到有意义的行为和经验。

5. 正面性原则

正面性原则是指班长观察幼儿时要善于发现幼儿身上的闪光点，用正面、积极的心态了解幼儿，要站在幼儿的角度看待幼儿的语言，理解幼儿的行为。班长及教师们要关注幼儿想做的、能做的、感兴趣的事情，相信幼儿是有能力的，有力量的。

二、班长在观察幼儿中的作用

（一）具备观察意识，树立正确观念

班长，作为班级中的领导者，既要懂得如何协调与班级教师的关系，又要有效地管理班级的一日工作，认真观察幼儿，了解他们方方面面的需求。班长与班员教师对幼儿的观察与相处，必然影响班级教育教学、班级常规、家长工作等活动的成效。

观察幼儿是教师在教育教学工作中的一项重要技能。没有对幼儿的观察，就没有真正的活动，就看不到幼儿要表达的意愿，听不到幼儿想要说的，猜不到他们所想的，就不能真正走进幼儿的内心，解读幼儿的世界。只有通过对幼儿的观察，教师才能了解幼儿的真实需要，更有效地引导幼儿进行教学活动。因此，在工作中班长要具备观察幼儿的意识，树立正确的观念。

1. 班长引导教师有面向全体幼儿，注意个体差异的意识

"尊重、热爱幼儿，坚持积极鼓励、启发诱导的正面教育，注重情感教育。尊重幼儿的年龄特点和个体差异，满足幼儿在发展过程中的各种需要，使每个

幼儿在幼儿园生活中获得快乐和自信"是教师的教育原则。这就要求教师能够面向全体幼儿，尊重幼儿的身心发展规律，根据幼儿的发展水平、已有的经验及学习方式，选择有效的活动内容、形式和教育方法，使每个幼儿都有充分活动和表现的机会。同时，也要关注有特殊需要的幼儿，并给予积极的支持和帮助。做到既面向全体幼儿，又关注个体差异，做到促进每个幼儿富有个性地发展。这就要求班长有很强的基本功、管理班级的能力、协调组织能力和引领班员教师观察和解读幼儿的能力，这一点至关重要。

2. 班长引导教师有观察每个幼儿优缺点的意识

每个幼儿在成长的过程中都有自己的优点和缺点。在幼儿园的一日生活中，教师对待幼儿优缺点的态度直接影响幼儿以后的是非观和价值观。因此，教师用正确而客观的态度对待幼儿的表现极其重要。面对幼儿的优点时，要明白这是幼儿的闪光点，也是幼儿信心的源泉，需要善用。面对缺点时，要及时纠正。教师要针对幼儿的年龄特点、发展水平、自身个性、爱好等做出分析与解读，了解幼儿缺点产生的原因，并给予他们自己解决问题的机会，这样才能有针对性地去帮助他们改正。此时，班长作为班级的核心人物，他的态度与引领以及强烈的观察意识尤为重要。

3. 班长引导教师有多视角观察与解读的意识

成人虽有一套成熟的价值观判断体系，但考虑事情时也容易太过主观。作为教师，每天面对的都是一颗颗稚嫩的心灵，一旦判断错误或是处理不完善，就会对幼儿的心灵造成一定的伤害。因此，面对幼儿的每一件事，教师都要学会多视角地观察、了解和解读，跳出自己，站在他人的角度去思考和观察，多从幼儿身边的人，如老师、伙伴、家长等开始了解。

（二）善于学习与交流，在实践中灵活运用

在幼儿的一日生活中，班长也要指导班员教师对幼儿进行观察。教师通过观察可以把握每个幼儿的发展状况，了解幼儿的心理需要，掌握幼儿的已有经验，关注幼儿的个体差异。在教师设计的教学活动中，常常会出现不是教师所预设的幼儿问题内容，这个时候教师要及时观察幼儿的表情，根据幼儿的问题进行有效的随机教育，这样既能满足幼儿的发展需要，又能调动幼儿活动的主动性。当然，班长与班员教师应该互相交流，对班级中随时会出现的各种问题分析归类，总结经验，并在实践中灵活运用。

1. 定期召开班会交流学习，做好班级教育工作

面对班级工作以及幼儿教育出现的共性问题时，班长要定期召开班会，同班员教师一起研究讨论解决方案及措施，如班级学期工作计划、幼儿近期的发展需求、家长近期的困惑等。班长要带领班员教师，充分地讨论、学习，做到

意见一致，方法和措施统一，为解决问题而共同努力。

2. 随时交流与学习，做好班级教育工作

面对幼儿的突发状况或紧急状况时，班长需要临时召开应急班会，商量妥善的解决办法和策略。当孩子突发不适或出现安全事故时，如眼睛红肿，肚子疼，摔伤、蹭伤等，班长需要立刻做出判断，并与班员教师协商妥善解决。

（三）根据观察结果，有效指导教育实践

观察是衡量幼儿园教师专业水平的重要尺度，正如苏霍姆林斯基所说"教师的教育素养在很大程度上取决于，教师是否善于在儿童的脑力劳动和体力劳动过程中，在游戏、参观、课外休息时间观察儿童，以及怎样把观察的结果转变或体现为对儿童施加个别影响的方式和方法。"[1] 因此，班长要引导班员教师建构起自己特定的专业眼光看待幼儿的行为表现，帮助自身改进教学，参与研究，学会反思学习，从而使教育教学能力得以提升。

案例

有一天，李老师对班长马老师说："马老师，最近悠悠特讨厌，总是在家长接的时候成心踩我的脚。我说了他几次也没有改，这孩子真是没有好习惯。"马老师对李老师说："悠悠平时没有主动攻击别人的习惯，分析一下是什么原因。你在接的时候和他妈妈说了什么？"李老师想了想说："我就是和他妈妈说他在幼儿园犯的错误，给他告状了。"于是，马老师带着李老师一起分析了孩子的这一行为，原来是因为他不愿意让老师给他向妈妈告状，所以才用了这样的方式。

【分析与启示】

孩子也是有自尊心的，即使再幼小的心灵也会非常敏感。李老师当着孩子的面向家长批评、指责孩子的行为，已经给孩子造成了心理上的伤害。当众批评只能让孩子暂时慑于压力，不敢抵抗，更重要的是会挫伤孩子的自尊心。因此，教师在与家长交流孩子的表现时，可以避开孩子，与家长私下交流，这样既保护孩子的自尊心，又可以起到家园共育的效果。班长可根据观察到的结果分析其产生的原因，并采取针对性措施，有效地指导教育实践。

三、观察幼儿的小窍门

（一）分工合作观察幼儿

分工合作观察幼儿是促进教师对幼儿各方面综合了解的方法之一。分工合

---

[1] 张婷婷：《苏霍姆林斯基教育思想对新教师成长的启示》，载《学理论》，2011（5）。

作是指教师之间既要分工明确，又要相互沟通、协作，以达到观察幼儿的目的，以便教师能更好地发现幼儿学习的价值与发展的过程。作为班长，就要引导班中教师分工合作，观察幼儿的行为，发挥整体效能，全面了解幼儿。

1. 根据观察对象的活动范围进行分工，加强教师对幼儿的全面了解

当观察对象和观察内容较多时，班长可根据观察对象和观察内容的活动范围，与班员教师共同商量并进行分工观察。每位教师观察一定范围内的幼儿，然后将观察内容记录下来，利用班会时间与大家分享、交流，以便班级教师更全面地了解幼儿。

2. 根据本班教师的自身特长进行分工，在区域中有效观察班级幼儿

作为班长，在区域游戏中可发挥班员教师的优势，使其分工合作观察幼儿。班级教师按照自己的选择，分工负责不同的区域，并将其作为观察重点，这样有利于每位教师详细了解幼儿所在活动区中的具体表现，在游戏中或游戏后，有针对性地指导幼儿。此外，班级教师要将游戏中观察的内容记录下来，全面地分析幼儿的行为，这样就能及时了解本班幼儿在游戏区域里的游戏现状和游戏水平，从而为其提供适宜的材料支持。

3. 根据教师的各自岗位分工，在生活中进一步了解幼儿的需求

在日常生活中，分工合作观察幼儿的行为，能使教师更好地了解幼儿行为背后的原因和需求。例如，保育员每天照顾幼儿的一日三餐，方便对挑食的幼儿、肥胖的幼儿的进餐情况重点观察；而对于幼儿的喝水问题，上、下午班的教师就需要对幼儿的情况进行观察，然后利用交接班时间进行交流，分析找出原因，制定出教育策略，再由教师分别实施。

总之，分工合作观察幼儿既能确保工作的顺利开展，又有助于教师了解每个幼儿的生活学习表现和需求。同时，班级教师分工合作观察还可促进班级的团队建设，并为团队氛围的形成提供强大动力，让教师成为幼儿的观察者、引导者、支持者、合作者。

（二）多种方法灵活观察

观察的过程会受环境、教师或幼儿本身的影响，所以应采取多种方式。具体采用哪种方法，应该根据观察的目标和幼儿活动的现实情况而定。班长有一定的实践与理论经验，在观察幼儿方面要带领班员教师进行学习并加以指导，引导班员教师灵活运用多种观察方法进行观察。

1. 扫描观察法

扫描观察法是指观察者在相等的时间段里对观察对象依次进行观察。要想了解全班幼儿的游戏情况，如幼儿选择哪一主体进行游戏，扮演了什么角色等，用扫描法进行观察比较合适。扫描观察法一般用于游戏开始和结束。

2. 定点观察法

定点观察法就是观察者固定在某一区域进行观察。如果教师想要了解某一主题或区域幼儿的游戏情况，幼儿的现有经验，他们的兴趣点，幼儿之间的交往，以及游戏的发展等动态信息，则可采用定点观察法。定点观察法一般多用于游戏过程。

3. 追踪观察法

追踪观察法是指观察者根据观察的需要确定 1～2 名幼儿作为观察对象，观察他们在游戏活动中的各种情况，固定人而不固定地点。该方法适合观察了解个别幼儿在游戏中的发展水平。教师可一直持续地观察，也可就某一情节或时间段进行观察。

案例

一起合作创设警察局

大班幼儿自己想要开设喜欢的区域活动，在讨论后孩子们决定开设警察局。有的小朋友说要带来小警察的衣服，有的说要带来手枪和手铐……第二天，班长在"小警局"对孩子们进行了观察，孩子们如约带来了所需要的东西，穿上了警服，戴上了警帽，认真地在班里巡逻起来。这时，有的小朋友之间发生了矛盾，有个小警察走过去处理问题，说："你俩和我去趟警察局吧，我要给你们做笔录。"但他发现，自己没有选择合适的地方做警察局，于是他就把他们带到了一个没人用的桌子前，这时发生矛盾的孩子说："你是真警察吗？怎么连警察局都没有？"那个小警察一时语塞了。

在游戏结束后的评价环节中，教师带领幼儿一起讨论了在警察局发生的事情，孩子们想到了很多办法。第二天，班长又来到"小警局"观察，发现小警察们还在继续巡逻，并且已经和美工组的小朋友合作，把制作警察局标志、门楼的任务交给了他们。在今天的游戏中，幼儿又发现警察还需要一辆警车。于是，制作警车又成了孩子们下一个要解决的问题。

【分析与启示】

幼儿在新游戏开始阶段会遇到很多问题，这时班长和班员教师应该对新游戏进行定点观察，以便了解幼儿遇到的问题和需要，并结合幼儿在游戏中的发展水平及时给予支持和引导。因此，班长应带领班员教师运用灵活多样的观察方法去观察幼儿，真正了解幼儿，并实施适宜的教学行为。

（三）多种方式，灵活呈现

教师在观察幼儿游戏的同时也要注意记录，保存珍贵资料，为指导游戏服务。游戏观察记录的方式有表格记录、实况记录、图示记录、影像记录等。使用较多的是表格记录，因为这种记录方法简便易行、直观明了。除此之外，还可以用文字记录。有条件的幼儿园也可以充分利用摄像机、照相机、录音机等现代化教育设备进行观察记录，以保证记录的全面性、立体性和持久性。

资料链接

幼儿观察记录表

幼儿姓名		性别		观察人	
观察时间		观察地点			
观察记录					
分析与说明					
采取的措施					

（四）对"特殊"幼儿的观察

"特殊"幼儿的自控力较弱，有时会因为自己不开心而在班里闹上一番，在班级中常会影响到其他孩子的正常活动。为了保障幼儿一日生活能够安全、顺利地进行，作为班长，要与班员教师及时沟通，一起制订照顾"特殊"幼儿的计划，同时将班里的情况及时上报园里。

第五章　班级家长工作

第一节　班级家长工作的重要性及形式

一、班级家长工作的重要性

《幼儿园教育指导纲要（试行）》指出，家庭是幼儿园的重要合作伙伴。幼儿园应本着尊重、平等、合作的原则，争取家长的理解和主动参与，并积极支持、帮助家长提高教育能力。可见，教育好幼儿既是幼儿园的任务，也是家庭的责任。家长是孩子的第一任教师，也是永远的教师，家庭是幼儿成长的第一环境。家长的家教水平直接影响着孩子的成长，因此做好家长工作至关重要。家庭是幼儿园重要的合作伙伴，在教育幼儿的过程中，如果少了家园共育这一步，那我们的工作将会很难开展。幼儿教育的成功与否，在很大程度上取决于幼儿园与家庭的联系，取决于家庭能否与幼儿园配合共同教育好幼儿。因此，班级家长工作在幼儿教育工作中起着极为重要的作用。只有重视家长工作，帮助家长树立与转变教育观念，引导家长能够主动参与到幼儿园班级教育之中，才能有效地提高幼儿素质，促进幼儿全面健康发展。

（一）重视家长工作，可以提升家长家教水平

家长由于所处的生活环境和接受的教育经历不同，在教育幼儿的观念上也存在差异，一些家长甚至存在教育误区。转变家长不正确的观念与行为，开展家长工作是班级家园共育的重要内容，家长工作应该被纳入班级的日常工作之中。为此，班级教师可以利用早晚接送孩子的时间与个别家长沟通，利用宣传橱窗、家长园地等向家长介绍最新的教育观念，通过向家长发放宣传材料，邀请家长参加专家讲座等多种形式，多渠道、全方位地开展家长工作，让家长通过对照自己与他人的教育方式来自觉主动地转变自己不正确的观念与方法。重视班级家长工作，对于转变家长的观念至关重要。家长观念转变了，行为自然也会相应地有所改变，家教水平也就提升了。

（二）重视家长工作，可以形成家园教育合力

有一句话是这样说的：忽略一个家长，就等于放弃了一个孩子的教育。由此可见，教育幼儿只靠幼儿园是不行的。"家园共育"的特点就是突出一个"共"字，即幼儿园与家庭，教师与家长相互配合，共同促进幼儿的发展。要

达到"共育",仅仅转变家长的观念是不够的,还应该让家长了解班级活动的教育目标,了解教师的工作。因此,可以将家长请进幼儿园,让家长直接到班级参与幼儿的活动,观摩教师的工作,同时还可以充分利用家长园地向家长介绍班级活动的教育目标、内容以及近期所要开展的活动,让家长了解幼儿园,了解教师和幼儿,明确家园配合的重要性。只有在了解的基础上,家长才有可能配合幼儿园的一切工作。由此可见,重视家长工作,努力做好家长工作,有利于家长的主动配合,从而达到家园同步,形成家园一致的教育合力。教师可以从以下两个方面入手:

引:从专业的角度引领家长走进幼儿教育,共同促进幼儿的发展。

顺:了解家长需求,顺应家长需要,更好地为家长服务。

(三)做好家长工作,有利于充分利用家庭资源

幼儿园班级课程在实施过程中往往需要有一定物质材料的支持与准备,如一些与主题相关的图片、资料等,如果仅靠教师收集十分有限。班级的每一个活动都离不开家长们的热心支持。班级教师平时重视家长工作,动员家长和孩子一起收集、准备,就会使班级活动开展得更加生动、活跃。教师可以发动家长,让他们协助幼儿通过上网、广播、报刊等获取信息、查阅资料,满足孩子的求知欲望。这样不仅可以使活动内容更加丰富多彩,而且可以提高幼儿的学习兴趣,从而使幼儿得到全面、健康的发展。同时,班级教师还可以邀请不同职业的家长到班级中当志愿者或助教,使其在与幼儿更近距离的接触中了解幼儿教师的职业特点。由此可见,重视家长工作,激发家长的参与意识,就能争取家长参与到班级活动中来。正确发挥家长的作用,充分发挥家庭资源的优势,提高家长主动参与幼儿园活动的积极性,发挥好父母的教育工作,更有利于幼儿园园本课程建设。

(四)做好家长工作,有利于教师的自我成长

随着学前教育越来越受到社会的重视,对教师素质与能力的要求越来越高,开展家长工作已成为幼儿教师必须具备的基本能力之一。能否顺利开展多种形式的家长活动,也是体现教师家长工作能力高低的一个方面。班级教师要学会与不同的家长进行沟通,久而久之,开展家长工作的经验就会越来越丰富,教师与家长间的交往能力也会越来越强。家长是幼儿的第一位教师,他们更了解自己孩子的脾气、性格与兴趣爱好,在教育孩子方面或多或少会积累一定的经验。虽然这些经验不一定都是成功的经验,但肯定也有教师可以借鉴的地方。因此,平时可以开展一些"家长座谈会""育儿经验交流"等活动,让家长们畅所欲言,相互交流。这对教师来说无疑也是一个良好的学习机会,因为从与家长的交流中,班级教师不仅可以进一步了解幼儿在家的表现,及时调

整自己的教育目标，使教育更具针对性。同时，教师还可以发现自身不足，以便不断完善自我，使自己不断地成长。

家庭是幼儿成长的第一大教育资源，它对幼儿良好品行及习惯的形成起着决定性作用。家园合作是发展幼儿素质教育的基本立足点，家园共育已是世界幼教发展的一个趋势。因此，幼儿园班级必须做好家长工作。教师不能将家长工作仅仅看成是教育家长，而应该将家长视为合作伙伴和幼儿园班级教育的重要人力资源。教师要与家长经常沟通，密切配合，形成合力，共同促进幼儿健康、快乐地发展。

二、班级家长工作的形式

（一）日常工作

1. 沟通

日常沟通是家园工作中的一项重要内容。作为家长，随时都在牵挂着自己的孩子，总是希望能够从教师那里及时了解到自己孩子的情况。因此，随时沟通变得很重要。做好沟通工作是教师开展家园共育工作的前提，而信任是做好沟通工作的首要条件。我们常常会有这样的体验：如果自己信任一个人，那就一定会和那个人有共鸣，否则就不会有信任。家长要是信任教师，就会主动配合教师的工作，使得教育事半功倍。教师一定要站在家长的角度去了解他们的想法，并和他们有共通的东西，否则谈不上信任。我们常说这样一句话：做老师一定要了解孩子。但这还不够，如果想要做一位称职的教师，那你一定要去了解家长，明白他们的要求，体谅、认同他们的想法。只有取得家长的信任，家园工作才能顺利地开展，我们的教育才能真正达到家园共育。随时沟通包括早来园沟通、晚离园沟通和电话约谈等几方面。

在早来园沟通中，教师可以向家长询问孩子昨晚在家的情况，通过家长的简单介绍，对孩子的身体、情绪等方面有所了解，从而更有针对性地对幼儿进行照顾。在晚离园沟通中，教师把孩子在园一天的情况对家长进行简要介绍，让家长了解孩子的生活，让家长更加放心。对于身体出现问题的孩子，要及时告知家长，让家长在家能够有针对性地进行观察和照顾。电话约谈更多是针对一些突发情况或是需要细致和家长沟通的问题。在约谈时教师要注意先肯定孩子的优点和进步，站在家长的角度去交流孩子出现的问题及其对今后成长的影响等，避免直来直去的说教方式，以免让家长反感，产生不必要的误会。

班长对孩子的了解要更多、更细致，和家长沟通的机会也要更多。家长对于班长的信任度更高，班长对于家长的了解也更多。因此，在日常沟通中，班长起到了承上启下的纽带作用。班长要洞悉班内幼儿每天的情况和家长的需求，要提醒另一位教师在早来园和晚离园时与哪些家长进行个别沟通。同时，班长要了解家长关心的问题以及家长对于一些突发事情的心理，并针对这些及时与家长进行电话沟通，在第一时间消除家长的顾虑，使其安心把孩子交给幼儿园，交给教师。

案例1
用"将心比心"的态度来沟通

早上，欣欣爸爸送欣欣到幼儿园之后，指着孩子的裤子，笑着问老师："老师，昨天欣欣穿了一条新裤子，下午回家发现裤腿那里褪色了，怎么回事啊?"两位正在接待的教师一听，看了一眼孩子的裤子，淡淡地回了一句："哦，不知道啊，没看见她怎么弄的。"家长一听不乐意了，说道："这是一条新裤子，昨天早上来的时候还好好的，下午回家就变成这样了。这下好了，以后没法穿了，真是可惜啊，到底是怎么回事啊?"教师仍坚持自己的看法，这时家长已经很生气了，恰巧班长刘老师来了，了解事情后对欣欣爸爸说："刚穿的新裤子褪了色，真可惜，我们没有注意到，实在抱歉。"欣欣爸爸一听，脸色缓和了些。刘老师又说道："昨天进行卫生消毒，在用84消毒液时，可能孩子不小心蹭到了，实在不好意思，我们下次也会多注意提醒孩子的。"欣欣爸爸赶忙说："没事儿没事儿，欣欣比较活泼，可能是没注意蹭到了，还希望老师多看护她，谢谢老师们。"

案例2
用"察言观色"的方法使沟通顺畅

早上，悠悠妈妈送她来到幼儿园，悠悠走到老师身边小声地说了句："王老师早上好。"此时，接待的王老师正在和另一位家长沟通交流，没有注意到悠悠的到来，更没有听到她的问候。悠悠又说了一遍："老师，早上好!"老师仍然没有听到。等那位家长走了之后，悠悠妈妈问了一句："悠悠怎么不开心了，怎么回事?"还非常关心地跟着孩子进了教室一探究竟。老师也陪着进了教室，关切地问悠悠怎么了。这时老师看悠悠妈妈手里拿着药，问："怎么还有药啊? 给我，我帮她吧。"悠悠妈妈拿药的手立刻躲开，冷冰冰地说了一句："她的眼睛不舒服，给她擦过了，不用再擦了。"嘴里还一个劲儿地说："怎么突然不开心了呢? 路上可高兴了。"老师也不知道该怎么回答，只好说："可能眼睛不舒服吧。"悠悠妈妈来了一句："不是，擦了药已经好了。"此时班长刘老师连忙说道："悠悠最近进步很大，昨天还在集体小朋友面前大胆讲了故事呢。"一边说一边对悠悠竖起了大拇指。悠悠妈妈对悠悠说道："真的吗，宝贝？你这么棒啊！"旁边的王老师也附和说："小朋友们都喜欢她讲的故事，觉得很有意思。"悠悠妈妈又说道："谢谢老师，我也觉得她最近敢说敢表达了，刚刚她就主动跟您问好来着。"王老师赶紧蹲下来对悠悠说道："悠悠早上好，刚才王老师和其他家长说话，没有听到你好听的声音，真是不好意思，你能再和王老师问声好吗？"悠悠大声地又说道："老师早上好！"悠悠妈妈笑着离开了。

案例3

入园哭闹的电话约谈

班里小朋友冲冲，每天来园都很高兴，可是这两天早上来园时却又哭又闹。早班老师忙着安抚孩子的情绪，没来得及和家长进行沟通。班长了解这一情况后，和家长进行了电话约谈，详细了解了孩子在家的一些表现，对家长进行了安抚，帮助家长分析其中可能存在的原因，并在心里设定好对冲冲观察的内容。之后又将冲冲在园一日的表现拍下来，通过微信发给家长，消除了家长心中的担忧，让家长对老师的专业性有了更多的信任。

案例4

身体不适的晚离园沟通

今天下午，嘟嘟吃完饭后不舒服，吐了。班长在晚离园时，和嘟嘟的家长进行了沟通，将嘟嘟下午在园内的情况向家长进行了简单介绍，和家长一起寻找引起嘟嘟不舒服的原因，并提醒家长回家后注意饮食和多观察孩子的情况。晚上回家后，班长和另一位教师进行沟通，将嘟嘟今天的突发情况做了交代，并提醒另一位教师，第二天早上别忘了询问孩子今天回家后的情况。第二天早上，另一位教师仔细询问了孩子在家的情况，并向家长承诺会对孩子多加照顾，这些举动让家长很感动，同时增加了家长对教师的信任。

案例5

幼儿受伤，教师遭误解时的沟通

有一天下午，豆豆在户外活动时不小心和其他小朋友碰在了一起。教师经过检查发现，孩子什么事情都没有。晚上离园时，老师就只是简单地和豆豆的爸爸做了交代。谁知当天晚上，豆豆妈妈就在朋友圈里发出了对于老师不满的消息。班长看到后，第一时间向晚班老师了解了事情的详细经过，随后与豆豆妈妈进行了电话约谈。在电话中，班长先向豆豆妈妈询问了豆豆的情况，豆豆妈妈情绪激动地说着孩子的情况。班长并没有马上打断豆豆妈妈的讲话进行解释，而是听豆豆妈妈说完自己对于这件事的想法后，再和豆豆妈妈进行交流。在倾听和交流中，班长得知因为豆豆爸爸晚上上夜班，所以没有和豆豆妈妈当面交流孩子在幼儿园的事情。豆豆妈妈回来后发现孩子的额头上有些红肿，就问孩子，结果听说是在幼儿园弄的，又没有听爸爸提起，就感觉是老师失职，没有关注到自己的孩子，所以很气愤，就在微信中发泄出来。班长站在家长的角度，没有对豆豆妈妈的行为进行指责，而是安抚豆豆妈妈的情绪，在豆豆妈妈情绪稳定后，再向其解释，告诉她自己看完微信后第一时间向晚班老师了解了情况，并告知她晚班老师已经将事情告诉豆豆爸爸了。这时豆豆妈妈的愤怒在和班长的交流中已经发泄出来，情绪也已经稳定，听到老师说已经告诉豆豆爸爸了，才想到今天豆豆爸爸上夜班，自己还没来得及和他见面沟通，心里觉得很有可能自己冤枉了老师。在之后的交流中，豆豆妈妈的态度明显有了改善。在交流的最后，班长向豆豆妈妈表示，如果明天孩子去幼儿园，老师们会很细致地照顾他，有事情第一时间告诉豆豆妈妈，请她放心。随后班长告知晚班老师沟通的内容和结果，再由晚班老师打电话和豆豆妈妈进行沟通。经过一系列的沟通，豆豆妈妈消除了对老师的不满情绪，对于老师更加信任，对于幼儿园的工作更加支持。

【分析与启示】

在以上五个案例中，班长对幼儿的情况都进行了详细的了解，并能根据自己的专业知识帮助家长一同观察幼儿的表现，及时解决幼儿出现的问题，获得了家长的信任。在案例5中，尽管教师受到了误解，但仍然耐心地倾听并换位思考，尝试去理解家长的心情，以自己的耐心和真心打动着家长，逐渐建立起了家长对教师的信任。因此，在日常沟通中，作为班长要站在客观的角度来看待、分析问题，要静下心来，倾听家长的想法，尽可能站在家长的角度思考问题。同时还要多引导班中的教师能够"察言观色"，"将心比心"地和家长进行交流沟通，这样才能更好地促进家园工作的开展。

家园沟通并没有一成不变的模式，也没有可以套用的公式，关键在于教师与家长之间要建立一种互相尊重、互相信任的关系，而这种关系的建立需要在一件件小事中、一次次沟通中逐渐形成。家园沟通中，教师应"小事不小觑"，事事用心做，用自己诚挚的爱心与家长为友，与幼儿为伴，不断获取家长的信任，不断做好家园沟通工作，最终建立起和谐融洽的家园关系。

2. 共育专栏

家园共育专栏是幼儿园日常工作中向家长展示班级特色活动、焦点问题，辅助家长开展家庭教育，提供支持、信息交流和探讨的平台，是很重要的工作板块。其中专栏的设计包括以下几个方面。

（1）教育教学方面

针对幼儿所处年龄段的不同，教师要有针对性地为家长推荐科学的育儿知识以及有关书籍，使家长了解新的育儿知识，帮助家长正确了解幼儿所处年龄段的发展概况和指导要点，更好地开展家园互动。例如，针对托小班幼儿的分离焦虑进行引导和支持，帮助家长了解由家庭向集体过渡需要做好哪些准备，了解一日生活常规的养成、行为习惯培养的重要性；面对中班幼儿萌发的社会性交往问题，指导家长如何正确看待和启发孩子，学会表达与沟通的简单技巧，为孩子社交发展奠定良好的基础；对于如何做好大班幼儿即将面对的幼小衔接问题，应逐渐渗透，培养幼儿良好的自律意识、自主意识、自我管理能力、合作能力以及时间观念是此年龄段的发展要点。以上既是幼儿需要发展的内容，也是家长们需要了解和掌握的内容，因此幼儿园家园共育专栏的正面宣传作用尤为重要。

（2）幼儿在园表现

幼儿在幼儿园中的集体生活和点滴小事都是家长们关心的问题。刚刚入园时可对个别幼儿进行简单的说明，包括饮食、饮水情况，午睡情况，大小便情况等；设置活动区的活动照片（可有幼儿自己讲解的简短的一句话）；以及一日生活各环节的精彩瞬间抓拍。开辟此板块的意义在于记录幼儿们生活、学习和成长的轨迹，同时更好地向家长进行反馈，满足家长关注的需求。

（3）卫生保健方面

对于卫生保健工作，除了医务室的统一宣教和要求，各班可以根据自己的特点进行有针对性的建议和提示，这也是体现保教结合的关键，同时也体现了各班的服务特色。卫生保健指导可参考以下方面：第一，天气变化的温馨提示，如服装的及时更换、防暑降温的方法与措施。第二，传染病高发期提前做好预防准备工作的方法和措施。

（4）安全教育

安全教育是重要的一环。无论是日常安全、外出安全，还是防火防爆安全等应急常识，教师都要给予宣教和普及。安全教育主要包括以下几点：第一，防火防震安全知识。第二，集体出游，包括外出前的准备、集体出游的安全意识及规则、活动中及成果照片。第三，假期生活展示（照片以及对孩子们语言的简短记录）。

（5）家长便签

此板块是针对个性化问题的互动平台，对于家园共育的广泛性工作来说是个案分析和处理的好方法。家长便签板块主要包括以下几点：第一，班里活动的建议。第二，出游推荐。第三，家长的困惑。

（6）家园互动讨论话题

互动性的讨论是激发家长主动参与幼儿教育的积极性和主动性的好方法。家长面对某一年龄段的普遍问题时都会出现比较集中的困惑，此时需要教师们专业的引领和指导。教师可以根据共性和个性的问题给予分析和提示，帮助家长们在互动交流的轻松状态下解决困惑，实现良好的家庭教育的预期目标。例如，教师提问："当幼儿出现厌食挑食情况时，家长怎么做才好呢？"有的家长说："现在的孩子吃得太好，饿他几顿。"有的家长说："家里做饭单一，只做孩子爱吃的食物。"还有的家长说："去医院为孩子检查一下。"教师应查找相关资料给予答复。又如，教师提问："柿子怎么熟得快？"有的家长说："把柿子放在暖气上。"有的家长说："每天用手捏一捏。"还有的家长说："把柿子和苹果放在一个口袋里。"

教师可以让家长用自己认为好的方法回家做一个实验，大家比一比谁的柿子熟得快，哪种方法最好。最后教师公布结果。

《家长专栏》是家园共育的一个重要窗口，需要班长带领班员教师共同学习科学的育儿知识。班长需针对当前班内问题及情况及时思考并更换专栏内容，以确保能够充分促进班级教师与家长的相互了解、相互支持与配合，努力实现教师与家长相互沟通所完成的育儿目标。

3. 家长信箱

家长信箱是有效开展家园互动工作常用的一种方法，它是教师和家长沟通的一座桥梁，能促进家庭与幼儿园、教师与家长、家长与家长之间的沟通与交流，从而使幼儿获得全面、和谐的发展。在使用家长信箱的过程中，应注意以下一些问题，以保证家长信箱不流于形式并发挥最大的价值。

（1）内容新分类

以往设立的家长信箱都比较表面化。一方面，家长投的信得不到回复，仍躺在信箱内，所谓的信箱成了一个摆设；另一方面，由于合作双方地位的不对等，往往表现为以幼儿园为中心，教师指挥，家长配合，较少考虑家长的真正需要和想法。面对这种情况，教师需要再次深入地倾听家长的需求，可以通过调查问卷，让家长先来说说目前最想和教师沟通的问题。清楚家长的需求后，班长需要针对具体情况，对信箱的内容进行重新分类。例如，当家长们的问题一般都集中在想了解孩子在园的情况、幼儿园的学习内容、对幼儿园课程开展的建议时，教师可将家长信箱的内容重新调整为六个部分：交流幼儿活动中的情况，班级幼儿学习动态，幼儿园主题推进中家长可以配合的具体事项，介绍父母科学教育妙策、保育知识，宣传正确的育儿理念，了解幼儿在家的表现。

调整后的信箱及时满足了家长的需求，让家园沟通更加清晰有效。

（2）反馈要及时，集中问题集中议

为了提高信箱的利用率，班长应每天打开信箱，针对不同的内容及时反馈。对于家长们比较集中的问题，进行分析、梳理，然后统一回复。

案例
家长的分离焦虑

开学初期，教师们发现多数家长在信中提到：宝宝在幼儿园吃得怎么样？愿意吃吗？我能不能在窗外偷偷地看呢？老师会不会凶我们家的宝宝？看来，很多家长和刚入园的幼儿一样也陷入了"情绪焦虑"的状态。

【分析与启示】

我们认为，要减轻幼儿的分离焦虑，先要缓解家长的"情绪焦虑"。针对这种情况，教师可以给家长分享"新生入园时家长的情绪焦虑"的文章，集中回答家长最关心的几个问题，例如，幼儿在幼儿园都吃什么；幼儿第一次上幼儿园，有哭闹、不适应现象怎么办；幼儿在幼儿园都干些什么，在幼儿园的表现怎么样等。当家长提出早晨来园和下午离园时的简单交流太少时，教师可以用相机拍下幼儿在园活动的照片，用直观的方式记录幼儿在园的生活。同时，还可以组织家长来园参观。

通过这种方式，家长可以更好地了解幼儿在园的情况。班长应及时对家长提出的问题给予回复和解决，从而促进家园有效互动。

（3）个别情况多关注

现代社会，家长们工作紧张、忙碌，多数自己没时间，就把接送孩子的重任交给老人或保姆，与教师见面、交流的时间很有限，但父母的心却每时每刻都牵挂着幼儿园里的宝贝。一名教师要面对近 30 个幼儿，有时候在与家长交谈的过程中未必能面面俱到，尤其对于有特殊情况的幼儿，更需要利用"家长信箱"及时地与家长进行沟通。

案例
"飞"到每个家庭的"小纸条"

涛涛是一个开朗、活泼的孩子，生活自理能力较强，但每到吃饭时间不是说肚子痛就是哭鼻子。原来是因为他不喜欢吃蔬菜。涛涛的家长也非常着急，苦于没有办法。有一次，涛涛在教师的鼓励下终于吃了一口芹菜。对于涛涛的这一进步，教师在全班小朋友面前给予了肯定，并且在信里写道："涛涛妈妈：涛涛今天吃芹菜了，而且是自己吃的呢。他可棒了，爸爸妈妈要表扬他哦！"

第二天，涛涛妈妈送涛涛来幼儿园的时候便与教师谈起了这件事情，觉得"家长信箱"这种形式很好，可以及时地让家长知道孩子在幼儿园的点滴进步。记录并与家长沟通涛涛在幼儿园的用餐情况一段时间以后，涛涛开始吃一些蔬菜，也逐渐养成了良好的用餐习惯。

此后，教师们经常在"小纸条"上记录下孩子们的点点滴滴，并把它"飞"到每个小家庭中。孩子们在教师和爸爸妈妈的鼓励下不断地进步着。

【分析与启示】

虽然这只是一张小小的纸条，上面只记录了孩子的一点点小事情，但它却可以让家长及时了解幼儿的情况，对孩子在幼儿园的生活感到放心，同时也对教师的工作多了一份理解、体谅，并使家长从中感受到教师的用心，从而更真诚地与教师交流沟通，共同促进幼儿的发展。

另外，教师也能及时从家长那里得到反馈，了解每个孩子在家的情况，针对不同的孩子，给予不同的教育。这样就可以发挥教育的最大优势，确保每一个孩子的健康发展。

（4）管理共同做

"家长信箱"得到了家长的认可，每天参与沟通、交流的人越来越多。教师可以邀请班里更多的家长，一起共同参与管理。

被邀请的家长要了解幼儿园的工作特点、任务和做法，且乐意向其他家长和社会进行宣传。他们负责阅读信件，并进行分类。需要教师沟通解决的，交给教师。而其他关于育儿观念，或是对园方、班级的一些建议、意见，则由家长反馈给园方领导或者教师，并负责沟通。同时，家长还可以负责每月一次的"家长问卷"的发放及反馈工作，及时地帮助教师了解家长的方法，并做好解释、宣传工作。

"家长信箱"的设立得到了家长们的认可。很多家长认为，在这里，可以有深入全面的交流。它满足了个别家长希望和教师进行一对一沟通的需要，提高了家长关注幼儿在园生活的主动性以及参与幼儿园活动的积极性，有效地促进了幼儿园与家庭在教育上的同步、同向进行，同时也有效地鞭策教师和家长用心去发现、去挖掘孩子们的闪光点。因此，妙用小信箱，使得家园合作多了一个途径，为孩子发展多了一份保障。

4. 家园联系册和幼儿成长档案

在幼儿园日常工作中，家园联系册和幼儿成长档案是选用率很高的两种记录幼儿成长过程和指导家长进行家园互动的方式。两者分别从幼儿的个体发展和个性展现两个方面呈现每个幼儿的发展状况和成长轨迹，为家长开展家庭教育提供有针对性和时效性的指导，为家园共育实现双向有效地沟通与反馈提供对接平台，是班级日常工作中很重要的组成部分。班长需要指导班员教师对每个幼儿进行有效的观察和客观翔实的记录，用适宜的方式有效地与家长进行沟通互动，这也是展现班级日常工作并服务家长的工作重点，需要班长和班员教师齐心协力，共同配合完成。

家园联系册是幼儿园中一种常见的书面沟通形式，是对幼儿一个阶段内各方面发展进行详细记录与反馈的家园互动方式。教师对在园幼儿一段时期的身心发展、情绪情感、常规习惯、学习品质、社会发展以及生长发育等情况进行连续性的观察，用文字进行客观记录并分析后反馈给家长，为家长提供有效的指导和建议。家长在深入了解后，根据自己在家庭中的观察积极地与教师进行沟通和反馈，对幼儿的成长和发展形成一个有效的衔接和助推。家园携手共同促进幼儿身心的健康成长。

幼儿成长档案通过为每个幼儿提供个性化的观察记录、互动性的家园话题、追踪式的活动记录，来呈现连续性的成长轨迹，针对每个幼儿成长中的点滴进行真实的记录，借助照片、文字、作品展示，甚至是影像记录等多种媒介，再现生活和学习的过程，是一个可以追溯成长过程的综合性载体。幼儿成长档案的常用板块包括宝宝小档案、甜蜜家庭、茁壮成长的我、我学会了新本领、生活游戏中的精彩瞬间、精彩的主题活动、我的作品展示、童言童语记录、我和伙伴们、老师的悄悄话、爸爸妈妈寄语、心灵沟通以及与各年龄段对应的发展测评内容。幼儿成长档案利用图文并茂的方式，结合幼儿的身心发展、情绪情感、常规习惯、学习品质、社会发展以及生长发育等各方面的在园表现进行连续性的呈现，随着幼儿的成长不断地积累扩充，形成幼儿园阶段的专属记录。家长可以随时翻阅，感知幼儿在园的生活和成长轨迹，了解幼儿园班级活动的开展进程，从而更好地参与家园共育的互动，参与宝宝的成长过程。

家园联系册和幼儿成长档案都是班级家长工作的载体，不论哪种方式都能对幼儿园的活动起到正面的宣传和推广作用，对每一个幼儿进行客观翔实、公平公正的观察与记录，在开展家庭教育时给予家长正面的指导。两者虽各有侧重，但都是教师们付出大量的时间和精力用心记录的成果，最终目的都是要促进每一个幼儿的身心健康成长，并达成良好的家园共育。因此，各园要根据自己的实际情况选用适宜的方式，结合教师的工作内容和具体工作量酌情完成，切不可因追求方式的多样而忽略了家园共育的初衷。只要是用心的观察和真诚的沟通，都可以达到促进家园共育的效果。

5. 调查问卷

调查问卷也是帮助教师做家长工作的常用形式之一。通过家长的反馈，我们可以准确地了解到家长的感受、需求、意见与建议。

(1) 利用调查问卷做家长工作的目的和作用

家长是幼儿的第一任教师，孩子的性格和行为习惯深受家庭的影响。对于教师来说，了解孩子的家庭氛围、家长的教育观念非常有利于对孩子行为性格的理解和教育。但是目前幼儿园班额普遍比较大，如果教师与家长一个一个面对面沟通的话，会花费大量的时间和精力，影响工作效率。调查问卷可以帮助我们迅速地了解每一位幼儿的生活习惯、特点，也可以及时地了解每一位家长的想法和需求。通过分析问卷，让教师们，特别是班长，高效地找到下一步工作的重点和目标。对于家长来说，他们特别渴望与教师进行交流，但是与教师面对面接触的机会有限，有的家长工作忙，甚至一个学期都没有机会与教师沟通。调查问卷就是让每一位家长都能对教师以及班级工作坦诚地、充分地表达自己的想法和意见。

(2) 利用调查问卷做家长工作的步骤

首先，要明确调查问卷的目的。也就是说想要通过问卷做什么，是为了了解孩子，还是为了征询家长意见。明确目的后就要设计问卷了。问卷的格式：一是标题。结合目的为本次问卷起个名字二是②时间。表明时间有利于日后的统计分析以及存档。三是说明文字。要把发放本次问卷的目的简单明了地阐述一下，如果需要填写关于孩子的详细信息，还要说明仅供教师阅览，让家长放心填写并感谢家长积极参与。四是问卷的题目。

其次，发放和收回问卷。

最后，对问卷做分析。问卷分析可以分为整体分析和个体分析。整体分析就是通过统计全班的问卷来看全班的整体情况。个体分析就是针对某一张问卷进行单独分析。问卷可以从以下几方面进行整体分析：①发放和收回的份数。关注未交问卷的家长，看看是不是有特别的需求。②对问卷题目进行分析。如果是选项题，可以算出每个选项的比例；如果是问答题，要批注出一些具有代表性或者典型的语句，按照家长表达的意思进行分类梳理。根据选项的比例和对问答的梳理，总结出本次问卷所反映出的情况和问题，进行下一步班级工作的计划。

(3) 投放调查问卷的适宜时机

根据调查问卷目的的不同，投放的时机也不同。如果是为了了解孩子的问卷，适宜在开学之前发放，并且要在与孩子见面前分析完问卷，这样教师就提前对每个孩子有了一个初步的了解；如果是就某个活动做家长的满意度调查，一定要在活动前就准备好问卷，并在活动结束后及时发给家长，这样能够获得家长最及时、最真实的感受和信息；如果是就某件事征询意见，那么一定要在事情发生前留出足够分析问卷和调整活动的时间。

（4）利用调查问卷做家长工作的注意事项

第一，调查问卷发放不宜太频繁，题目数量要适当。班长要与班员教师一起讨论发放问卷的必要性，要保证能够通过问卷反馈获得有价值的信息，不要三天两头地让家长填写各种问卷。题目描述要简单明了，字号以看起来舒服为宜，排版清楚，题目数量以一张 A4 纸为宜，可以正反面。

第二，对家长在调查问卷中填写的信息要保密，仅限于班内教师传阅，保护幼儿及家长的隐私。如果想收集家长的意见，可以采用匿名形式，这样更能让家长畅所欲言，让工作做到家长的心坎里。杜绝在家长提出意见后对其产生偏见，应理性地看待家长提出的异议。

第三，对于意见和建议类的问卷，要用不同的形式给予家长反馈，杜绝走形式地发调查问卷。如果采纳了家长的建议，要进行宣传，让家长知晓他的建议非常有价值。如果没有采纳家长的建议或者家长提出了异议，要主动找时间与家长面对面或者电话进行进一步沟通，向家长解释其中的利害关系，让家长理解班级工作和教师的想法。

第四，问卷内容要积极正面，措辞得当。如果是为了了解孩子的问卷，那么要避免设计那些让家长认为是考查孩子能力水平的题目。一些家长为了让教师多关注自己的孩子，会夸大或避讳孩子的优点或缺点。不真实的信息会影响教师对孩子的判断与教育，对家长造成误会。如果是征询意见，教师更要理性地对待家长的反馈，绝不能因此而嫌弃家长事儿多，责怪家长找麻烦。家长提出的问题和意见反映的不仅是他们的诉求，更是教师需要关注的问题，处理好它们是搭好家园共育桥梁的关键。

6. "微时代"让家长工作更高效

（1）微信在家园沟通中的重要意义

微信平台使家园沟通更及时，教师可以第一时间获得家长们的支持和回应。教师通过微信发布重要通知或幼儿园精心策划的食谱、特色活动、调查问卷、孩子在园中的活动照片等，可以进行有效的传播，让所有家长在第一时间了解其用意与初衷，从而能够在第一时间获得家长们的支持、回应。微信使家园沟通更便捷，激发了家长参与教育的热情。家长资源是一个强大而丰富的资源库，教师可以利用微信群与家长联系，请家长帮助收集图片，查找信息，做好活动前的物质准备和知识经验准备，从而使幼儿在活动中获得的知识更丰富，更全面。例如，举办"幼儿园亲子运动会""春游""六一开放日"等活动时，教师可以邀请家长参与到活动筹划中来，让丰富多彩的活动为拉近家园之间的距离创造更多的机会；在"植树节"时邀请有这方面资源的家长来助教，给孩子们讲授知识，一起帮助宣传。这些活动让我们感到教师与家长之间，孩子与家长之间更亲密了，没有了隔阂，没有了障碍，更多的是朋友般的友谊和相互之间的理解和尊重。同时，我们的活动更加有声有色，孩子们的兴趣更加高涨。微信使家园沟通更有针对性，促进家园共同成长。教师通过微信有针对性地引导家长正确对待孩子出现的问题，在沟通的过程中争取了家长的信任，建立了有益的情感基础。家园之间搭建起良好的关系，家长就会对幼儿园和教师充满信任和理解。

（2）微信群的"正确打开方式"

我们在使用微信群的过程中会面对"一（教师）对多（家长）"的情况，若有家长发起话题并希望教师回应，教师往往会很辛苦，或者只要有一个家长说出来，其他家长可能都会"跟风"，容易出现偏激的现象。教师很是困惑："总不能不作声啊，或者就跟家长私聊？"我们都知道在班级微信群里，教师不能公开表扬、批评某一个孩子。当只涉及一个孩子的问题时，教师会单独与家长沟通，这样能更有效地解决问题，促进幼儿的发展。

班级家长微信群的建立，搭建了一个家园沟通的新平台。在班内建立微信群时，教师应先在开学初家长会时向家长介绍微信群的意义和用途。俗话说，凡事都有规矩，班内的微信群也不例外。要建立好班级微信群就一定要有班内微信群的规矩。比如，班内微信群只发重要通知，家长只回复收到即可。家长们要遵守规则，有问题与班内教师进行私信沟通，不要在微信群里聊天，避免影响其他人休息，有重要事情第二天找班内教师当面进行沟通，微信群内要传播出家园共育的正能量。

案例

被微信绑架的教师

A 老师说："我现在手机几乎不离手，要经常看看家长说了什么，还要解答问题，一天 24 小时待命，真是太累了。"教师每天都要忙于带班，难道教师要 24 小时待命，随时与家长沟通联系吗？

【分析与启示】

其实，家长有问题时，最有效的沟通方式是与教师当面或者打电话进行沟通。家园直接交流是教师们更喜欢的沟通方式。微信群一方面是为了方便家长知晓孩子的近期情况和幼儿园的活动；另一方面，是为了让家园互动更加畅顺。如果幼儿有特殊事情，建议家长一对一地与班内教师沟通，这样方便自己的同时也不会给别人造成困扰。

平日工作在一线的教师都要忙于带孩子活动、和孩子游戏、环境创设等，忙碌的一天下来几乎没有时间上微信，有时候看到微信群上的聊天记录有几百条，感觉班内的微信群成了家长们的"茶话会"。因此，教师可以在开学初家长会时向家长讲清楚微信平台的使用小规则，即教师只在微信群发重要通知，家长回复收到即可，不要在群里聊天。

资料链接

微信妙招知多少

班长应该这样做：

1. 班内如果个别幼儿有问题需要沟通时，教师可单独与家长面对面沟通，普遍问题可以在班群中与家长交流。

2. 可定期发幼儿在园照片到微信群，让家长理解教师带班时不带手机，要专注于孩子，如果拍照增多，便影响了教师与孩子的游戏及安全。

3. 在班级微信群中发照片要注意公平地对待每一名幼儿，多表扬，少批评。

4. 试着在重要通知后请家长统一回复"收到"，如家长会、班内活动，可避免大量不必要信息的骚扰。

5. 时刻注意说话方式及文字输入，要传播积极向上的正能量。

6. 做班级群中的引领者，对于一些不适合发在班级群里的内容，要学会婉言提醒。

7. 若条件允许，幼儿园可为班内配备班级工作手机，设立班级工作微信号，手机要在工作时间使用，班级微信群中只发重要通知、温馨提示等。

班长不该这样做：

1. 在班级群中点名批评孩子。

2. 每次只发布个别幼儿的照片，有些家长没有看到过自己孩子的照片。

3. 过度依赖班级群，孩子日常的一举一动都发布到班内微信群中给家长过目。

4. 使用"发号施令"式的说话方式，交代完家长就撒手不管了。

5. 加入家长自发建立的群。

在无际的网络里，教师们与家长们共同分享着孩子的喜怒哀乐，一起探讨着教育孩子的经验与困惑。微信让我们多了一丝牵挂、一份期盼、一种责任，为家园联系打开了另一扇窗，走出了另一条路。家长在这样的交流模式下会更加主动地参与，家园共育会更有效率，更有价值，更富有生机。通过微信互动，家园双方都受益不少。微信互动是一条家园互动的捷径，在方便快捷的同时提高了家园互动的有效性和家园共育的科学性。

（二）家长会

1. 家长会的意义与作用

著名学者苏霍姆林斯基曾说过："儿童只有在这样的条件下才能实现和谐的全面发展，就是两个教育者——学校和家庭，不仅要一致行动，要向儿童提出同样的要求，而且要志同道合，抱着一致的信念，始终从同样的原则出发，无论在教育目的上，在过程还是手段上，都不要发生分歧。"我国教育家陈鹤琴也提到，幼稚教育是一种很复杂的事情，不是家庭一方面单独胜任的，也不是幼稚园一方面单独胜任的，必定要两方面共同合作方能得到充分的功效。近年来，学前教育界对家园合作给予了越来越多的关注。幼儿园与家庭相互合作，共同促进幼儿发展，已经成为幼教工作者的共识。

2. 家长会的组织原则

家长会作为幼儿园和家庭沟通的重要方式，是我们每学期的重要工作。成功的家长会有助于家庭和幼儿园之间建立一种"理解、信任、目标一致"的合作关系。一个成功、有效的家长会要遵循以下组织原则。

（1）针对性原则

教师要根据不同要求、不同内容，召开不同规模、不同对象的各类家长会，及时向家长介绍幼儿园或班级保教工作及幼儿发展情况，听取家长的意见。只有明确了主题和目的，才能围绕这个主题有针对性地组织家长会。

（2）互动性原则

家长会是家园互动的最佳时机，可以让教师与家长站在平等的立场上，共同探讨问题。"互动式家长会"改变了"教师讲，家长听"的组织形式，体现出内容与形式的共同参与和互动，使大家在真诚、理解、接纳的氛围中，畅所欲言，各抒己见，成为家长与教师共同成长、共同启发提高的交流会。

（3）尊重性原则

在家园共育中，家长和教师是利益的共同体，关注的都是孩子的健康成长，而孩子的健康成长又依赖于家园的相互尊重、相互合作。只有家园合作才能形成教育上的合力，才能达成家园之间真正意义上的互动。

（4）关注需求原则

关注需求原则主要体现在教师要站在家长的角度思考，了解家长的所需所想以及最关注、最感兴趣的热点问题，帮助家长解决实际的困惑，满足家长的需求，最大限度地发挥家长会的作用。

3. 家长会的内容与要求

家长会是幼儿园开展家长工作的一项重要活动，也是家园合作促进幼儿全面发展的重要手段之一。家长会是教师组织家长围绕特定目标开展的、面对面的、以口头形式为主的群体性活动。内容一般是园领导或教师向家长介绍幼儿园或本班在本学期或某一阶段的教育任务；汇报幼儿园或班级教育工作的进展情况；对孩子的年龄特点进行分析；与家长共同探讨本园、本班教育中带有普遍性的问题。家长会是家长全面了解幼儿园工作的重要途径。教师怎样组织和开展家长会，充分发挥家长会的作用，让它为家园共育、促进幼儿身心健康发展服务，是有规律可循的。

（1）收集资料全面准备

俗话说，工欲善其事，必先利其器。开好一次家长会，首先要做的肯定是充分的准备，这其中包括教师的思想准备和物质准备。

①思想准备

召开家长会之前，作为教师，首先要转变观念，明确《幼儿园教育指导纲要（试行）》中的"家庭是幼儿园重要的合作伙伴"的真正含义，从心理上认同家长与教师都是平等的个体。家长们虽然来自不同的家庭，不同的工作岗位，性格不同，文化程度不同，工作性质不同，但教师在接待家长时要遵循一个原则，即平等对待。教师对每个家长都要热情招待，不可厚此薄彼。教师不能因为自己受过学前教育的专业训练就看不起家长，认为家长不懂教育孩子，家长理所应当接受教师的"训导"。其次要多积累教育知识、教育经验，提高自身的专业素养，以帮助家长解决在教育孩子时所面临的困惑与矛盾。

②物质准备

教师有了充分的思想准备之后，物质上的准备也得引起重视。首先，可为家长提供纸、笔等，方便家长记录。其次，由于家长们并不是整齐划一地准时进入会议场地，教师可以在家长会之前准备一些报纸杂志、幼教文章、幼儿在园的影像资料、优美乐曲、幼儿园宣传片等，以便缓解家长们的等待情绪，给家长营造一个宽松的、人文的会场环境。最后，就是根据本次家长会内容所做的准备，如话题收集、问卷调查、形式设计、文献资料等。充分的准备、细致的考虑，可以使家长产生亲切融合的体验，从而使其愿意参与家长会。

（2）话题来源真实具体

家长会的召开是否受家长欢迎，内容起着决定性的作用，因为内容能否引起家长的兴趣，能否得到家长的共鸣，将直接影响家长会的实际效果。家长们参加家长会的目的除了加强沟通联系，了解班级一些常规性的工作之外，还想向教师学习一些教育方法，得到教师们的专业指导，共同解决一些教育困惑与问题。家长会的内容必须要来源于班上真实具体的幼儿生活实例，这样教师才会有话可说，说出来的话才有说服力，家长才会爱听，才能引起共鸣，激发家长主动参与、探讨研究的欲望。

4. 组织家长会的形式与方法

幼儿园家长会主要分为全园家长会、年级家长会和班级家长会三种形式。在这三种形式的基础上，还可细化为新生家长会、新班家长会、常规家长会、主题家长会、家长学校等具体的、有特色的家长会形式。

（1）新生家长会

新生入园时，班长会与班中成员共同商讨家长会的内容，在新生入园后一般会根据幼儿的入园情况及时间进行两次不同内容的家长会。首次家长会一般在幼儿入园的第一周召开。新生家长会的内容和目的是让家长更多地了解幼儿园，了解班级教师、新生在园期间的重点活动安排及各类教育活动和目标，帮助家长了解入园初期孩子的情绪情感状况及应对方法，与孩子一起体验幼儿园的生活、学习方式等。在首次家长会时，班长要介绍本班成员，并向家长分析本班孩子的年龄特点、学期教学目标和教育理念。教师要向初入园的新生及家长介绍本班的教育重点及课程安排。例如，小班初期主要以养成教育为重点，班级活动会涉及健康、科学、艺术、语言、社会，特别是安全。同时，把幼儿园开设的特色课程，如美工室、厨艺室等制作成具体的活动表格，从而让家长可以更明确班级的理念和目标，更好地配合班级工作。

第二次家长会在新生入园四周后召开。四周之后，幼儿基本熟悉了幼儿园的生活，教师与家长之间也建立了信任情感。班长在家长会时可以通过幼儿在园视频、幼儿日常活动照片、幼儿情境再现等方式向家长介绍孩子四周的幼儿园生活。除此之外，班级其他教师，可以根据自己的工作内容更有针对性地向家长进行工作介绍。另外，教师可以运用游戏的方式，让大家在体验游戏的同时，发现问题，共同解决，感受团结、和谐、友爱的班级氛围。不论是视频分享、照片分享、团体游戏，还是主题活动体验，都打破了以往的只有班长介绍，班员、家长无话可说的尴尬局面。这样愉悦且形式多样的家长会，让家长感受到了班级教师的凝聚力及每位教师的智慧和专业性。

（2）新班家长会

①园领导对新任班长的肯定

在新任班长召开班级家长会时，由园里主管领导出面介绍新班长，肯定他以往的工作，介绍他的优势和特长，给家长一个交代、一份承诺，这样会让家长感到园里非常重视这次分班工作。对新任班长的教育教学情况和自身教育特点的介绍有助于新任班长在班级中更好地开展工作。新任班长也要向家长表达自己非常愿意接任本班的教育教学及班级管理工作，使家长对新任班长的工作态度有明确的了解。

②新任班长对原班工作的肯定

家长会上，新任班长要在家长面前肯定原班教师的工作成果，要让家长放心，感到孩子之前的发展是非常顺利的，给家长吃一颗定心丸。千万不要在会上去否定前任教师的工作，哪怕是不经意间流露出的意思，家长也会非常敏感，会为今后的工作带来不必要的麻烦。新班长还要表达一下自己与原班教师有过很好的合作或融洽的工作关系，工作中三位老师是一个整体，任何事情三位老师都会及时沟通。这一点会让家长感到教师之间关系和谐融洽，没有矛盾，一方面，让家长更信任教师，拉近彼此之间的关系；另一方面，会避免一些家长钻空子。

③新任班长对幼儿发展的肯定

家长会上，家长们最想听到的就是自己孩子目前的发展现状。新任班长应欣赏、肯定每一个孩子的长处，包容每一个孩子的短处，本着全心全意为孩子发展的目的，与家长进行交流，并把自己的这种爱和理念传递给家长，感染家长，让家长感到教师在爱他的孩子，尽心尽责地为孩子们的教育而工作。家长自然会信任新任班长，并且持积极的态度来与教师沟通，主动配合支持新任班长的工作。这样的家长会才是促进班级工作全面开展、促进全体幼儿健康发展的、成功的家长会。

(3) 常规家长会

班长在每个学期初和学期末都会召开两次常规家长会，这两次常规家长会是一种集体交流的形式。班长要面向全体家长，激发每一个家长的集体观念、集体荣誉感和团队意识，将班级工作的整体情况介绍给家长，与家长一起分析，一起商讨，达成共识，获得家长的认可与支持。

学期初的家长会一般是以班级为单位，多在开学后的两周之内进行。班级教师会根据幼儿的年龄特点进行班级现状分析，根据分析介绍本学期的工作目标、班级重点工作、主要活动及需要家长支持和配合的内容。教师通过介绍引导家长知道本班幼儿目前的优势及不足，结合本学期的班级工作重点明确在哪些方面应更加密切地进行配合，帮助幼儿扬长补短，促进幼儿的发展。这种学期初的家长会是各年龄班的教师常用的一种家长工作形式。召开学期初家长会，班长首先要代表班上全体教师，真诚地感谢家长们在上一学期对班级工作的理解和支持，有了他们的支持和配合，班级工作才得以顺利开展，孩子们的进步有目共睹。

召开学期末家长会主要是总结本学期的工作，特别是向家长重点介绍通过一学期的家园配合孩子们的发展情况，如进餐、午睡、自理能力、与同伴相处、专注性、注意力、倾听习惯等，介绍的内容越具体越好。教师要在开会之前将每个孩子的进步对号入座，并在家长会上说出孩子的姓名。家长们听后会感到特别高兴和欣慰，觉得积极的家园配合得到了回报，这就为下学期的继续配合打下了良好的基础。召开学期末家长会，班长可利用照片、视频播放的形式带领家长简单回顾本学期幼儿在活动中的发展，并配以教师有目的、有重点的讲解，引导家长了解新的教育理念，树立正确的教育观，从而更积极主动地支持和配合新学期的家园共育工作。

（4）主题式家长会

主题式家长会可分为以下四种形式。

①分组式家长会

在学期初的集体家长会之后，幼儿园和班级将开展各项丰富多彩的活动。其中，亲子活动是家长了解孩子，参与幼儿园、班级工作进程的最好形式。在日常生活和各项活动中，孩子们会有不同程度的进步，也会出现个性化的问题，班级重点工作也会根据孩子们的变化进行调整。在这种情况下，教师就可以充分利用亲子活动时间召开分组式家长会，将幼儿阶段性的表现和班级近期的主要工作与家长进行沟通和交流，使家长及时了解孩子的变化和教师的要求，及下一阶段配合的重点。分组式家长会缩小了家长的范围，便于教师在与家长的沟通中更好地观察和了解家长的心理和动态，及时捕捉和解决家长工作中的问题，使家园配合更加紧密和有效。

②问题式家长会

教师会在日常工作中不断地观察和分析本班幼儿的现状，如哪些方面出现了亟待解决的问题，哪些幼儿又是这些问题的"携带者"。当问题有必要通过家园配合来解决的时候，问题式家长会就是一个很好的途径，它是利用几个孩子共性的问题召开的小型家长会。

例如，班中幼儿挑食现象比较严重，教师就可以邀请挑食严重的幼儿的家长参加针对挑食这个共性问题开展的小型座谈会。会上可以请家长分别说一说幼儿在家中进餐时的情况，家长之间也可以互相交流。教师可针对共性的问题给出合理化的建议，指导家长针对问题转变观念，寻找解决的方法和措施，家园共同努力帮助孩子们改善挑食的问题。

这种小范围的问题式家长会，形式灵活，针对性强，效果明显，能有效地促进和改善幼儿当前最主要的问题，是家长们喜欢并乐于接受的家园共育形式。

③专项式家长会

专项式家长会是指针对某一专项活动召开的家长会，这种家长会的目的性强，目标明确，便于家长协商和讨论，可为专项活动的圆满完成打下良好的基础。

例如，在新年活动中，大班要开展"亲子包饺子"的迎新年活动。参与活动人员包括全班幼儿和家长。这种班级大型亲子活动需要得到家长们的大力支持和配合，在活动前召开家长会是非常有必要的。教师介绍了活动的内容、形式、目标和意义之后，就让家长们自己分组，并确定组长，商量所需要的工具和材料，从而把任务落实到每一位家长身上。教师则要负责协调各小组之间的关系，整体把握活动的准备和实施情况。有了这种专题式的家长会，大型亲子活动就能非常顺利、有序地开展起来。

专项式家长会还能充分、有效地调动家长们参与班级亲子活动的积极性和主动性，使其在活动中发挥自己的特长和作用，从而促使班级亲子活动成功、顺利地开展。

④互动式家长会

互动式家长会有两种不同的形式。一种是以班级为核心的互动，目的是通过教师有针对性的指导，帮助家长学习合适的教育方法，并外化为正确的教育行为。在这种家长会上，教师应当做好组织者和引导者的工作。例如，多数家长都关心孩子的数学学习，但缺乏引导的方法。针对这种情况，班级教师开展了一次互动式家长会。首先，教师组织家长观摩教学活动。其次，教师让家长回顾过程，组织讨论，引导他们把握容易忽视的教育契机，让家长明白幼儿的数学学习应渗透在日常生活中。最后，教师针对家长的提问给出建议，如如何按照孩子的发展水平进行引导。教师通过现场教学和层层分析，让家长了解数学的教育方法和指导策略。另一种是以家长为核心的互动，目的是让家长畅所欲言，分享家庭教育经验，互相学习，共同进步。在这种家长会中，教师是发起者和参与者，教师要想方设法地激发家长的主体意识，让家长大胆地表达自己的想法。例如，在大班孩子快要升小学时，教师可以请一些身为小学教师的家长做主讲人，介绍入学前的准备和需要注意的事宜，其他家长通过提问来解决心中的疑惑。针对"孩子平时在家里总是丢三落四，怎么办？""孩子动作慢，怎么办？"等问题，身为小学教师的家长给予相应的指导："孩子习惯的养成比知识的获得更重要。家长首先要以身作则，东西摆放要有条有理。""家长要帮助孩子逐渐形成时间概念，在引导孩子改正缺点的同时给予鼓励。"

（5）家长学校

家长学校是幼儿园为家长服务的一种形式。幼儿园有责任指导家长提高科学育儿理念，让家长与时俱进地了解科学育儿、健康育儿的知识与方法。

教师可以聘请相对稳定的家长学校讲师队伍，队伍由来自园内——园长、业务园长、骨干教师，园外——家教讲师团成员、妇幼保健院儿保医师、有丰富经验的幼教前辈、小学低段的优秀班主任等组成，定期为家长传授关于早期教育、幼儿保健、科学育儿等方面的知识。根据不同年龄段幼儿家长的不同需求，教师有针对性地开展讲座，帮助家长树立正确的教养观念，引导家长遵循幼儿发展和教育的规律，学习科学的教养方法，创设良好的家教环境，提高家教质量，促进幼儿身心全面健康发展。家长学校可采用菜单式的家长学校讲座，由园方提供每学年 2 次以上的家教讲座，教师积极向家长宣传家长学校，争取家长的广泛支持和参与。

资料链接

家长会上的破冰游戏

家长会开场篇：目的是调动家长的积极性，把气氛充分地活跃起来。

游戏一：下雨啦

教师：感谢各位家长百忙之中抽出时间来参加我们的家长会。我知道大家工作了一天也比较辛苦，比较累，所以在正式开场之前，我们先来玩一个放松游戏，叫作下雨。听名字就能感觉到游戏的清凉，正好可以滋润一下最近干燥的天气。

游戏玩法：各位家长听教师口令，当教师说小雨时，拍拍肩膀，放松一下肩膀；当教师说中雨时，拍拍手，放松一下手；当教师说大雨时，拍拍腿，放松一下腿；当教师说暴雨时，跺跺脚，放松一下脚。

注意事项：刚开始，教师可以按顺序，节奏缓慢一点提要求，依次是小雨、中雨、大雨、暴雨。当家长们熟悉了身体各部位后，教师可以打乱顺序或加快节奏，在最后将要结束时可以说："中雨，继续中雨，持续中雨，还是中雨。"（家长们一直是练习拍手状态）这时，教师就可以把游戏收回来了："谢谢各位家长热烈的掌声，我相信这个掌声既是对我的肯定和鼓励，也是大家对自己孩子的肯定和鼓励，更是对自己的一种肯定和鼓励。"

游戏二：鼓掌

教师：感谢各位家长百忙之中抽出时间来参加我们的家长会。首先，做一个简单的自我介绍。（一般教师介绍完自己，或者刚问完好，家长们一定会献上掌声）谢谢各位家长刚才热烈的掌声。说到"掌声"，我想请大家看一下"掌"这个字，上方是高尚的"尚"字，下方呢？手掌的"手"字。于是有人说，乐于鼓掌的人都是高尚的人，所以接下来我想请大家鼓掌体验做一个高尚的人。今天我们一起来学几种新的鼓掌方式。

家长会中场游戏篇：目的是调动家长参与的积极性，加强家长间的交流互动。

游戏三：后方支援

教师：刚才我讲了很多，孩子们在幼儿园能够充分锻炼各方面的能力，如团队合作能力。接下来，我想请各位家长朋友们也来感受一下团队合作和竞赛的魅力，当然也可以请现场的小朋友们加入。我们分为两队，左边为一队，右边为二队，每一队派代表到前面来。

游戏玩法：队长喊"前方作战"，两队所有队员一起说"后方支援"。这时，教师就可以发号口令了。比如，教师说"三只鞋子"，队员们就要迅速给队长递上3只鞋子，哪队快，哪队得一分。

好玩的口令参考：两副眼镜，四只花袜子，两件绿色外套，四根黑色鞋带。（家长们手忙脚乱，万众一心，还是很有趣味性的）

家长会结束篇：目的是调动现场气氛，引起共鸣。

游戏四：煽情篇

教师：今天，我们相聚在这里，不管学到了多少，分享了多少，交流了多少，其实我们都有一个共同的目的——为了我们天真可爱的孩子们。接下来的时间，我想请大家闭上眼，静静地听我读一篇文章，读完后，我相信大家心里会有更多的感触。

朗读散文《我们能拥有孩子多少年》。（背景音乐参考《雪之梦》）

游戏五：鼓掌共鸣

教师：今天，我们相聚在这里，不管学到了多少，分享了多少，交流了多少，其实我们都有一个共同的目的——为了我们天真可爱的孩子们。大家都希望我们的孩子越来越好吧？那接下来，我们以一个互动结束今天的家长会。

游戏玩法：当教师问"大家希不希望我们的孩子越来越好"时，大家要依次边拍手边回应教师："好！很好！非常好！越来越好！明天会更好！"当教师问："后天呢？"大家要回应教师："后天好得不得了！"

5. 召开家长会需要注意的问题

第一，家长会前教师要充分分析本班家长的情况，针对高学历的知识型、隔辈人的溺爱型、外地家长的盲目型，采取针对性的指导措施，使不同水平的家长都能在家长会上得到启发，获得适合自己的教育建议及措施。

第二，教师避免在家长会上点名批评幼儿，有问题的话只点现象不点名，对事不对人，尊重家长。教师在家长会之后可以单独与家长沟通。

第三，教师可以根据本班的需要打破"一言堂"的家长会形式，避免教师说得辛苦，家长忘得干净的现象发生。教师可以大胆创新家长会的形式，方便家长与教师建立平等合作的伙伴关系，促进家园合作。

（三）家园共育活动

1. 家长开放日

幼儿园家长开放日活动是幼儿园家长工作的一种常见形式，是指幼儿园在特定的时间里向家长开放园内外的各种教育教学活动。"家长开放日"既是连接幼儿园与家庭的桥梁，又是维系教师与家长的纽带。对家长而言，幼儿园家长开放日活动有利于家长更好地了解孩子。幼儿园定期开展家长开放日活动，让家长走进幼儿园，真实感知孩子们在活动中的表现，帮助家长客观理智地发现孩子存在的长处与不足，有助于家长客观公正地评估孩子，从而对孩子进行有针对性的教育。在观察幼儿的各种集体教育活动时，家长可以对比同一年龄儿童的行为和能力，从不同侧面认识自己的孩子，从而客观分析和改进家庭教育。此外，教师还可以帮助家长认识幼儿教育的重要性，提高家长科学育儿的水平。另外，家长可以通过直观的方式了解幼儿园的教育工作以及教师工作。同时，幼儿园与家庭相互联系，教师与家长相互沟通、相互配合，能够形成教育合力。

在组织家长开放日活动之前，班长要带领班级成员召开班会，讨论家长在开放日看什么；教师在活动中要关注哪些细节；教师组织家长开放日的目的是什么；在家长开放日中保教人员应树立怎样的教师形象，传达怎样的教育理念等。带着这样的思考，班长引领班级其他两位保教人员，根据幼儿的年龄特点，选择半日开放活动的内容，提前做好开放活动计划。除了设计当日工作流程，还要安排好当天活动以哪个教师为主，其他教师如何配合等具体工作内容，这样才能做到有目的、有计划、齐心协力、配合默契地组织好家长开放日活动。另外，班长还要考虑在半日开放活动中如何有效利用家长资源，达到家长和教师共同办好开放日活动的目的。

在家长开放日之前，班长要和教师们一起拟定一份通知，告知家长班里近期的开放活动内容和组织活动的意义，通过温馨提示，引导家长明白在开放日活动中需要关注的问题。例如，观察孩子在各种活动中遵守班级常规情况，孩子参与活动的兴趣情况，孩子在园的独立能力和与同伴、成人的交往情况等。

在开放日活动过程中，教师从自身的教育角度出发，努力让家长看到教师的教养细节、教师的教育方法、教师的教育理念、班级班风、幼儿的良好习惯等。只有将"指导家长如何看"和"教师自身如何教"两者有效结合起来的活动，才能实现组织家长开放日活动的价值与意义，才是高效的家长开放日活动。

开放日活动后，教师可以通过反馈表的形式了解家长参加活动的感受和收获，为下一步做好家园共育工作做好准备。

资料链接

家长开放半日活动计划——大班

时间	活动名称	内容	目标	家长关注
7：40—8：05	晨间活动	拼插玩具、阅读图书、手头玩具	1. 会选择自己喜欢的玩具游戏。 2. 能安静地进行阅读活动。 3. 能自己将玩具送回玩具架。	1. 看幼儿是否会自己选择玩具。 2. 看幼儿是否能专心自己的游戏。 3. 看幼儿是否有物归原处的习惯。
8：05—8：25	早餐	安静进餐	1. 排队小便、洗手。 2. 安静进餐，会干稀搭配吃。 3. 饭后自觉擦嘴、漱口。	1. 看幼儿进餐是否安静、专注。 2. 看幼儿饭后是否会正确地擦嘴和漱口。
8：25—9：00	区域活动及活动区后评价	自选活动 美工区 建筑城 表演区 糖果超市 游戏区 数学科学区 书屋 沙箱	1. 发展幼儿小肌肉群的动作，激发幼儿的想象力。 2. 在游戏中能够认真专注进行游戏，轻声交流不影响别人。 3. 游戏结束后能收拾、整理玩具材料。	1. 看幼儿是否能自主选择游戏。 2. 看幼儿是否能坚持、专注地游戏。 3. 看幼儿能否完成记录单，有学习的意识。
9：00—9：45	集体教学	有趣的榨汁活动	1. 简单了解水果的营养价值，说出自己喜爱的水果。 2. 通过自己亲手洗、切水果，感受操作的乐趣。	1. 看幼儿是否能够积极地参加活动，注意力集中。 2. 看幼儿在小组协商时能否积极参与，有合作意识。 3. 看幼儿能否有集体荣誉感，会收拾整理自己的物品垃圾。

时间	活动名称	内容	目标	家长关注
9：45—10：00	整理	盥洗，喝奶，喝水，吃干果（周二、周四是奶酪）	1. 认真洗手、擦手，会排队。 2. 两手端杯，喝酸奶、喝水不洒。	1. 看幼儿盥洗习惯是否良好，在厕所能否排队，抓紧时间做事情。 2. 看幼儿是否能快速做自己的事。 3. 看幼儿能否自己按照要求和顺序做事。
10：00—10：30	户外活动	大班操体能训练	1. 动作标准、用力，能够跟随音乐节拍。 2. 关注教师口令，迅速地做出动作。	1. 看幼儿能否认真地参加体育锻炼，注意力集中。 2. 看幼儿是否能根据教师的手势做出反应。
10：30—10：40	盥洗	小便、洗手、喝水	1. 认真洗手、擦手，会排队。 2. 两手端杯，喝酸奶、喝水不洒。	1. 看幼儿盥洗习惯是否良好，在厕所能否排队，抓紧时间做事情。 2. 看幼儿是否能快速做自己的事。 3. 看幼儿能否自己按照要求和顺序做事。
10：40—11：20	新年模特表演活动	圣诞展示	1. 穿戴自己制作的圣诞帽，进行展示。 2. 情绪愉快，能积极参与表演活动。	1. 看幼儿能否自信大胆地进行表演。 2. 看幼儿是否能注意力集中地听教师的指令。 3. 看幼儿能否与同伴配合默契，共同表演。
11：20—12：00	午餐	进餐，整理	1. 有良好的进餐习惯。 2. 会饭菜搭配吃。 3. 饭后能自觉擦嘴、漱口。	1. 看幼儿进餐习惯是否良好，是否能正确使用餐具，不挑食。 2. 看幼儿是否能一口接一口地吃，专注，不掉饭粒。 3. 看幼儿是否能正确擦嘴和漱口。

（突出对教师的评价：学到的方法、提出建议；突出对幼儿发展情况的评价：记录幼儿的表现，分析优势和最近发展区及需要家庭配合教养的方面）

第五章 班级家长工作

幼儿园班长工作指南

家长反馈意见表

教师教育教学情况评价				幼儿发展情况评价				
评价内容	满意	基本满意	不满意	评价内容	优	良	中	差
1. 活动前准备充分，教具学具充分，且符合幼儿的操作特点。				1. 参加活动情绪高，兴趣浓厚，在活动中有良好的行为习惯。				
2. 教态亲切，能关注每位幼儿，照顾幼儿的个体差异。				2. 在活动中积极主动，自信大胆，主动思考。				
3. 能为幼儿提供恰当的动手动脑的时间和机会。				3. 在活动中能大胆地表述自己的观点，体现良好的语言表达能力。				
4. 提供充分的活动时间和适宜的活动空间、设施、材料，有效引发幼儿与环境、材料的积极互动。				4. 愿意与同伴分享经验、意见和感受，有需要时会与同伴合作。				
5. 在活动中与幼儿互动的气氛好，教学活动效果好，达到了教学目的。				5. 幼儿的整体发展情况。				

（欢迎家长朋友们对此次开放活动提出宝贵的意见和建议）

2. 家长助教日

家长助教是邀请不同特长的家长作为"教师"来主持教育活动的一种形式，是常规幼儿教育的一种补充形式。家长有不同的职业、知识技能和专业背景，如医生、警察，蛋糕师等，对幼儿园、班级、幼儿来说是非常丰富的教育资源。家长走进班级参与活动，既拓展了幼儿的视野，又促进了幼儿的社会性发展。家长也可以通过助教活动了解幼儿的学习特点、学习方式，增进对幼儿的了解。教师可以通过助教活动加强与家长的沟通，宣传教育理念，得到家长的支持与认可，丰富教学方法，促进家园联系，促进幼儿发展。

家长助教的形式可以分为两种：针对家长的教育活动和针对幼儿的教育活动。班长在家长助教活动中起到至关重要的作用，只有把家长和班组人员的工作组织、引导、协调好，才能够圆满地完成活动。

190

（1）班长带领班组人员分析助教活动

以幼儿为本，根据本班幼儿的年龄特点、兴趣需要、能力水平等确定出家长助教活动的内容。

（2）班长发动家长参与

在家长会或班级座谈中，班长和家长讲一讲什么是家长助教，共同探讨家长助教的意义和对孩子的益处，得到家长的认可和支持，并了解各位家长的特长。

（3）班长确定活动的分工

和准备参与家长助教的家长以及组员，一起讨论如何开展活动，听取建议，并明确分工。

（4）班长组织活动的准备

第一，准备物品。对于班级中准备的活动物品，要提醒教师物品的位置摆放等。对于家长准备的活动物品，要提醒家长物品的用量、安全等。第二，帮助家长一起备课。帮助家长备课时，根据家长设计的活动过程，引导家长正确认识幼儿的年龄特点、学习特点和学习方式。对活动过程的调整要符合幼儿的年龄特点和发展，让家长理解为何要用这样的语气和语言跟幼儿说话。

（5）班长配合活动的进行

在活动过程中，班长和班组人员分工配合家长的活动。

（6）班长引领活动后的反思

活动结束后，和家长一起讨论此次活动的收获和遗憾，反思自己的教育行为。

案例

家长助教做蛋糕

幼儿喜欢在美工区用橡皮泥制作各种各样的蛋糕。有一次，幼儿在制作蛋糕时说："这蛋糕要是真的就好了，老师，我们能制作一次真的蛋糕吗？"这句话引起了幼儿的谈论："我吃过上面有动物的蛋糕""我吃过巧克力蛋糕""我吃过水果蛋糕"……某班班长把幼儿游戏时发生的事情与班组人员进行了交流，班组人员也感到幼儿对制作蛋糕很有兴趣。我们一致认为幼儿对制作蛋糕感兴趣正是这次活动的良好开端。

于是，教师们通过微信向家长请求帮助，征集会做蛋糕的家长自愿报名参加这次助教活动。一位妈妈刚学完烘焙，愿意参加助教活动。教师先让这位妈妈把这次活动的目标和过程仔细想一想，然后与她进行沟通。沟通中发现家长愿意手把手地教幼儿，目的是让幼儿做出一个像样的成品蛋糕，而教师的教育目的是让幼儿在活动过程中获得满足感。幼儿若是能按照自己的意愿进行设计，有利于其创造性的培养。经过几次沟通与交流，几位教师的教育目的达成一致。之后决定教师和妈妈先试做一次蛋糕。在试做中，教师把需要的工具和物品写出来，一边做一边讨论哪些环节需要事先准备好，哪些环节可以让幼儿直接动手操作。在试做时，教师们共同商定好，打蛋、和面、抹奶油、装饰蛋糕这些环节让幼儿操作。在试做中教师还发现，蛋糕进烤箱需要15～20分钟的时间才能完成。在这段时间里幼儿该干什么呢？大家各自提出建议，选出最佳方案：幼儿在等蛋糕烤好的过程中，可以把装饰蛋糕的水果切好造型，再让妈妈用变魔术的口吻把蛋糕奶油打好。制作蛋糕的专业工具和材料可以让家长准备，其余制作蛋糕的物品由班组人员负责准备好。

活动当天，一名教师负责看管幼儿，其余班组人员帮助家长做好制作蛋糕的前期工作。当活动开始时，家长介绍活动内容，班组人员各负责一组一起制作蛋糕。

活动结束后，家长感慨道，幼儿的动手能力和想象力是她没有想到的。每个幼儿制作出的蛋糕都是独一无二的，有的幼儿把海底世界制作在蛋糕上，有的把自己喜欢的花摆在蛋糕上，还有的在蛋糕上用小饼干摆出汽车的造型，等等。家长认识到，教师不能用成人眼中的"蛋糕"来看待幼儿的事情，要学着用幼儿眼中的"蛋糕"来看待，这样的助教活动才更有意义。

【分析与启示】

这次助教活动既充分满足了幼儿的愿望，又让家长体会到幼儿的学习方式和意想不到的行为表现。在案例中，家长虽然愿意手把手地教幼儿制作蛋糕，但还是比较注重最后的结果，希望幼儿制作出一个像样的蛋糕。由此可见，成人灌输式的教育在其中起着主导作用，幼儿只是跟着家长走了一遍制作蛋糕的过程，没有发挥幼儿的主体性。

在家长助教活动中，教师可以向家长宣传教育理念、原则，传递教育经验，帮助家长转变教育观念，在活动中使家长学会了如何跟幼儿对话，如何评价幼儿，如何有效地整合相关领域的活动，了解教师授课的方法和步骤，获得全新的教学体验，为今后的家园共育奠定良好的基础。

3. 亲子活动

幼儿园亲子活动是由幼儿园创造一定条件，以教师为主导，教师与家长共同组织幼儿活动的一种幼儿园教育方式。亲子活动是幼儿教育中的一个重要组成部分，也是幼儿园教育活动中的一种重要形式。亲子活动不仅有益于家长与孩子之间的情感交流，密切亲子关系，还有利于家长及时了解掌握孩子的发展情况。而幼儿园组织的亲子活动不仅可以让家长们走进幼儿园，进一步了解孩子在集体中的表现，了解幼儿园的教育理念，更密切了幼儿与家长、教师与家长、家长与家长之间的关系。家长们通过共同交流、共同学习的方式获得正确的育儿观念和育儿方法。

幼儿园的亲子活动形式多种多样，内容也丰富多彩。例如，观摩式的亲子活动：半日开放、汇报表演、联欢会、毕业典礼等；互动式的亲子活动：亲子运动会、亲子游戏、亲子手工制作等；助教式的亲子活动：家长助教日、家长课堂等；园外亲子活动：参观活动、采摘活动等；节日亲子活动：端午节包粽子、中秋节做月饼。亲子活动可以根据幼儿园的实际情况、当地的民风民俗、班级中的教育活动和主题活动开展。

案例

亲子手工——"响筒"

今年幼儿园新编了一套幼儿操。在这套操中，教师为幼儿设计了一个"响筒"，在幼儿做操时，令其拿着会发出声音的"响筒"，这样不仅能够激发幼儿的兴趣，也让幼儿操更加有趣味，符合幼儿的年龄特点。"响筒"的制作方法是把两个瓶子口对在一起，用胶带进行连接，同时在里面装上各种东西，发出声音即可。

张老师是中一班的班长，她觉得这个方法非常好。但是如果都由教师统一制作，就要收集70多个相同的瓶子、填充物，还要花费大量的时间等。不仅教师非常辛苦，而且幼儿也没有动手的机会，在使用的过程中也就没有成就感和兴趣。那么，怎样使幼儿参与到响筒的制作中呢？于是，教师设计了一次亲子活动——制作"响筒"。

张老师与家长提前进行沟通，请家长带好所需物品来到班里。张老师设计了一个游戏活动"听听什么声音"。张老师首先向幼儿介绍几种材料，如小米、大米、豆子、小石子等，将这些东西装到瓶子里，摇晃发出声音，然后藏起来，让幼儿听一听，猜一猜。之后请幼儿思考，怎样将这些材料通过狭小的瓶口装进瓶子里。最后制作"响筒"。

【分析与启示】

在这次亲子活动中，幼儿用游戏的方式进行了创作，在听一听、猜一猜、试一试等环节中制作自己的"响筒"。家长在这次活动中不仅体验了幼儿的活动，而且了解了自己孩子的发展状况，增进了亲子关系。幼儿在这次活动中不仅锻炼了动手能力，而且提高了动脑能力和实践能力，体验到了成功与快乐。

当幼儿拿着自己亲手制作的"响筒"做操时，变得更积极主动了。教师在这次活动中展示了教学能力与水平。巧妙地利用亲子活动完成了制作"响筒"的工作，不仅提供了家园合作的机会，而且节省了时间，减少了工作量。幼儿园亲子活动是让家长了解幼儿园工作的最佳途径，所以教师要巧妙地利用亲子活动，使其发挥更大的作用。

班长对活动要考虑周全，落实到位，尤其要注意以下几点。

一、做好计划工作

第一，计划是活动成功的保证。在这一过程中，教师应充分调动各方面的积极性，集体讨论，集思广益，以选择制订出切合实际的活动方案。

第二，设计好活动目标及活动内容。亲子活动内容要适应班级幼儿的发展情况，以游戏为主要形式，有计划、有目的地选择既适合孩子的现有水平，又有一定挑战性的活动，使亲子活动成为幼儿感兴趣的活动。

第三，制订好活动方案策划书，给园所领导审核。

第四，准备好活动场地和活动材料。

二、做好家长宣传工作

第一，可通过家长会、家园联系栏、微信等多种途径向幼儿家长进行亲子活动的宣传，向家长介绍亲子活动的目的、意义及家长在活动中的关注重点。

第二，把活动地点、内容、形式、注意事项提前分发给家长，以便家长对活动做到心中有数。

三、做好组织工作

第一，班级成员要明确活动目的，明确活动内容。

第二，分配好班级成员在活动中的工作内容与职责。

第三，与班组成员指导家长及幼儿有序地进行活动。

第四，密切关注幼儿和家长在活动中的表现和反应，及时给予帮助。

四、做好安全工作

第一，活动前检查活动场地、活动器材等的安全性。

第二，做好活动的安全预案。

第三，向家长宣传活动中的安全须知。

（四）家长委员会

幼儿园家长委员会（以下简称家委会）是指家长以合作者的身份，参与和协助幼儿园的教育和管理，促进幼儿园向更高层次健康和谐地发展。家长有知情权、发表建议权、提意见权。作为家庭与幼儿园之间联系的桥梁和纽带，家委会对增进家庭和幼儿园间的信息传递，整合、提升家庭和幼儿园的教育资源，形成教育合力起到了巨大的促进作用。在家园共育的众多形式中，家委会具有独特的优势。

1. 家委会的作用

(1) 有利于疏通家园双方沟通的信息通道

家园之间传统的信息交流方式通常是单向的、灌输式的，家园双方的地位其实是不平等的。幼儿园往往处于主导、主动的地位，向家长提出要求；家长则是从属、被动地听取幼儿园发布的信息。虽然幼儿园有时会咨询家长的意见，但由于家长从属、被动的角色，家长向幼儿园献计献策的积极性也不高。有些家长虽然对幼儿园有意见或疑问，却因为心存顾虑，而不能畅所欲言。现在家园双方可以借助家委会进行双向的、回应式的沟通交流。家委会由家长代表组成，可以说是家长的代言人，任何家长对幼儿园有什么要求、疑问、意见和建议都可以向家委会反映。家委会能解答的问题就可以直接解答；不能及时解答的，再把这些信息及时、真实、全面地反馈给幼儿园，并提供合理有效的建议，经幼儿园园务委员会讨论通过的，幼儿园将采纳并进行整改。家委会有利于家长和幼儿园之间进行平等的、经常的、双向的沟通与交流，疏通了家园双方沟通的信息通道，提高了信息交流的效率。

(2) 有利于幼儿园更好地开展家长工作

与家园之间的沟通相比，家长之间的交流更容易为家长所接受。家委会能够更深入地了解每个家庭、每个家长的具体情况，从而能够协助幼儿园更细致、更全面地开展家长工作。家委会对班级家长工作的帮助突出表现在：第一，家委会能够更多地掌握幼儿家庭的详细情况，有助于班长根据每个家庭的不同情况，指导家庭教育的开展；第二，家委会能够挖掘家庭潜在的教育资源，每个家庭、每个家长都有自己特有的优势，对这些优势的挖掘与利用仅仅靠教师是力不从心的，而家委会能够担当起这份责任；第三，家委会能够提供家庭和幼儿园班级共同感兴趣的话题并把它作为家园共育的切入点。

总之，家委会是一种代表全体家长和幼儿利益的群众性组织，是一种家园共育的形式，也是幼儿园和幼儿家长意见沟通和信息交换的桥梁和渠道，帮助幼儿园更好地培养、教育在园幼儿，促进幼儿健康、快乐、全面地发展。

2. 家委会的相关内容

(1) 家委会的宗旨

第一，家园协作，形成教育合力，实现家园教育的一致性。

第二，利用园所优势，向社区和家长提供教育咨询和服务。

第三，利用家长资源，服务于幼儿园的保教工作。

第四，在幼儿园与家长之间建立沟通渠道，互通信息，交流并推广保教经验，共同提高幼儿园的整体工作质量。

（2）家委会的权利

第一，对班级教学目的及教学计划提出意见和建议的权利。

第二，对班级德育及教育教学情况、班级管理工作等情况的了解权和监督权。

第三，对班级规章制度提出改进建议的权利。

第四，向幼儿园领导及其他上级部门反映情况的权利。

第五，对班级工作及幼儿教育进行相互研究、交流与学习的权利。

第六，对班级各项设施的视察权利。

第七，建议召开家长会和提出议案的权利。

第八，收集有关情况，部署研究和组织开展班级工作的权利。

（3）家委会的义务

第一，宣传班级保教思想，传播正确的教育理念的义务。

第二，关心支持班级工作，提高教学质量的义务。

第三，教育好自己的子女以及关照爱护其他幼儿的义务。

第四，帮助班级搞好园外教育，创造良好育人环境的义务。

第五，及时反馈家长，对班级工作提出建议和意见的义务。

第六，配合教师组织开展教育活动的义务。

第七，接受家长的咨询和有关教师的委托，协助班级家长工作的义务。

第八，发挥家长的特殊作用和优势，协助教师解决相关问题的义务。

第九，带头参加各种会议和学习，受教师委托通知有关人员参加活动的义务。

（4）家委会的职责

第一，携手支持班级的发展，建立支持、信任、理解、互助的共赢合作平台。

第二，促进家园双方密切联系，积极为班级工作献计献策，协助班长共同提高班级保教质量。

第三，将幼儿素质教育放在家委会所有活动的首位；调动班级与家庭的积极性，谋求最佳教育效果；协助班长，配合教师，完善教育和管理机制，促进幼儿全面发展。

第四，提高家长科学育儿的水平，增强家庭教育的责任感，协助班长组织交流家庭教育的经验，及时传递关于班级良好发展和育儿经验的信息。

第五，积极参与班级各项活动，承担各类节庆、传统活动和外出参观等活动的策划、组织工作。

第六，广泛征集家长的意见和建议，向班长反映家长的诉求，提出合理的改善方案。

第七，广泛收集良好的教育资源并提供给教师选用。

第八，定期召开家委会，有计划，有活动，有记录。

（5）家委会成员选拔标准

家委会在协调教师与家长之间具有重要的作用。因此，班级家委会的成员选举是班长的首要工作。在我们开展家委会工作前，作为教师，应首先了解家长的一些性格特征以及职业特点。据相关研究显示，具有服务精神、工作意愿、实施能力以及能够奉献的时间是成为家委会成员的重要条件。其中，服务精神是最为基础的。只有家长愿意为其他家长和幼儿服务，才有动力完成相应的工作，才能负责任地完成烦琐的协作工作。家长个人的实施能力是帮助教师顺利开展活动、进行有效家园沟通的保障。班长可以根据班级家长报名的情况，从不同年龄层、不同特长的家长中选出一些热情、有经验的家长，协助教师一起完成班级工作，为幼儿提供更好的教育环境。

3. 组织家委会的原则

（1）通过家委会，向家长传递正确理念，有效开展家园共育

在家园共育的过程中，理念的传递是重要部分。我们利用家委会的形式，不断了解家长的情况与需求，及时沟通，有目的地传递正确的教育理念。在沟通的过程中，教师应充分尊重并接纳家长的教育理念，具有宽容的接纳态度，用循序渐进的方式进行有效沟通。

（2）共同参与，促进幼儿自主发展

在活动中，教师邀请家长以参与者的身份参与到活动中来，而不是以旁观者的身份关注整个活动。家长在陪伴幼儿的过程中，往往能够更加了解幼儿的性格与喜好。因此，在活动前，家长结合自己的特长，站在不同的角度，提出建议。这种建议来源于不同特点、不同文化背景的家长，因此比教师们做出的计划更加立体丰富。他们的设计往往更加具有趣味性，也更加温情。

（3）合理分工，让每位家长都成为积极的参与者

在活动中，每位家长都是积极的参与者。班长可以利用家委会的讨论环节，鼓励家长和教师共同努力，调动家长参与活动的积极性。这种参与可以是具体的，也可以是随机的，通过营造集体的凝聚力，让活动更有意义。家长可以按照自己的兴趣自愿报名不同的组，这体现了家长参与活动的自主性。家长

在参与互动的过程中，面对的不仅是个体幼儿，还有集体幼儿，从中可以体会教师和家长之间的角色转换。

（4）利用家长间的沟通，有效开展共育工作

在家园共育的过程中，家长有时并不能很快接受教师的观念和想法。因此，教师可以借助家长间的沟通，将正确的理念逐渐向家长渗透，让家长们平等地进行有效沟通。

案例

大班组亲子活动——"亲子粗粮美食节"

"吃粗粮"曾是许多中国人记忆里抹不去的事儿。如今，极具营养价值的粗粮又成了现代中国人青睐的保健食品。"粗粮"是相对大米、白面等"细粮"而言的一种称呼。由于其品种繁多，幼儿也缺乏这方面的感知经验，因此本活动的重点是让幼儿初步感知一些粗粮的基本外部特征，了解它们的名称，品尝粗粮食品的美味。

一、活动目标

1. 了解各种粗粮的名称，感知它们的基本外形特征，并用清楚、正确的语言进行表达和交流。

2. 能主动参与粗粮的观察与操作活动，完成亲子制作美食的任务。

3. 了解粗粮对人体健康的作用，懂得要爱惜粮食。

二、幼儿园与家委会的协作流程

活动前，幼儿园召开大班组全体家委会会议，让家委会成员了解幼儿园"亲子粗粮美食节"的活动内容与需要配合的工作，并与家委会成员诚恳商讨"亲子粗粮美食节"的活动内容。家委会成员在得知情况后，表示十分支持幼儿园为孩子们开展的活动，纷纷表示一定积极配合，同时也提出了一些建议与想法，使活动方案更细致，操作性更强，家委会成员给予了大力支持与协助。正是他们为活动出谋划策，群策群力，活动才能生动有趣地开展。

活动中，教师充分发挥家委会的作用，让每位家委会成员承担一定的工作任务，家长与教师之间既有分工又有配合，形成教师、家长、幼儿之间的和谐氛围，保证活动顺利有序地开展。

活动后，教师与家委会成员共同总结，以推进幼儿园与家庭的有效合作，促进幼儿园整体工作的和谐开展。

三、活动时间

20××年××月××日

四、活动地点

幼儿园四层

五、活动要求

1. 请家长在家中与幼儿共同筹备制作粗粮美食的材料和工具，活动当天家长自备餐具带到幼儿园。

2. 制作的美食必须是以粗粮为原材料的食品，制作形式不限（煮、蒸、炒、炸、爆、熬……），每个家庭制作两种。

3. 品尝美食环节为自助餐形式，亲子可以共同品尝全年级小朋友制作的美食。因此，家长要将制作的食品分割成小块，便于全大班组幼儿及家长取食，并根据食品性质准备公用勺、叉或筷子、夹子等餐具。

4. 家长制作两份美食介绍牌，介绍食品名称、幼儿姓名、班级、粗粮原材料。一份放在所制作的美食前，一份交到班中，同时交到班中一张本次制作的美食照片。

【分析与启示】

在本次活动中，班长教师尊重家委会的"收集有关情况、部署研究和组织开展班级工作的权利"。在活动前也征求了家委会的意见，并与其共同商讨活动内容，尊重每个成员的意见，平等对话，合理分工。家委会成员也各尽其能，出谋划策，从不同的视角完善活动内容，使活动更顺利、更有效地开展。

在活动过程中，家委会也积极配合，帮助教师协调各个家庭之间的活动，履行了其职责。正是有了家委会成员的参与，才促成这次活动成为家园共育的优秀范例。不仅如此，在日常各项活动中，家委会的参与也让教师从不同角度对活动进行思考，使家园共育工作更加有效，同时，也可以把家长和孩子充分调动起来，增加亲子间接触的机会，帮助家长更好地了解孩子，并学会与孩子相处的方式、方法，还可以把幼儿园、家长、教师结合起来，合力共促幼儿发展。

（五）家访

在家长工作的多种形式中，家访起着极其重要的作用，它是教师与家长、幼儿沟通思想、联络感情、切磋教育技艺的重要途径，是家长工作不可缺少的一部分。在家访工作实践中，以下几种家访形式较为有效。

1. 新生家访——打开家园共育的金钥匙

第一次家访的第一个价值在于这是教师留给家长第一印象的关键时机。如果第一印象是专业的、有亲和力的，今后家长就会对教师产生信任；如果第一印象使家长觉得教师的专业水平不高，今后家长可能会对教师产生负面印象，从而不配合班上工作。因此，在家访中教师要具备较强的沟通能力和应变能力，对家长、幼儿和蔼可亲，让家长有亲切感，从而赢得家长的信服与信赖。所以在家访前，班长一定要引领班中教师高度重视，及时召开班会，令其在第一次家访时建立良好的教师专业形象。

第一次家访的第二个价值在于能够帮助教师了解幼儿的家庭情况。众所周知，孩子的行为习惯、文明礼貌都源于家庭的教养方式。在家访中教师能够深入了解孩子的社会精神环境，其中包括家长的为人、教育方式、亲子关系等，这在教师教育中起关键性作用，更利于教师制定孩子的个性化教育。另外，在家访中，教师与家长的沟通时间不宜过长，不要让家长觉得教师啰唆，要让家长觉得教师果断能干；也不要把第一次家访当作例行公事，急急忙忙问完就走，让家长感觉教师敷衍了事，这样会对班上开展工作产生影响。因此，家访的最佳时间最好在半小时左右。

第一次家访的第三个价值在于提高家长对家园共育的重视程度，以及参与幼儿教育的积极性。家访中，教师应努力宣传父母参与教育的重要性，让家长理解家访不仅是了解情况，切磋育儿经验，更重要的是将所获得的信息同幼儿园教育结合起来，使家园双方更有效地合作。同时，教师还要把孩子刚送幼儿园可能会发生的特殊情况与家长沟通。例如，小班孩子的语言表达不够完善，孩子回家说某某小朋友打他了，可能只是小朋友不小心碰了他一下，教师要告诉家长这种现象在小班是正常的。另外，幼儿刚入园时，家长不要一味地承诺孩子。比如，早上送孩子时，妈妈说："宝宝别哭，妈妈一会儿就来接你。"这样一句话也许就成了孩子的"心病"，孩子的情绪始终不能稳定下来。我们建议家长把能上幼儿园当成对孩子的一种鼓励和赞赏，让孩子形成这样的心理暗示：上幼儿园是一件开心的事情，那里有很多好玩的玩具和小伙伴，只有表现好的孩子，才能被奖励上幼儿园，以此增强孩子上幼儿园的积极性。除此之外，教师更要重视并正确对待家长的意见，及时与园领导反馈，以便园领导获取教育反馈信息，帮助幼儿和谐快乐发展。

资料链接

经验分享小贴士

经验一：班长如何带领班中教师准备家访呢？

首先，电话预约是很重要的准备工作，提前让家长做好心理准备。电话约谈时班长要跟家长说好什么时候去、几位教师去以及教师家访的目的和意义，预约时教师要避开家长用餐、午睡等时间，以免影响幼儿、家长的生活。其次，班长还要提前带领班员教师共同设计家访路线，可以就近分配，分片安排。最后，教师还要准备记录笔、幼儿入园登记表及家访问卷等。访问前，教师要从报名表上获取幼儿及家庭资料，针对家庭的特点进行详细分析，做到心中有数。记录时教师可以提前有个暗号，能力的强弱用什么符号表示，如ABC、★★★等。教师还可准备照相机，拍下幼儿、家长、教师一起沟通的幸福瞬间。

经验二：新生家访有哪些小策略呢？

教师家访时，眼睛要看，耳朵要听。重点要看家庭常规是什么样的，观察孩子的成长环境是否有序。看孩子的玩具收放是否整齐，如果是整齐有序的，孩子的常规自理能力就很容易建立；如果杂乱无章，教师就要做好记录，以便今后开展家长工作。

另外，教师还要通过与家长交流，了解孩子由谁照顾，自理、饮食如何，了解家长的教育观念，有没有养成"让孩子自己的事情自己做"的意识。教师通过看、听，基本就能对孩子的自理能力打分了。教师将这些材料进行保存，以此制订今后的教育计划。

除了了解孩子，教师还要了解父母，看父母是否通情达理。有些父母把一切希望寄托在教师身上，放手不管。因此，教师要帮助其了解家园共育的重要意义；有的家长上来就说："你们就照顾好我的孩子，他每天上幼儿园开心就好。"有了这些资料，教师就可以设计个性化的家长工作计划。

经验三：新生家访需要教师注意什么呢？

首先，教师要注意自己的仪态。家访的立足点在于做到与家长建立和谐的关系，取得家长的信任、理解、支持，这样教师才能顺利开展家庭指导。因此，家访时教师的态度要诚挚、亲切，言辞得当。和幼儿讲话时，声音温和，面带微笑，让家长和幼儿感到教师特有的魅力，从而对教师产生亲切感、信任感，对幼儿园和教师产生向往和期待。在着装上，教师要化淡妆，选择适宜得体的衣服，体现积极向上、青春洋溢的精神面貌。

其次，教师在与家长交流沟通时，要以婉转的口吻与家长交谈，以先倾听、后探讨的方式进行。班长还可安排年轻有活力的教师陪伴幼儿玩耍，利用幼儿感兴趣的玩具和小游戏，捕捉幼儿的兴趣点，理解幼儿交往和表现的特点，通过游戏知道孩子的小名并与幼儿建立初步的熟悉感，让孩子从心里接受教师，从依赖父母转移到依赖教师，从而帮助幼儿减轻分离焦虑。

最后，为了能够拉近教师与幼儿的距离，教师可赠送礼物给幼儿，如教师亲手制作的飞机、小花等。小小的礼物是爱的表现，让孩子体验到教师的友好，让孩子喜欢教师。家访即将结束时，教师发放新生入园小贴士，给予家长提示和帮助，让家长为幼儿做好入园前的心理准备和能力准备；还可送一张爱心式样的小卡片，上面有班级电话、班级空间、班长电话、幼儿园微信平台等，让家长提前进入家园联系互动中，进入网页了解幼儿园和班级要求。回班后，班长要带领班员教师及时总结分析，把家访情况做简单记录，认真反思，总结经验，将获得的信息与日常教育相结合，做到"一把钥匙开一把锁"，实现因人施教。

【附】

幼儿园小班幼儿入园前访谈记录

被访谈者姓名：　　　　　　　　　　访谈日期：

幼儿姓名：　　　　　　　　性别：　　　　　　出生日期：

访谈内容：

一、幼儿生活习惯及健康习惯

1. 入园前谁照顾？

2. 是否能独立进餐？

3. 喜欢吃何种食物？是否挑食？

4. 对何种食物过敏？

5. 是否定时、独立大小便？

6. 是否尿床？

7. 能否独立、安静午睡？在家的午睡时间是何时？

8. 能否自己穿脱衣服、鞋子？

9. 气温（季节）变化是否易生病？

10. 有何病史？（高烧时是否惊厥、脱白）

二、个性表现

1. 是否喜欢与人玩耍、交流？

2. 在生人面前是否害羞，爱提问？

3. 在家的兴趣爱好是什么？

三、家长需要特殊说明的事项

2. 个别幼儿家访——深入了解幼儿的有效途径

幼儿教育的成功在很大程度上取决于家园沟通，尤其是对于"个别"幼儿，除了在幼儿园的细致观察之外，教师还要与家长多进行沟通，并走进幼儿成长的环境中，这样才能更加深入、准确地了解幼儿，从而进行客观地分析，找到适宜的方法。

案例1

老师，能到我家看我的飞机吗

宝罗升入中班后，突然变得情绪不安，来园的时候大哭大闹，甚至坐在地上，无论怎么哄说，他都不理睬。他也抗拒任何活动，不看图书，不和小朋友一起玩，不画画，甚至有的时候不吃饭，不睡觉，仿佛什么都不能吸引他。看着宝罗这样的状态，我们很着急，也很心疼。怎样才能让他喜欢来幼儿园成为我们的当务之急。

在与他妈妈的交谈中，班长得知宝罗十分喜欢飞机模型，对它十分着迷。有一次，班长和宝罗聊天时，宝罗突然说请班长去他家看他的飞机，班长愉快地答应了。班长如约而至，宝罗十分高兴，很热情地向班长介绍他的图书，那可是整整一大书架的图书，接着又领班长到他的玩具房参观他的飞机，那可真是一座"小飞机展"，上面有最新的战斗机，也有新研制的隐形飞机，还有最大的空中客机。看着班长一脸的茫然，宝罗滔滔不绝地向班长介绍起来。从飞机的机型到飞机的功能，无一遗漏，这使班长看到了和平时不一样的宝罗，他不再是哭闹不休的孩子，而是一个侃侃而谈、风度翩翩的讲解员。

在家访中，班长还了解到宝罗认识汉字，十分喜欢阅读，对飞机模型有浓厚的兴趣。班长和他妈妈商量，让保罗带着模型，尝试给其他小朋友介绍，没想到宝罗接受了这个建议。从这以后，宝罗虽然有时还会有小情绪，但是慢慢适应了。

【分析与启示】

在这个案例中，宝罗是"个别"幼儿，个性鲜明，不太会与人交往。家里条件十分优越，导致他对幼儿园的图书、玩具没有强烈的兴趣。通过家访，教师进一步了解他的生活环境，找到他的"真爱"，并适度地给予引导，给他展现自我的平台，帮助他建立自信，并顺利度过适应期。

教师通过家访了解到平时不了解的情况，切身感受到幼儿的成长环境，从而拓宽了教育思路，找到幼儿真正的兴趣点。家访拉近了教师与幼儿的关系，让幼儿感受到教师的爱和关注。在家访中，通过与家长沟通，教师可以了解家长的文化素质、家庭教育状况等，与家长达成教育共识。对于宝罗这个"个别"幼儿的家访，与开学初的家访不同，它更具目的性和针对性，教师可以根据实际情况"对症下药"。

案例2

探望受伤的壮壮

壮壮在幼儿园户外活动时，因奔跑而摔倒，导致右手手臂轻微骨裂，所以在家中休息。班长带领班员教师去幼儿家中探望，一进门就将水果递给家长，并抱歉地说："壮壮妈妈，这是我们给孩子买的水果，希望孩子能快点好起来！"壮壮妈妈有些没好气地说："小孩子磕碰是难免的，但就是没想到孩子把手臂摔骨裂了！"班长很内疚地说："孩子手臂骨裂了，我们都特别着急和心疼。那天户外自由活动的时候，壮壮跑着去捡球，结果一下就摔倒了，当时他正好右臂着地。教师们赶快跑过去给他扶起来，带他去保健医那儿进行检查，询问孩子哪里疼，他一直说胳膊特别疼，所以就立即带孩子去了儿童医院，路上给您打的电话。孩子摔伤，我们教师也有一定的责任，在安全教育方面做的工作还不够，我们应该在孩子游戏的时候多提醒孩子注意安全，总之发生这样的事情我们都感到特别抱歉。"壮壮妈妈听完教师的话，情绪平和了许多，说："我们家壮壮平时就好动，小时候一会儿磕破了腿，一会儿胳膊又磕青了。那天他从医院上完绷带就感觉好了，又要跑。这事儿一出也让老师跟着费心了！"班长安慰壮壮妈妈说："男孩子能量大，喜欢跑跑跳跳的。"说完走到壮壮身边蹲下身问："壮壮，胳膊还疼吗？"壮壮摇摇头说："不疼了。"班长语重心长地说："这些天你要在家好好休息，暂时别乱动，这样胳膊才能快些好，等好了你就可以去幼儿园了！咱们班的小朋友都说想你了，一直都在问你什么时候能来！"壮壮高兴地说："嗯，等我好了我就去幼儿园！"班长看了一下时间说：

"今天不早了，不打扰您和孩子休息了，如果您有事情咱们随时电话联系！壮壮再见！"壮壮妈妈说："好的，谢谢老师，还麻烦你们跑过来一趟，我去送送你们！"班长赶快说："您留步，壮壮还需要您照顾，我们自己下楼就可以，您千万别出来了。"壮壮妈妈招呼壮壮和老师们说再见，老师们与孩子和家长道别后离开。

【分析与启示】

通过案例得知，幼儿教师在处理安全事故时应做到以下两点。

第一，换位移情。作为班长，要体谅家长着急的心情，对家长和幼儿进行情绪上的安抚，表明教师同样心疼孩子，然后向家长诚恳地道歉。在道歉的过程中，班长要注意措辞，不能让家长感觉到教师在推卸责任，也不能让家长把所有的错归结到教师身上。

第二，叙述事情过程。

在孩子发生意外伤害后，家长最想了解的就是事情发生的经过。班长与班员教师要弄清整个事情发生的经过，并向家长说明情况，一是让家长清楚孩子发生意外的整个过程，排除家长心里的疑问；二是让家长了解到孩子发生意外时，教师是如何处理的。

班长在家访前应与班中教师一起探讨如何与家长进行沟通，如交流时怎样措辞，并一起梳理事情的经过，以免在与家长交流时出现描述不一致，导致家长对教师的话产生怀疑。案例中的班长在家访过程中不仅说明了事情的经过，也非常注重与孩子交流，安抚孩子的情绪，让家长感受到教师对孩子真诚的关心。

第二节　班长在班级家长工作中的管理策略

一、善于与各方面形成合力做好家长工作

(一) 善于与本班教师沟通

班长是班级的直接管理者，负责班级的全面工作。班长与班级教师的沟通方法和效果，直接影响班级工作的整体水平，影响班级的保教质量，进而影响幼儿的发展水平和家长工作的质量。因此，班长要运用各种方法，在遇到问题时及时与班员教师沟通，减少误会，使班级中的家长工作更好地开展。

1. 善沟通，达共识

在做家长工作时，班长要与班员教师及时沟通，达成共识，从而促进家长工作的顺利开展。

案例

不一致的回应

源源在幼儿园与小朋友产生摩擦，嘴上有些破皮。源源妈妈想了解一下情况，于是给班长和一名班员教师同时发了信息，并提出要观看班级录像。班长与班员教师就家长提出的疑问同时做出了解答，但内容上有些出入，不但没有很好地解决问题，反而造成了一些不必要的麻烦。

【分析与启示】

在这个案例中，班长没有及时和班员教师进行沟通，而是从个人的角度出发去考虑问题，没有及时了解班员教师的工作状态、想法，所以没有很好地解决家长的问题。因此，在面对突发问题时，班长应先与班员教师达成共识。有错一起担当，在统一的思想下再与家长沟通，不单方面、主观地交流，以免造成不必要的麻烦。

在处理班级问题的过程中，班长要有角色意识，有责任感，要明确自己在班级中的地位和作用，以积极的方式与班员教师沟通，预设出可能出现的问题，并与班员教师讨论研究。定期召开班会，与班员教师多沟通班级工作，鼓励班员教师表达自己的想法，征求班员教师对班级工作的意见和建议，发挥每个人的价值。班长发现问题时要及时调整与改进，注意与班员教师沟通的方式和方法，多征求班员教师的意见，让班员教师积极主动地配合班长做好班级工作。

2. 多引导，善鼓励

对于初入职的班员教师来说，班长的理解、信任、引导、帮助与鼓励直接影响着其工作的热情与积极性。恰当的引导与鼓励能帮助年轻教师有效地做好家长工作，并提高他们的自信心，从而愿意继续锻炼以证明自己的能力。因此，班长的引导与鼓励很重要。

案例

帮助年轻教师驱除家长担心

东东是小班后半学期插班来的小男孩。来到班上后，孩子表现得比较胆小，和其他小朋友的交往很不顺畅，而且经常尿裤子，拉裤子，穿脱衣服都要教师帮助，自己不动手，遇到不会的事情只会用大哭来表达。为了帮助孩子，陈老师决定和东东妈妈进行一次沟通。当陈老师把这个想法跟班长说了以后，班长非常高兴，因为这说明她能关注到孩子的成长，有责任心，并且有积极开展工作的愿望。

于是班长就问她:"你的想法特别好,也非常有必要和东东妈妈交流,你想好怎么说了吗?"陈老师说:"我想直接把东东的情况告诉家长,让她注意对孩子进行引导,多给孩子一些帮助,有什么问题及时告诉老师,多交流。"听完陈老师的话,班长很明白她的问题是什么。年轻教师往往会这样,把自己对孩子的评价当成交流的话题,对家长的指导不具体,操作性较弱,虽然和家长沟通了,但实际效果并不强,而且教师的评价话语可能会引起家长的担心。于是班长对陈老师说:"这样吧,你把我当成东东妈妈,咱们来实际演示一遍。"

于是,班长和陈老师进行了一次实际演习。陈老师说:"东东妈妈您好,您看东东来到班上已经一个月了,但是我觉得他还是不能很好地适应我们班的集体生活,经常拉裤子,尿裤子,而且还不跟老师说,我们总得去问他,有时是闻到臭味了才知道。您得跟孩子说,这些事情必须要告诉老师。还有我们班孩子基本都会自己穿脱衣服了,就东东还不行,每次都得我们帮他,他自己不动手穿,让他自己练练,他就哭。在家您得多让他自己练习才行,让他跟上大家的步伐共同进步。您以后有什么问题就跟我们说,咱们共同帮助孩子。"

陈老师说完之后,班长想,与其直接告诉她有什么问题,不如让她有感受后自己有所改变更好。于是,班长说:"这样吧,现在你当东东妈妈,我把你刚才的话重复一遍,然后你感觉一下有什么问题。"这次交换角色演习后,陈老师不好意思地说:"哎哟,幸亏先试着说了,要不就这样,东东妈妈得跟我急了。"班长说:"你愿意和家长真诚交流,不遮掩的心是好的。我们要让家长体会到我们的良苦用心,感受到教师对孩子的关爱,这是做家长工作的前提,是让家长愿意配合我们的关键,所以我给你提几个建议。第一,要把教师对孩子的爱和关注说进去,让家长感受到教师非常喜欢他的孩子,教师能发现他孩子的优点,甚至是家长都没有发现的优点,教师是时刻关注孩子的成长变化的,所以发现问题就及时跟家长沟通了,没有半分的拖延。第二,把教师要反映的问题,转变一种说法来表达,只说教师观察到的现象,但不做评价,目的是让家长了解孩子的表现,同时感受到教师对孩子的重视。第三,为了避免家长过分担心,教师要针对孩子的表现,结合孩子的年龄特点进行简单准确的分析。在东东身上,可能他拉尿、大哭的行为就是不适应的表现,其实这是正常的。每个刚入园的孩子都会经历分离焦虑,只是表现方式不同,教师非常理解孩子出现这些行为的原因,所以更会关注孩子,给孩子更多的照顾和帮助。一方面这体现出教师的专业性,另一方面能让家长放心。因为孩子出现这些问题,家长一定担心教师批评孩子,如果教师把这些话说在前面,就会减少家长的担心,这样有利于家长接受教师的建议,共同配合。第四,教师提出的建议一定要具体，不用面面俱到。因为家长工作不是一次性的，每次解决一个重点问题就行了，这样有利于家长的配合，也方便教师以后再跟家长交流。当然，你最后的结束语还是很好的，有事情一定要及时和教师交流，你可以按照这个思路把这些建议重新捋一捋。"

陈老师听完后，利用一个晚上的时间重新组织了交流的内容和语言，自己列了一份提纲，第二天中午又跟班长试讲了一遍，有了很大的进步。陈老师说话柔和了，也表达出了教师对孩子的关心和爱，希望得到家长的配合，让孩子取得更明显的进步。

晚上，当陈老师和东东妈妈交流时，班长看到了东东妈妈眼角泛出的泪花。东东妈妈说："老师，我特别担心东东这样，担心你们不喜欢他。我问了他好几次，他也学不清楚，我可急死了。现在我放心了，东东毛病很多，都是我们和老人给惯的，但是您还能说出他这么多优点，我真是特别感动。我一定会好好配合您，东东真是幸运，遇到了您这么认真负责的好老师。"这次家长工作结束后，陈老师高兴地说："我以前觉得家长工作就是和家长聊聊天，有什么说什么，但是有时家长并不理解，甚至误解，原来这里面的学问这么大。看来每次家长工作都要认认真真准备才行啊！"

【分析与启示】

在这个案例中，班长理解年轻教师的工作热情，但也深知年轻教师缺少经验，若与家长沟通不畅的话，不但会影响其威信，还可能会影响到今后做家长工作的热情。因此，班长可以为年轻教师提供与家长沟通交流的策略，让年轻教师感受到自己的问题与不足，这样比班长直接说教更能让年轻教师接受。

年轻教师有工作的热情，但由于缺乏经验，很多工作做起来不像想象的那么简单。班长如果能及时给予年轻教师工作态度上的肯定和工作方法上的指导，一定能够让年轻教师多一些工作的思考与方法的选择，这样不仅能让他们产生自信，而且还会帮助他们学会换位思考。

3. 多理解，多关怀

班长的职责之一是调动班员的工作积极性、主动性，及时发现和解决班级存在的问题。年长的班员教师，工作经验与生活阅历丰富，是班级的"财富"。要想让这笔"财富"发挥最大的价值，虚心请教、分工明确很关键，"多理解，多关怀"也是带动他们做好家长工作的重点之一。

案例

王老师的消极怠工是怎么回事

王老师最近看上去很"懒散"，做事总是没精神，老走神。班长陈老师对她很有意见，开班会时一再强调个人职责，但效果不大。这天早上。果果妈妈为孩子带了药："王老师，果果有点儿流鼻涕，我带了些药，麻烦您帮她服用一下。"王老师接过药转手递给了陈老师并说道："您跟陈老师也说一声吧。"陈老师勉强接过药，听果妈妈交代了几句，没等家长走远就对王老师大声说道："王老师，您怎么了？接药服药平日都是您负责的，我这接待孩子都忙不过来了。"果果妈妈沉着脸走了。王老师脸色则更差了，一言不发转过身，接着连续请了一周的假。后来，陈老师才知道原来王老师的父亲病危住进了重症监护室……

【分析与启示】

从案例中可以看出，王老师的"懒散"已经有段时间了。陈老师以为王老师的种种反常表现，如做事没精神、老走神等是王老师凭借资历老，不认真工作的表现。这不仅使两人之间形成了隔阂与误解，还给家长留下了坏印象，使家长心中对教师有了意见，而且还增加了以后家长工作的难度。如果案例中的陈老师能够在明确职责和分工的基础上，多和王老师聊聊天，谈谈心，多了解一下王老师"懒散"的原因，如"王老师您最近精神不太好，是身体不舒服还是家里有事？身体最重要，该休息休息，班上有我呢，您放心请假"，王老师一定会感到班级这个家庭的温暖和力量。

班长与班员教师既要互相合作，又要明确职责。除此之外，"多理解，多关怀、多沟通"也非常重要，这样既能增进两人之间的感情，又能为今后的工作打下坚实的基础，工作也就不会因职责不明而遗漏，也不会因界限太清而延误。

（二）善于与平行班的班长交流、学习经验

在幼儿园平行班的活动中，同年龄班的班长们经常会针对某一活动或课题进行讨论和交流，这种形式能够让不同教师发挥自己的优势，如老班长的丰富经验，年轻班长的创新意识。在这种交流和研讨中，大家能够在思想上得到碰撞，达到互帮互助的效果。

案例

老班长与新班长的经验分享

新学期开始了，小班组里有好几位年轻教师被提升为新小班的班长。作为年轻班长，他们有很多困惑。例如，如何开好第一次的新生家长会？在进行家访时应当注意一些什么问题？面对这些困惑，老班长带领年轻班长针对如何开展新学期工作进行了讨论和分析，并将自己多年的工作经验与年轻班长进行了资源共享。

在分享互动中，年轻班长提出疑问："应当如何进行新生家访？"老班长分享经验，提供新入园幼儿的家访表，指导年轻班长填写。还有的教师提出疑问："怎样才能开好第一次的新生家长会？"老班长又和年轻班长共同分析小班幼儿的年龄特点，针对新入园幼儿可能会出现的分离焦虑的现象、午睡入睡困难的问题，进餐、如厕、穿脱衣服等生活自理能力的问题，共同想出了多种策略，并提示新班长在开第一次家长会时，要把幼儿可能出现的问题和需要家长配合的地方与家长们进行沟通和交流，以便帮助孩子尽快适应幼儿园的集体生活。经过老班长详细认真地指导和帮助之后，新班长在互动中有了更深入的思考，在面对新生家长和幼儿时，有了更多的自信。

【分析与启示】

从上面的案例可以看出，老班长有着丰富的工作经验，能通过分享指导带动年轻班长有效开展班级工作。年轻班长能够虚心听取老班长的意见，并能主动思考，将有益经验运用到自己的工作实践中。

教师在与同事进行交流的过程中，应该明白扬长避短的道理。每个人都有自己的优点和长处，在工作中互帮互助更有利于开展工作。

老班长工作时间长，经验丰富，经历过当初当班长时的困惑，能够体会年轻班长的心情，可以和年轻班长分享自己的好方法。

年轻班长思路开阔，有创新意识，善于抓住教育中的新观念，在和平行班长的交流中能够擦出火花，收到良好的效果。

（三）善于与园领导沟通

家长工作一般是指幼儿园教师直接与本班幼儿家长进行的沟通。教师在进行家长工作的时候，往往会忽视幼儿园领导对家长工作的帮助与支持。班长要善于借助各种力量，有效地开展家长工作。

案例

园长是班长坚强的后盾

张老师今年被调到新单位并担任班长。对于班长工作她并不陌生，因为她已经担任了十多年。但是，在新单位，她还是遇到了一些困难。

豆豆小朋友是一个小男孩。张老师从小班就一直是这个班的班长。孩子已经上中班了，但他不常来幼儿园，情绪有时出现波动，但是在张老师的安抚下，他能够顺利地在幼儿园游戏。

这天晚上10：30，张老师突然接到豆豆爸爸的电话："豆豆晚上吃了三碗面条，吃太撑了。孩子不喜欢吃面条，老师为什么还要硬给孩子吃，并强迫孩子吃那么多？这是老师有意习难。"于是张老师向豆豆爸爸解释，是孩子自己要的面条，并非教师强迫。另外，每个孩子都吃2～3碗面条，幼儿园的碗小，教师每次会特意少盛一些，不会很多。如果孩子难受，教师马上过去，和家长一起带孩子到医院看病。面对教师的解释，豆豆爸爸根本不相信，并开始大声辱骂。张老师就这样听着豆豆爸爸的辱骂，希望能够等他骂完后再与其谈谈。可是豆豆爸爸根本不听张老师解释。过了一会儿，张老师与孩子的妈妈进行联系，可是打了几个电话都没人接。

第二天，张老师反复思量，把昨天晚上发生的事情告知园长。园长得知情况后，让张老师梳理孩子在幼儿园的表现，说其他教师以前也都与这位家长发生过一些矛盾，让她看一下这些教师是如何对孩子进行照顾的，寻找一下问题的根源。这天孩子没有来园，豆豆爸爸下午来找园长，向园长控诉了张老师对孩子的种种恶行。豆豆爸爸还提出，昨天孩子从楼梯上滚落，教师都不知道。园长为豆豆爸爸讲解幼儿的年龄特点和幼儿园的保教要求。对于滚落楼梯的事件，园长还调来楼道的监控录像，让他知道根本没有此事。虽然豆豆爸爸知道自己昨天冲动了，但是对于教师深深的误解还是难以排除，要求换班。园长没有答应他的要求，虽然误会解除了，但是事情还没有结束。豆豆爸爸应该为昨天晚上辱骂教师的行为当面向教师道歉。豆豆爸爸百般思量，最后提出退园的申请。

事情结束后，园长又与张老师谈心，帮助张老师分析她的工作，提升她的专业技能。

【分析与启示】

在这个案例中，班长张老师在遇到自己无法解决的问题时，及时向上级寻求帮助，这一点做得比较好。在日常工作中，不管是新班长还是老班长，工作能力都是比较强的，而且也很愿意帮助他人。但当他们需要帮助时，一般不愿主动寻求帮助，更不要说寻求园长与领导的帮助了。一方面，班长担心园长或者领导工作忙，不愿意因为这种"小事情"给领导添麻烦；另一方面，班长认为寻求帮助可能会让园长与领导发现班级存在的问题，担心自己的形象受到影响。

寻求帮助的过程正是自身提高的过程。园长与领导由于年长且阅历丰富，视野会更加开阔，看问题的角度也会与教师有所不同。当他们为教师分析问题的时候，会站在旁观者的角度，从而使分析更加客观。教师只有坦诚相见，领导才能了解自己的处境并帮助自己。如果教师把自己包裹得严严实实，那么有可能就会失去很多成长的机会。

那么遇到什么情况教师需要去寻求帮助呢？请看以下几种情况：

第一，当一些家长对班长的工作进行质疑时，班长是不方便为自己解释的。这时候班长不仅需要班内教师的帮助，还需要园长与领导的帮助。作为幼儿园中的权威，他们拥有不可替代的话语权。

第二，当一些过于特殊的幼儿或者家长严重影响班级正常工作时。在日常工作中，有些幼儿确实很不同，有时出现严重的攻击性行为，有时有心理或生理问题。有的家长非常不配合，甚至心理有问题。这个时候班长可以主动与园长或领导交流，请求他们献计献策或者实施主动干预。

第三，当班级教师非常不配合工作时。有时班级教师会非常不配合工作，默然冷漠，更有甚者会与班长唱反调，错误引导家长。班长在统一思想，尽班长职责的时候，要认识到有些人或者事不是班长能够处理的，需要及时向园长或领导寻求帮助。这并不是告状，而是对工作负责，对教师负责，对幼儿负责。只有大家共同帮助，才可能使这样的教师收敛或者是慢慢改变。

第四，当碰到一些难以解决的问题时。班长会遇到各种各样的问题，在不断地尝试却解决无果的情况下，可以主动将自己的困惑与园长诉说，这样可以少走一些弯路。

二、指导不同类型的教师与家长进行沟通

幼儿园班级成员的组成一般是根据幼儿园的工作需要以及教师状况而安排的。班长要充分了解班级成员的能力、个性，做到心中有数，这样才能更好地帮助班员教师积极有效地与家长沟通，做好家园互动，顺利开展班级工作。

心理学上把人的气质分为四种：胆汁质、黏液质、抑郁质和多血质。人格类型一般可以分为感性体贴型、理性严谨型、稳重执拗型、活泼直率型。在工作中，不同人格、气质的教师要面对不同人格、气质的家长，应与家长们积极沟通，赢得家长们的理解、支持与配合。班长在班级家园共育中的作用是大家有目共睹的，同时班长也肩负着指导班级教师做好家长工作的责任。

（一）指导感性体贴型教师与家长进行沟通

这类教师情感丰富，易与交流对象感同身受，能从对方的角度去思考，较容易与对方沟通，但这类教师也容易被对方影响，而忽略自身的本来意愿。

案例

含奶嘴睡觉的瑶瑶

瑶瑶是新入园的小班幼儿，在家里午睡时要含着奶嘴才能入睡，否则就大哭大闹。家长提出每天在园午睡时要给孩子奶嘴，班上的 L 老师毅然应允，

每天都让孩子含着奶嘴渐渐入睡。班长S老师与L老师沟通时，L老师说："家长要求一定要这样做，孩子从小就有这个习惯，我们应保证孩子能够安静入睡，让孩子更有依赖感、安全感。"

【分析与启示】

L老师很爱孩子，为了减少孩子的分离焦虑，让孩子尽快适应集体生活，她给了孩子和家长极大的满足，让孩子舒适，让家长安心。这些做法无可厚非，但同时也要注意，随着孩子对集体生活的适应，教师要通过多种形式，努力帮助幼儿逐渐养成良好的生活习惯。

班长在对L老师的做法给予积极肯定的同时，应指出一味顺从所带来的后续问题，让她明白教师的职责义务。班长可以给L老师以下建议：在一日生活中，要给予瑶瑶更多的关注及鼓励，午睡时尽心照料，帮助瑶瑶改掉不良习惯。同时与家长耐心交流，说明现有习惯对孩子的不利影响，希望家长理解，并给予大力配合，共同努力，帮助瑶瑶养成良好的生活习惯。班长要让班员教师明白，教师不但要关心爱护每一名幼儿，培养其良好的习惯及个性品质，同时也要给予家长正确的育儿知识及教育理念。

(二) 指导理性严谨型教师与家长进行沟通

这类教师很重视常规的建立和培养，做事常常会一丝不苟、按部就班，严格按照一定的规则来要求自己和他人。对待问题比较保守，常用固有思维看待问题。

案例

不敢跳的蕊蕊

班级开展"跳"的主题活动。A老师组织幼儿在户外"跳盒子"游戏时，孩子们开心地跳过酸奶盒，并为自己鼓励加油。蕊蕊站在盒子前，摆着双臂，尝试起跳，可是她始终没有跳起，还默默掉眼泪。尽管A老师进行了言语鼓励，并请孩子们为蕊蕊加油，但仍没有效果。第二天，蕊蕊没有来幼儿园，家长通过微信向老师说明，孩子因为跳不过去，不来幼儿园了，等过段时间再送。A老师看到微信后，觉得家长的做法欠妥，如果孩子遇到困难就不来了，选择躲避，会给孩子的成长造成不良的影响，这是对孩子的不负责任。

【分析与启示】

案例中的A老师对待工作认真负责，做事一丝不苟。在活动中，蕊蕊的表现引起了教师的注意，她运用了一些方法引导孩子完成游戏，但没有达到目的，反而使孩子产生了畏难情绪。A老师认为，孩子面对困难时，需要他人的帮助，但同时要克服自己的胆怯心理，自我努力也是很重要的。孩子通过调

213

节，克服困难，能对孩子今后的成长产生重要影响。因此，当家长提出孩子不来园时，A老师觉得家长的做法是不对的，家长不能这样溺爱孩子。

班长在了解事情原委后，首先应了解A老师的想法，帮她分析事情的关键点，指出A老师能严格要求幼儿并能看到家长的问题是值得肯定的，但是在指导幼儿时应能根据幼儿的个体差异，运用相应的指导策略。例如，当蕊蕊经多次语言鼓励仍跳不过去，甚至都急哭了时，教师可以采取拉着她的小手跳过去等灵活的方法。同时，班长要调动A老师的主动性，和她共同找出解决问题的办法。比如，班长可以引导A老师理解蕊蕊与家长的心理，并积极与家长沟通，讲明自己的初衷；班长还可以和A老师一起去家访，与家长沟通班上老师的想法，并检讨自己的不足，消除家长和孩子的顾虑与担忧，使孩子愿意回到幼儿园来。

（三）指导稳重执拗型教师与家长进行沟通

这类教师性格沉稳，有主见，对事物有自己固有的认知及看法，习惯按自己的常规理念去应对事务，不易站在他人的角度去思考问题。他们在人际交往中比较自我，难以接受和认同他人的意见或建议。

案例

离园时分

晚离园时，大多数孩子都被家长接走了。明明的妈妈之后才匆匆赶到，对明明说："哎哟，对不起！妈妈来晚了。"当班的L老师对家长说："明明妈妈，孩子没有着急。"明明妈妈好像没有听到L老师的话，又低头对明明说："吃饱了吗，儿子？吃什么了？"L老师的脸上透出不悦，对明明妈妈说："您就关心孩子吃什么了，怎么不问问孩子学什么了！"明明妈妈立即站起身来，对L老师说："您什么意思呀？"眼看气氛有些紧张，这时班上的配班教师W老师马上过来，边劝慰明明妈妈边说："L老师是想让您了解一下今天明明在幼儿园都做了什么，因为我们今天做了个词语接龙游戏，明明说了许多小朋友不知道的词呢！"听完W老师的话，明明妈妈的情绪立即转变，对明明说："是吗，儿子？你真棒！"说完带着孩子与老师道别，离开了幼儿园。

他们走后，L老师感到很委屈，也很生气，对W老师说："我是想让他的妈妈知道孩子的表现，别把精力只放在吃饭上。他妈妈还不理老师，没礼貌……"L老师一直在说着自己的想法。

【分析与启示】

在案例中，L老师的出发点是好的，想引导家长转移对孩子的关注点，给予孩子鼓励、肯定。但由于自身表达方式和时机有些不当，造成家长的误解。而且

L老师没有从家长的角度想问题，却对家长的表现有不满情绪，导致了矛盾的发生。家长因接孩子晚了，本来心情就焦急，又被L老师的一句话给"噎"住了，所以会因对L老师不满而质问她。幸好配班教师W老师有一定的家长沟通经验，及时化解，避免了矛盾的激化。但事发之后，L老师将责任全推卸给家长，并没有意识到自己与家长沟通中的不当。

事情发生后，班长应多方面了解情况，对L老师引导家长关注正确的教育观念的行为表示赞同。同时，班长还应引导L老师反思自身在沟通上存在的问题：在与家长沟通的过程中，应考虑家长的感受与心情，注意表达的方式、方法、语音、语调，选择正确的时机与家长交谈，并配合相应的表情、动作，让家长感受到教师真正关心孩子的进步与发展，这样才能赢得家长的信任。另外，班长应指导这类教师学会换位思考，在教育笔记中对这一事件做进一步分析，改正不足。班长还可以对W老师提出表扬，由此引导全体班员教师齐心协力，共同完成班级工作。

（四）指导活泼直率型教师与家长进行沟通

这类教师思维活跃，性格开朗，待人坦诚，善于沟通，易被人接纳，与人关系融洽。但这类教师在与家长的接触中，会因为过于直率导致工作中出现一些不必要的问题。

案例

不睡觉的帅帅

Z老师开朗活泼，平日与家长沟通密切，积极反馈孩子的在园活动，孩子、家长都很喜欢她。

小班幼儿刚入园，经过前期分阶段地适应幼儿园生活，多数幼儿能够正常午睡了。但帅帅每天午睡时都不能躺在自己的小床上，不是来回翻滚，就是坐、跪在床上大声尖叫，对其他幼儿影响很大。Z老师近几天都是单独照看帅帅一人，抱着他，哄他入睡，但总不见效。过了半个月，帅帅仍是这样。晚离园时，Z老师将帅帅爸爸留下，并对帅帅爸爸说："您每天中午可以将帅帅接回家午睡，您也不上班，帅帅睡醒后再送他到幼儿园参加下午的活动。"因为帅帅家就在幼儿园旁边，而且帅帅一直由爸爸照看，帅帅爸爸有充裕的时间，所以Z老师才提出这个建议。帅帅爸爸也不好意思拒绝，就答应了Z老师的建议。

【分析与启示】

案例中，Z老师让家长把孩子接回去有四点理由：①睡眠影响生长，孩子需要有充足的睡眠时间保证；②孩子对幼儿园的午睡时间或环境不适应；③回家睡对幼儿养成午睡的习惯有帮助；④帅帅对其他幼儿午睡的影响极大。当她把自己的建议提出时，想的是为孩子好，家长肯定得答应。家长也从孩子的角度考虑，配合了Z老师的要求。但是，Z教师的做法会让家长误解班级工作，虽然不好意思回绝教师的要求，但难免心存芥蒂。

遇到这种现象，班长要马上带领班级成员召开班会，针对幼儿的近期情况，共同寻找问题根源，商讨解决办法，与家长说明他们需要配合的事项，家园共同努力，一起帮助帅帅尽快养成良好的午睡习惯，适应幼儿园的集体生活。针对Z老师这样有个性的教师的做法，班长应该向全体班员教师指出：班级是一个整体，班级的工作需要拿到班会上大家一起商量，共同完成。作为班长，要全面关注、整体把握班级的工作情况，这样才能使工作稳步进展，赢得家长的理解与支持。

三、指导教师善于与不同类型的家长进行沟通

沟通能力是幼儿教师的一项基本功，教师在重视与幼儿沟通的同时，也要重视与幼儿家长之间的沟通。与家长沟通绝不是简单地向家长汇报或者回答家长的问题。对家长来说，沟通是与幼儿教师共同营造和谐共育氛围的过程；对幼儿来说，沟通具有使孩子的成长优势最大化的重要意义；对教师来说，沟通会使自己的教育工作产生事半功倍的效果。

由于家长的素质、教养水平、关注需要都不相同，因此家长工作要做到"因人而异"，这是沟通工作的重要原则。班长在做好与家长沟通工作的同时，还要发挥言传身教的作用，指导班员教师学会与不同类型的家长有效沟通，让良好的沟通与交流成为幼儿园与家庭合作共育的桥梁。

（一）与不同年龄班的幼儿家长进行沟通

如同教育对象具有鲜明的年龄特点一样，不同年龄班的家长在家庭教育方面所关注的教育内容也有类似的问题与困惑，所以教师不仅要研究幼儿，也要研究家长。班长要引导班员教师把握不同年龄段的幼儿家长所关心的主要问题及困惑，把握各个时期家长的心理，学会与不同年龄班的家长进行沟通，满足家长的需要。

1. 与小班幼儿的家长沟通

案例

担忧的奶奶

游戏开始了，这时，彤彤奶奶拉着彤彤的手进来，充满歉意地说："不好意思，今天我们起晚了。"教师拉着彤彤的手并和奶奶说再见，奶奶却不愿离开："老师，我们家孩子容易口渴，您要经常提醒他多喝水。"教师答应了，可

奶奶又像想起了什么："彤彤，热了就脱衣服，要是不会脱就叫老师帮忙啊。"奶奶抹着眼泪站在教室门后偷偷张望，本来即将进入游戏状态的彤彤，看到门口的奶奶，又大哭着朝奶奶跑去。

【分析与启示】

彤彤奶奶担心孩子年龄小，不太适应幼儿园生活，难以控制自己的担心和不安，但是孩子看到家长以后，情绪会出现反复，这个时候教师可以多和家长沟通，向家长讲明孩子的一些细节。针对小班幼儿容易出现分离焦虑情绪，对集体生活还不能完全适应的状况，班长应该引导班员教师一方面耐心地与家长反复沟通，利用来园、离园时间简明扼要地向家长阐述幼儿的情况细节；另一方面还要照顾好孩子的生活、健康与安全，通过转移注意力、组织游戏的方式真正缓解幼儿的分离焦虑，免除家长的后顾之忧。与此同时，班长还可以向家长提供一些切实可行的家庭教育策略，引领家长相信孩子的适应能力，在家帮助幼儿养成良好的作息习惯，使其逐步适应幼儿园的生活。

2. 与中班幼儿的家长沟通

案例

中班应该学什么

伴随着孩子在园一天天长大，中班家长对孩子在教育方面的问题和关注内容也在悄然改变。高老师是中一班的班长，在与家长的日常交流中，她发现家长对幼儿的期望差别很大：少部分家长只关心孩子的生活，大多数家长则希望教师多教授知识，不能再像小班那样游戏了。高老师组织班员教师对这一现象进行了班会交流，他们达成一致：中班幼儿的身心发展规律和主要发展目标的确不同于小班阶段，但家长一味关注"学知识"是一种不正确的认识。于是，班员教师开展了一系列家园共育活动，针对中班幼儿的身心发展特点、常见交往问题、学习方式等方面与家长进行了沟通互动，转变了家长的观念，引领家长科学育儿。

【分析与启示】

随着幼儿年龄的增长，家长对孩子的期待和需要也会越来越多，而且随着孩子的成长，家长的教育理念也在随之改变。针对这种情况，班长不仅要对孩子细心，对家长也要细心，要敏感地捕捉家长的心态与动态，观察家长对我们工作的满意度和侧重点，并对此进行有效沟通。班长积极主动地引领教师及家长顺应儿童教育的规律，使中班家长认识4～5岁幼儿的特点及需要，支持幼儿与同伴交往，提高幼儿的交往能力；改善教养方式，培养幼儿良好的行为习惯；优化亲子关系，锻炼幼儿的自我控制能力；鼓励亲子运动，促进幼儿的全面发展。

3. 与大班幼儿的家长沟通

案例

幼小衔接共面对

大二班向家长发放了《幼小衔接调查问卷》，班长带领班员教师分析出几个重点问题：

1. 家长非常重视幼儿园的幼小衔接活动。

2. 家长不了解关于幼小衔接自己该做些什么。

3. 在与幼儿的互动中出现了矛盾分歧，家长不知该如何解决。

针对这几个问题，班长召开了班会，和班员教师一起分析了下一步该怎样接过家长们抛过来的"球"。班中 A 老师比较年轻，她非常诚恳地说："张老师，我都不知道幼小衔接该衔接什么，要是家长直接问我，我都不知该怎样回答。"于是班长张老师找出几本关于幼小衔接的书籍，让 A 老师找时间阅读，勾画重点，并利用下次开班会的时间和教师们一起梳理、总结关于幼小衔接的相关知识。A 老师看到大家共同梳理出来的表格，信心满满地说："原来关于幼小衔接有这么多内容啊，我以前以为只是让孩子们多学学拼音和加减法呢。现在家长要是再问我幼小衔接的问题，我肯定能告诉他们。"A 老师的自信来源于她的专业知识储备，使其在应对家长时能够体现出教师的专业素质。孩子们马上就要上小学了，家长们获得的信息越来越多，但同时心里也更没底。可乐妈妈找到班长说："张老师，我家邻居的孩子刚上一年级，每天回家写作业都要写到 11 点，他父母还总是嚷他，说他为什么这么笨。我看这孩子挺聪明的啊！难道现在一年级就留很多作业吗？题也特别难吗？"面对可乐妈妈的问题，张老师不了解也无从回答。她意识到，家长们担心的问题是孩子们入校后最实际的学习生活问题，而她不是小学教师，具体问题也不知道。张老师和园里领导联系后，特邀请了幼儿园家长中是小学教师的家长组成了小学专家团队，为大班的家长答疑解惑。这个活动真正解答了家长们关于幼小衔接的困惑问题。会场中传来的一阵阵的掌声就说明了本次活动的精彩和受欢迎程度。

【分析与启示】

在案例中，A 老师通过阅读相关书籍，提升专业知识；班长组织相关家长为其他家长答疑解惑，这些行为不仅促进了与家长的沟通，而且推进了家园共育工作的开展。

大班幼儿家长最关注幼小衔接问题，他们虽知道其重要性，但对具体内容和措施都不清晰。班长要能够和班员教师合作，带领家长一起帮助孩子们顺利过渡，尽快适应小学生活，这就要求教师具备一定的专业素养，教师只有懂得相关知识，才具备说服力和指导力。在这个问题上，班长和班员教师应该具备同样的能力。因此，班长有责任和义务指导班员教师提升专业素质，在幼小衔接问题上有更深入的认知，同时，在与家长的沟通中，全体教师要把握家长的问题关键所在，充分利用幼儿园里的资源，更有效地为家长们服务。

（二）与不同职业背景的幼儿家长沟通

家长因工作经历不同，个性特征及价值观念也不相同，因此，教育观念和教育方法也就不同。例如，经商型的家长，虽然能为幼儿提供一定的经济保障，但由于他们没有固定的上下班时间，与孩子的互动时间较少，严重缺乏对孩子的关注与陪伴；外来打工的家长爱家庭，爱孩子，但常表现出重视教育却不擅长教育。近年来，越来越多的人把全职家长当成一种职业。全职在家的爸爸、妈妈往往喜欢学习早教理论，重视教育，但常常敏感多虑，对孩子有较高的期望……在与不同职业背景的家长沟通中，班长要注意正确引导他们，提高家园沟通的实效。

案例 1

小北的"自由"

最近班里的孩子们热衷于创编应用题，可小北却不愿参加，他变成了班里的"小自由"。活动中，他想说就说，常常随意打断教师和小朋友讲话，更是频繁离开座位。当教师找到小北询问他为什么不喜欢和伙伴们创编应用题时，他说："你们学得也太简单了，我早就会了，你们太傻了。"听了孩子的话，教师主动约谈了小北妈妈。小北妈妈是北大哲学系的教授，平日里非常重视对小北的教育。在沟通过程中，小北妈妈直言不讳："孩子马上就要上小学了，我们在家都是学习 100 以内的加减法，可是幼儿园才教 10 以内的题目，是不是太容易了？另外，幼儿园什么时候才教拼音呀？"听了小北妈妈的话，教师了解了小北行为背后的原因所在。

案例 2

改变了的瑶瑶

瑶瑶爸爸是一名外企公司的高管，虽然日常工作繁忙，但他非常重视对瑶瑶的教育，除了关注自己的孩子，也特别热心为班级工作提意见和建议，重视家园共育。最近，图图总和小朋友们发生矛盾，有时还会出手伤人。教师一方面引导图图，另一方面也及时与图图的家长进行了沟通。这天，图图与瑶瑶因为争抢玩具打了起来，瑶瑶还把图图咬伤了。在两位家长沟通解决此事的过程中，瑶瑶爸爸坚定地表示："我们家的原则就是不主动伤人，但别人要是打了自己，自己就要回击，这是自我保护呀。"瑶瑶爸爸还约来了前几天与图图发生争执的幼儿的家长，联合起来找到教师和园长，要求让图图离开班级，原因是他常打人，是伤害大家的危险因素。从这以后，瑶瑶常常与伙伴争执，脾气也变得焦躁，动手的现象越发严重。

【分析与启示】

案例1与案例2中的家长都是高学历的家长，他们共同的特点是都重视幼儿教育，重视家园共育，在教育孩子方面有自己的独到见解，但他们的做法存在偏颇。案例1中的小北妈妈非常重视孩子的智力开发和知识学习，但却忽视了对孩子性格、习惯、兴趣、意志品质等方面的培养，忽略了对幼儿应有的规范和规则意识的培养。而案例2中瑶瑶的爸爸，则表现出知行不一，日常"大教育"说得好，实际教育过程中却忽视自身行为对孩子产生的影响。家长人才济济，在与教师的接触中，常会在心理上觉得比教师更高一筹，难免会出现居高临下的姿态。

面对上述案例中的情况，班长应这样引导年轻教师："作为教师的我们，面对这些家长和问题时，要心态平和，不卑不亢。尽管家长学历高，但在幼儿教育方面我们就是'专家'，经验就是比家长丰富，要自信地与家长沟通，对家长提出的合理建议表示感谢，予以采纳；对不合理的意见，要进行专业的指导。家长虽有教育理论，但常与教育实践脱节，而我们就是要用'现实说话'。我们还可以为家长提供更大的交流平台，针对一些适宜的问题进行集体讨论。与此同时，我们也要不断学习，充实自己，不断提高自身的修养和素质，在指导家长的同时赢得家长的信服。"

（三）与不同性格的幼儿家长沟通

真诚能够帮助教师打开家长的心扉，热情能够帮助教师赢得家长的信任，专业能够帮助教师获得家长的钦佩，但这些都不足以让教师轻松地做好家长工作。与家长的沟通是一种基于知识又超于知识的实践智慧，需要班长指导班员教师在实践工作中不断磨炼，积累创新、有效、科学的方法，成长为既受幼儿、家长和同伴欢迎，又有尊严并享受工作乐趣的教师。

1. 与偏执型家长沟通

班长可用共情的方式，站在家长的角度，体会所思、所感和所需，解决与家长的问题、冲突，使家长更加信任班级教师。班长还要学会识别家长的情绪。比如，"老师，为什么那孩子老欺负我们，我们要求换位子。"这是家长表达的诉求。"我家孩子在家从来不受伤，可到了幼儿园，这已经是第二次受伤了，你对打人的孩子没办法吗?"这是家长的责备和抱怨。"我都烦死了，要么打人，要么被人打，我一接您的电话，就紧张。"这是家长的烦恼和困惑。教师只有了解其语言背后的原因和现实期望，才能和家长在相同、相近层面上沟通，有切入点、着力点，推动问题解决。其实，再特殊的家长也希望能与教师建立相互信任的合作伙伴关系。

案例
焦虑的全职妈妈

甜甜妈妈是一位全职妈妈，每天的任务就是照顾孩子。她敏感多疑，常常紧张不安，公开抱怨、指责，每天以送手绢、换双鞋等理由来回出入幼儿园，一个半天要来幼儿园三四趟。户外游戏时，甜甜妈妈也会守在幼儿园门外。从孩子上小班开始，甜甜妈妈就与多位教师发生过矛盾，最终甜甜被调班到 A 老师的班中。起初 A 老师也很担心，但是做好家长工作，使每位家长放心、安心是教师的职责，这也是园领导对 A 老师工作的信任，以及促进她能力提升的一次机会。A 老师与班级另两位教师调整好心态，接受了这项"挑战"。刚刚转班，甜甜并没有来幼儿园。后来听她妈妈说，这一周她没有送孩子。她在幼儿园外天天观察教师的行为、向其他家长了解三位教师的情况，后来才送孩子入园。她提出了一些与其他家长不同的要求。例如，被子必须由她亲自送到孩子床上，自己铺被褥；出去玩必须由教师单独牵手陪同；不许和外地小朋友玩，不许和某某小朋友的座位、柜子、床铺换在一起。甜甜如果受伤了，哪怕一点点红印，或是衣服玩脏了，甜甜妈妈也会闹得惊天动地。面对这种情况，我们不断地调整沟通策略，总结交流经验。

【分析与启示】

班长和班员教师要尽量避免与家长发生冲突，但一旦发生也不能胆怯，要用积极的方式去沟通解决，让家长了解班级工作，转变不信任的态度。孩子之间发生冲突，家长最关心的是孩子是否受到了伤害。首先，班长应该充分了解事情发生的起因、经过，并对后续可能发生的情况做出预判，这样的沟通策略才能帮家长了解问题，正确面对问题与解决问题。其次，班长要和家长说明教师做了什么，凸显教师所付出的努力，这有助于事件顺利解决，也帮教师赢得家长的理解和体谅。总之，只有倾听家长，接纳家长的各种情绪，才能让家长感受到教师和他们站在一起。

2. 与缺少方法的家长沟通

这类家长多表现为缺少科学的育儿方法，在处理各种问题上可能还缺少策略。因此，班长要给予家长一些有效的、具体的指导方法，激发家长参与教育，赢得信服、支持、配合。

案例

有方法的爱

小宝是我班体弱且能力较差的孩子。通过与小宝的家长交谈，班长B老师了解到他是个早产儿，又是父母的老来子，是家中的宠儿，家长在各个方面都对他倍加呵护，导致他的自我服务意识及能力，以及交往能力、动作发展都与同龄伙伴有很大差距。起初，家长对孩子的认识、了解，特别是在同龄孩子中的表现并不是很全面，对教师描述的现象不重视，不认同。于是，B老师有意请家长来幼儿园偷偷观察孩子，给他看孩子的视频录像，使其全方位地了解自己的孩子。在此基础上，B老师向家长推荐学习文章，与家长一起商量教养计划。例如，家长可在家观察孩子，凡是孩子想动手做的事，尽量让他尝试自己做，不要过多代替，鼓励孩子自己做事情，自己吃饭、吃水果。之所以提出这样简单的要求，是因为从出生到孩子上幼儿园，妈妈都是很细心地把水果削净皮，挖掉核，然后榨成汁，让孩子"喝"水果，以至于孩子的咀嚼能力很弱。此前孩子都是由爸爸开车送上学，家长抱着送进班，如果遇到爸爸忙，时间不够，孩子就只好在家休息。沟通后我们要求家长让幼儿能够坚持步行上幼儿园，在锻炼中增强孩子的体质和动作协调能力……

【分析与启示】

在案例中，通过与家长经常性的沟通，班长B老师了解了小宝在家中的每一点进步，家长也熟悉了小宝在幼儿园的表现。在了解幼儿表现的基础上，班长可与班员教师一起分析幼儿产生某种行为背后的原因，并讨论解决问题的办法，让家长掌握一定的教育方法，班长和班员教师也能获得有益启示，最终达到家园共育的目的。在与缺少方法的家长沟通中，班长要引导班员教师与家长建立经常联系，不要陷入被动。通过沟通，让家长感受到教师们和家长有共同的目标——都是为了孩子好，家长就会乐于接受教师的意见，配合教师的工作。

3. 与爱凑热闹的家长沟通

在众多家长中，有些家长比较爱凑热闹，也就是特别爱管闲事，班里的什么事也想参与其中，不管是否和自己有关系，也不管事情到底是对是错。有了此类家长的掺合，可能会使班中的一件小事演变成一件大事，直接影响班级的团结和发展。

案例

爱凑热闹的小飞妈妈

早上一进班 A 老师就对我说："张老师，小飞妈妈怎么这样啊，人家说什么她也说什么，本来跟她没关系，却一个劲儿地添油加醋。"我问 A 老师发生了什么事。A 老师把早上发生的事告诉了我。今天小美妈妈早来园时向教师反映，昨天小美又被强强欺负了，强强抢了小美的玩具，还打了她一下。A 老师正了解着情况，小飞妈妈走过来听见了这件事。便凑上来说："A 老师，您看这强强呀，他怎么老是打人啊，他家长也不管他啊？"A 老师说："这件事我们要先了解情况，然后再对孩子进行引导和教育，家长们也请放心。小美妈妈，我了解情况后再联系你啊。"小美妈妈答应了，也没再说别的。小飞妈妈又说："主要现在都这一个宝贝，都不想让孩子受欺负。"A 老师对我说："张老师，您说强强也没打他家孩子，她怎么什么事都管啊！"看到 A 老师情绪很急躁，我一边安慰她一边分析："A 老师，你先冷静下来，咱们想想小飞妈妈为什么会这样啊？"A 老师说："她就是爱管闲事，有什么事她都想掺和进来表现自己。"我说："嗯，你说得有对的一点，她想表现自己，她也想和家长站在一起表达自己的想法，得到教师的关注，这一点并没有错。但是她却忽略了自己的表达方式是否恰当，她关注的问题是对还是错。"A 老师听了之后点头，说："您说得太对了，那这个问题该怎么办呢？"我又问 A 老师："交往问题是不是中班幼儿面临的问题？"A 老师说："是啊，这是中班幼儿的年龄特点。我明白了，强强和小美间的交往问题正是中班孩子普遍存在的问题，这就是我们的课程。"我很高兴 A 老师能够反思到这一点，同时我也告诉 A 老师，从这个问题上，我们也发现了我们家园沟通中存在的问题。家长们想要表达自己的想法都有什么渠道呢？除了早来园，我们还可以提供更多的渠道让家长们发表意见和观点。

【分析与启示】

面对像小飞妈妈这样爱凑热闹的家长，教师要分析他们的关注点和需求。班长带动班员教师了解家长的特点之后再一起想应对策略。

首先，班长要提供多种沟通渠道。例如，在家长园地里开设家长信箱。家长可以把自己的想法或者想跟教师沟通的话写进去，教师及时查看并给予反馈。又如，充分利用家委会的桥梁作用。家长可以直接跟家委会成员沟通，然后再把问题反馈给教师。再如，教师利用中午或者幼儿离园后的时间，邀请家长来园座谈，有针对性地解决问题。这些方法都能够给家长提供表达的机会，还可以大事化小、小事化了，能够更自然地解决问题。

其次，班长要付出实际行动，真正让家长心服口服。为此，教师可以把交往问题当作主题活动在班中开展，通过一系列的活动来提高孩子们的交往能力，让孩子们做到用适宜的行为解决矛盾和冲突，并结交更多的朋友。

最后，班长要提高班级凝聚力，塑造家长班风建设，如理解奉献、热心包容、团结向上，让家长知道，良好的家长班风能够带给孩子们更加美好快乐的幼儿园生活，教师和家长的目的是一样的，都是为了孩子们健康快乐地成长！

4. 与冷漠型家长沟通

有些家长平时与教师沟通不多，接送孩子后马上就走，班中开展活动时从来不主动参加，有时教师要求孩子回家完成的任务，家长也不能够配合完成。面对这类家长，教师有时会感到束手无措。这类冷漠型家长会带给孩子什么影响呢？班长应如何指导班员教师和这类家长沟通呢？其实，班长可以用心去教育。

案例
因为有爱而不再孤单

嘉宜的妈妈因为家庭原因长期在外地，只有爸爸一个人带嘉宜，而爸爸工作忙的时候根本顾不上她。新年活动中，班里开展了"个人才艺展示"的活动，嘉宜报名参加"轮滑"展示。因为场地原因，轮滑不能在现场表演，所以只能让家长帮助孩子录一段视频。眼看提供视频的时间就要到了，嘉宜的材料还没有上交。C老师关切地问她："爸爸给你录像了吗？""没有，爸爸总是很忙。"嘉宜很忧伤。C老师知道她的爸爸是一个粗枝大叶的人，对女儿的事经常不放在心上。于是，C老师主动给她爸爸打电话进行沟通，但是他爸爸说这几天真没时间管她，要不然就别让她参加了。想着孩子可怜的神情，C老师怎能把她放弃。于是，C老师说："你没时间管，我来管，你明天把孩子的装备带来，我来给她录像吧。"于是，第二天，C老师利用空班时间带孩子到音乐教室录像。嘉宜像个快乐的小精灵，在场地内自由自在地滑行，一会儿绕着大圈滑，一会儿又绕着障碍物 S 形滑，每次走近镜头都挥着手跟 C 老师打招呼，C 老师也微笑着跟她挥挥手，同时向她伸出大拇指，那种感觉就像是面对自己的孩子一样。C老师想，嘉宜可能也会产生同样的感觉，就像面对着妈妈一样。录像完毕，C 老师细心地帮助她脱下装备，这时嘉宜对我说："我觉得很幸福。""为什么?" C 老师问。嘉宜微笑地说:"因为你很关心我,像妈妈一样。" C 老师摸摸她的小脸蛋高兴地说:"你真可爱,我很喜欢你。我就是你幼儿园里的妈妈。"在新年活动中,大家观看了这段视频,都为孩子的精彩表现而鼓掌。嘉宜的爸爸也很高兴,并表示非常感谢教师的关怀和帮助。C 老师告诉他:"我愿意为孩子们的健康成长付出很多,但是我只是老师,是无法替代父母的爱的。我更希望您能够给予孩子更多的陪伴和关注,支持和参与幼儿园的活动,因为孩子一直在期待父母的关注和疼爱。我想您肯定想让孩子有一个快乐美好的童年吧!作为父母,我们不应该因为自己的原因给孩子的童年留下遗憾,这个遗憾可能会伴随孩子终身。"嘉宜的爸爸听完我的话,有些动容,他说:"我以前确实忽视了嘉宜的需要,这个孩子有什么想法从来不说出来,总是憋在心里,主要是我对她的关怀不够,以后我一定改。老师有什么需要我帮忙的,就尽管告诉我,我一定努力去做。"在接下来的日子里,C 老师和嘉宜爸爸的沟通越来越多,教师们也看到了一位父亲的转变,他对嘉宜有了更多的关注和疼爱,更加信任教师,并积极参与幼儿园的活动。

【分析与启示】

谁不爱自己的孩子呢?有的家长是由于没有意识到家长参与幼儿园活动的重要性,认为参加幼儿园活动与否都无所谓;而有的家长是因为工作特别忙,没有精力关注幼儿的情况;还有的是由于离异等原因,无法关注幼儿的在园生活。针对以上情况,首先,教师要主动和家长沟通,了解原因所在,从而有针对性地制定教育措施;其次,教师要用真心、爱心给家长做好榜样,让家长看到教师的付出和孩子们的改变,从而感化家长。我们还可以把这个过程用故事或者录像的方式记录下来,并提供给家长们看,让家长们意识到家园沟通的重要性,以及家长参与幼儿活动的重要性。家长都是爱孩子的,当他们看到这些,一定会在心中转变观念,更加重视孩子们的幼儿园生活。对于一些不知该如何支持幼儿活动的家长来说,教师可以更加细致地指导他们,教给他们如何去做,陪伴他们不断尝试调整,使他们越来越有经验,越做越好。冷漠型家长之所以冷漠肯定是有原因的,教师应更多地理解家长。

5. 与"特殊"幼儿的家长沟通

班长不能轻易对"特殊"幼儿贴上"自闭症"等标签,因为班长不具备这样的界定资格,同时也应要求班中其他教师不对"特殊"幼儿做任何判定。班长有责任和义务将孩子在园中的表现及时、真实地反馈给家长,帮助家长了解并意识到自己孩子的反常行为。班长可以和班员教师共同讨论什么样的交流方式和语言才能够让家长接受。

案例

"有活力"的京京

班长与京京妈妈在睡眠室单独沟通。班长语重心长地说："京京是个特别有'活力'的孩子，浑身都有一股使不完的劲儿，而且特别热情，喜欢帮助老师做事情，但是最近我们发现孩子容易脾气暴躁，在集体活动中影响了自己与其他小朋友，只能由不带班的老师单独陪着他。三个老师都为他感到特别着急。今天约您来是想和您了解一下孩子在家里的情况。"京京妈妈听后很愿意将孩子在家的表现反馈给老师，并与老师一起商量帮助京京的解决办法。

【分析与启示】

首先，班长选择单独与家长进行沟通，目的就是保护家长的面子。在与家长正式聊这些问题之前，班长选择了先说孩子好的方面，再用家长可以接受的语言来反映孩子的问题。这样的方法不仅能减轻家长的心理压力，还能让家长意识到孩子过分地有"活力"属于反常行为，应该引起重视。

班长应站在家长的角度和为了孩子发展的角度，与家长真诚地沟通交流，这样能够更容易让家长接受教师的反馈，听取教师的意见，及早意识到孩子的问题，带孩子进行治疗，使孩子尽早恢复健康。

（四）教师如何解决家长的特殊要求

家长工作在班级工作中是非常重要的一部分，而家长的需求更是教师应该关注的。但是，在教师与家长沟通的过程中，有些家长会提出一些教师无法满足的要求，这些要求会让教师感到很为难，容易与家长产生矛盾。

教师要充分理解家长，并分析家长提出要求背后的原因，以及这些要求对孩子的发展是否有利等。教师要帮助家长树立正确的教育理念，向家长宣传正确的育儿方法和知识，让家长充分信任幼儿园和班级教师，让家长接受教师的指导，支持与配合教师的工作，达到家园共育，促进幼儿发展。

案例

家长的"特殊"要求

早晨幼儿来园时，西西妈妈面带愁容地和老师说："老师，西西说在幼儿园老睡不着觉，晚上老是因为这个哭，不想来幼儿园。您看午休时间能不能让她看看书，玩会玩具，就别让她睡觉了？"教师对家长说："这可不行，午睡是幼儿园规定的，休息不好会影响孩子下午的活动。"西西妈妈听完，皱着眉头说："她在家就不怎么爱睡觉，我们就陪着她玩。"教师回应家长说："在幼儿园就要按幼儿园的规定，她生活在集体里，就要和其他孩子一样。"西西妈妈非常不高兴，什么都没说就走了。

【分析与启示】

在这一案例中，家长的要求违背了幼儿园的规定，不利于幼儿的发展。但是，教师也没有站在家长的角度去考虑问题，而只是用幼儿园的规章制度来回应家长，和家长沟通比较生硬，考虑不够全面，这样会使家长对教师产生反感，不能充分信任教师，造成双方沟通不畅。

对待提出特殊要求的家长，班长首先要沉着冷静，稳定家长情绪。其实家长和教师的出发点都是为了孩子，尤其是小班家长，对幼儿和幼儿园都比较担忧，还不能够完全信任教师。家长考虑的是自己的孩子，而教师则需要考虑所有孩子，所以班长应召集班员教师召开班会商量，带领班员教师站在班级的角度思考问题。比如，家长为何会提出这样的要求？这个要求是不是有利于孩子的发展？是否站在孩子的角度考虑？教师怎样与家长进行有效的沟通？通过讨论，班员教师达成共识，班长也要做到心中有数，让班员教师明确解决方法，避免与家长产生误会，这样才能够与家长进行有效的沟通。教师要让家长感到，教师是站在孩子的角度考虑的，出发点是为了孩子的身心健康和发展。教师应与家长真诚沟通，让家长理解教师的工作，并指导家长在家运用正确的教育理念指导幼儿，做到家园配合，共同帮助幼儿进步和成长。教师在孩子有所转变的时候及时与家长沟通孩子的情况，让家长信任和信服教师，愿意配合班级工作。通过有效的沟通，教师和家长更加理解对方，以后再遇到类似问题，双方就能够很好地解决。

第六章　班级管理工作评价

第一节　班级管理工作评价的含义、目的及作用

一、班级管理工作评价的含义

正确理解幼儿园班级管理工作评价的含义是做好班级管理工作评价的前提，把握其含义能够准确定位班级管理工作评价的目标，确保评价工作的方向。幼儿园班级管理工作是班级保教人员统筹与协调各种资源，计划、组织、实施以及评价班级日常保教工作，以提高班级保教工作质量为目的的管理活动。幼儿园班级管理工作评价是依据一定的标准和程序，采用适宜的工具，有目的、有计划、有组织地收集班级管理工作的各项真实、有效的信息，在此基础上做出价值判断的过程。

二、班级管理工作评价的目的

幼儿园班级管理工作是具有特殊规律的实践性活动。班级管理工作评价的目的主要是发现目前班级管理工作中存在的问题，发现班级管理工作的闪光点，进一步改进、改善班级管理工作。在不断推进、改进幼儿园班级管理工作的同时，建立、改善、推广好的班级管理工作范式，规避班级管理工作过程中问题的扩展，提升班级管理工作的质量。有效的评价能够甄别不同的幼儿园班级管理工作模式，区分班级管理工作的质量，而在评价过程中收集、整理的信息和数据是改进班级管理工作质量的可靠依据。幼儿园班级管理工作评价作为学前教育评价的重要组成部分，也涉及管理学的相关内容，科学、系统、规范的班级管理工作评价能有效促进班级管理工作质量的提升，为促进幼儿园教育质量提升打下坚实的基础。

三、班级管理工作评价的作用

对幼儿园班级管理工作进行评价有助于规范班级管理行为，提升班级管理工作的质量。对幼儿园班级管理工作进行评价，其作用主要体现在以下几个方面。

（一）导向作用

幼儿园班级管理工作评价本身蕴含着某种价值取向，评价的过程是对不同的班级管理工作做出价值判断的过程，包括鼓励、提倡或否定某些班级管理的

行为，即确立班级管理工作的相关标准，为班级管理工作指明方向，如哪些行为是可以继续保持并发扬下去的，哪些行为是有待改进的。教师也会依据标准不断地思考班级管理工作中存在的问题及改进措施，使班级管理工作向着更好的方向发展。

（二）反馈作用

在评价幼儿园班级管理工作的过程中，班长可以获取、收集、整合班级管理工作的相关信息，使班级管理工作更加系统化、整体化，为反思、审视班级管理工作提供参考，从而更清楚地把握班级管理工作的优势和问题，以便及时采取措施，改进工作。同时，信息的反馈可以促进班级教师进一步思考、修正、梳理自身班级管理工作的思路，使班级管理工作更科学，更有成效，有利于教师发现并改进问题，促进班级管理工作质量的提高。

（三）诊断作用

通过班级管理工作评价，班长可以更清晰地把握幼儿园班级管理工作的动态，发现管理中存在的主要问题，分析出现这些问题的原因，寻找相应的解决方法。比如，在评价过程中班长发现某班班级管理的某些目标没有实现，原因可能是多方面的：一是目标制定得不切实际；二是过程中环境条件发生重大变化，导致目标无法实施；三是班级成员的态度、状态需要向着更加积极的方向发展。这就需要班长通过评价，进一步分析原因，寻求改变现状的对策。

（四）教育作用

幼儿园班级管理评价的工具还包含幼儿园班级管理工作标准、幼儿园班级工作的质量标准。要达到这些标准，班级教师需要同心协力，相互配合，团结协作。因此，幼儿园班级管理评价的过程，也是对教师进行工作标准教育、质量教育、集体观念教育的过程。

（五）激励作用

现代管理理念强调"以人为本"的管理，注重尊重和激发教师的自主精神，即通过评价手段，充分调动教职工的工作积极性、主动性和创造性，激发人的内在潜力和能力。班级管理工作评价是班级保教工作管理中的重要环节，它同样也是促进教师发展、激励教师成长的有效手段。评价一方面充分肯定班级管理工作方面的成绩、绩效，使班级成员都能获得不同程度的成功感，充满信心；另一方面实事求是地反馈工作中尚存的问题与不足，从而鼓舞班级成员，明确努力的方向，树立信心。

第二节 班级管理工作评价的主体、内容及原则

一、班级管理工作评价的主体

班级是幼儿园建设的重要组成单位，班级管理工作是整个幼儿园管理中不可或缺的部分。班级管理工作评价的主体要实现多元化，保证评价主体的多元性、客观性。班级管理工作评价的主体可以是园长、班长、班员教师、幼儿、家长。班级管理工作评价可作为幼儿园管理者评价班级工作的参考，也可用作班长评价班员教师表现的标准，以及班长对班级管理工作质量自我评价的有效手段。同时，班长也可以通过观察所处班级中幼儿的表现和家长的满意度来看班级管理工作的实施效果。

二、班级管理工作评价的内容

幼儿园班级管理是由幼儿园班级中的保教人员通过计划、实施、总结、评价等过程协调班级内外的人、财、物，以达到高效率实现保育和教育目的的综合性活动。

从班级管理的内涵出发，班级管理工作的评价主要涵盖班级文化建设、班级常规工作管理、班级保教工作管理、班级家园共育工作这四个方面的内容，在其基础上进行拓展。各个方面的评价都有各自的评价项目，每个项目又有各自具体的指标。班级文化建设主要从精神文化、制度文化、物质文化、学习文化等方面进行评价；班级常规工作管理评价则强调幼儿管理、教师管理及班务管理；班级保教工作管理从创设环境、观察儿童、班级计划与落实、一日活动等方面进行评价；班级家园共育工作的评价主要是强调家园共育专栏、家长会、家园共育活动、家访、家委会作用的发挥。

三、班级管理工作评价的原则

评价主体对幼儿园班级管理工作评价时要遵循以下原则。

（一）方向性原则

班级管理工作评价必须坚持科学理念的引领，以保证评价的正确方向，注意发挥班级管理工作评价的导向作用。通过工作评价，班级成员不断进行自我认识，自我对照，明确自身及班级管理工作发展和调整的方向，不断实现自我调整和控制，保证评价的导向作用。

（二）客观性原则

在进行班级工作评价时，评价主体必须采取客观的、实事求是的态度，不能主观臆断。因此，必须做到公正、客观，否则很难得出一个科学的、准确的评价结论。对于评价主体来说，坚持这一原则，必须全面地收集各方面的评价

信息，并保证收集的信息和信息来源渠道的真实性、多样性、可靠性，从而保证保教管理工作评价的客观性。

（三）发展性原则

班级管理工作评价是一个动态的过程。在班级管理工作评价中，评价主体要坚持用发展变化的眼光来看待评价对象，在评价的过程中，要根据评价对象的变化适时进行调整，不断完善评价指标，与时俱进地调整、丰富、改进工作。只有用发展变化的观点做出解释，才能调动班级成员的工作积极性、主动性，从而促进班级管理工作的改善。

（四）改进性原则

幼儿园班级管理工作评价的真正目的是通过评价促进班级管理工作的改善，提高班级管理工作的质量。评价不仅要了解班级管理的实际水平，而且要从评价过程和结论中发现新情况、新问题，不断改进班级管理工作。

（五）多种评价相结合的原则

班级管理工作是一个多边系统，评价时既要关注评价对象的某一侧面，又要关注整体工作；既要对评价对象进行量化解释，又不要忽略质性评价；既要看评价的结果，又要看评价的过程。所以，评价主体在做出评价时要坚持相对评价和绝对评价相结合、单项评价与综合评价相结合、定性评价与定量评价相结合、自我评价与他人评价相结合、终结性评价与发展性评价相结合的原则。只有这样，才能保证评价的科学性，才能有利于班级各方面工作的改进，才能发挥评价的导向功能和激励功能。

第三节　班级管理工作评价概况

一、班级管理工作评价的类型

（一）按评价的基准分类

1. 相对评价

相对评价是指以从幼儿园班级管理工作某方面内容的总体中选取一个或若干个对象（评价对象）为基准，如以在班级管理工作某一方面做得比较好的班级为基准，然后将其他班级与这个班级的相关管理工作进行比较，或者是用某种方法把评价对象排列成先后顺序。在幼儿园班级管理工作评价中，常常以树立模范典型，激励全园各班级学习的方式提升班级管理工作的质量。但是，由于这种评价存在明显的竞争，容易造成被评价者、被评班级的班长和班员教师内心处于紧张状态，从而影响班级管理工作的正常进行。这种"矮子里拔将军"的评价模式只能显示班级的某个方面在班级管理工作中的位置，而不一定是被评价班级管理的实际水平。因此，班级管理工作评价标准的制定，评价过程的实施，如何选择评价的相对标准以及评出相对标准后如何在幼儿园宣传这个班级管理工作的经验，促进班级保教管理工作质量的提高，形成评价工作的良性循环是非常值得注意的问题。

2. 绝对评价

绝对评价是指就班级管理工作的各方面内容确定一定的客观标准，评价时，将班级的某方面内容与这个客观的标准进行比较，评价其达到标准的程度，从而做出价值判断。在幼儿园管理实践中，业务管理部门对班级管理工作的评价常采用这样的方式。幼儿园制定一个客观标准，对班级管理工作的各方面内容进行评价。由于它具有客观的标准，所以这样的评价比较容易保证评价的科学、准确。评价之后，也可以使被评价班级找到差距，及时调整行为。

3. 个体内差异评价

个体内差异评价是把班级管理工作评价的各方面内容的过去和现在进行比较，或者把一个方面的若干侧面相互比较，这一类型的评价多用于班级内部自我评价。这种评价充分照顾到了个体的差异，使每一个班级和幼儿园总体都能看到自己的进步和不足，并且不会给被评价班级造成过大的心理压力。因此，这种评价作为一种日常管理手段，常被班级保教人员使用。但是，由于没有客观的标准，仅仅是班级个体的自我比较，所以很容易使被评价班级坐井观天，自我满足。同时，由于它没有标准，因此其结果很难令人信服，所以个体内差异评价往往与相对评价结合起来运用。

（二）按评价的功能分类

1. 阶段性评价

阶段性评价是指在班级管理工作开展到一定阶段或某一活动完成时进行的总结与评价。通过对每个阶段进行评价，班级教师能够及时发现本阶段班级管理工作存在的问题，及时对班级管理工作进行总结，提出改进的措施和策略，为下一阶段的管理工作打下基础。

2. 终结性评价

终结性评价是指在班级管理工作按计划完成后进行的评价，主要是班级教师对本学期班级管理工作的一个总结，既能全面了解学期管理工作的开展情况，也能在此基础上，确定下一学期班级管理工作的要点、重点及难点。

（三）按参与评价的主体分类

1. 自我评价

自我评价是被评价班级参照一定的标准，自己对班级的管理工作进行评价的过程，可以是个体的，也可以是班级成员总体的评价。这种评价能激发被评价者的自尊和自信，使班级能够自觉、主动地接受评价。此外，自我评价还能增强被评价者的自我评价意识和自我评价能力，有利于及时自我反馈、调节、改进。但是，自我评价往往缺乏外在参照，不便进行横向比较，主观性较大，容易出现评价过低或过高的现象。

2. 外部评价

外部评价是由被评价班级之外的他人来进行评价，包括各级管理部门的评价（检查性、认可性、鉴定性评价），专家、同行的评价和社会评价等。外部评价一般较为严格、慎重，也比较客观，可信度相对较高。但由于外部压力的存在，往往容易引发被评价者的抵触、焦虑、应付、迎合等心理，从而影响评价结果的客观性。

（四）按评价的方法分类

1. 定量评价

定量评价是指采用定量计算的方法，收集数据资料，用一定的数字模型或数学方法，做出定量结论的评价。例如，运用教育测量与统计的方法对幼儿园班级管理工作的某些方面进行评价。

2. 定性评价

定性评价是指对不便量化的评价对象，采用定性的方法，做出价值判断。例如，用调查法、观察法、系统分析法等收集、处理评价信息，做出判断，进行定性描述。其实，在幼儿园班级管理工作中，定性的评价更常见，运用也更为广泛。如何评价班级管理工作，更多的是基于评价主体对某些方面的主观认识，从而做出价值判断，衡量班级管理工作的质量。

（五）按评价的范围分类

按评价的范围来分，可以分为单项评价，即对班级管理的一项工作或活动进行评价；多项评价，即对班级管理的多项工作或活动进行总结与评价；全面评价，即对一定阶段内（如一学期、一学年）的班级管理工作进行评价。

二、班级管理工作评价的工具

幼儿园班级管理工作评价的工具，也就是评价依据的指标体系会因评价内容的变化而变化。本书按照班级管理工作评价的内容，包括班级文化建设、班级常规工作管理、班级保教工作管理、班级家园共育工作等内容，分别设计了相应的评价表。每个评价表的评价结果并未细化为具体的分数，而是将发展性评价和动态评价结合在一起，将每一个评价项目和标准划分为不同的等级，作为规范班级管理工作的一个参考。园长、教师、家长可依据评价表对照班级的管理工作处于哪种状态，针对不足之处做出调整。具体的评价表如下。

（一）班级文化建设评价表

班级文化建设评价表

评价项目	评价标准	评价等级		
精神文化	树立正确的儿童观和教育观，逐步在班级工作中达成共识，和谐共育。	A	B	C
	教师、幼儿、家长之间关系和谐，平等尊重，能够互帮互促，有归属感和自豪感。	A	B	C
制度文化	教师能够自觉遵守园内各项规章制度，有意识地规范自身行为，并落实到班级工作中，做到心中有制度。	A	B	C
	能民主协商各项班级制度，积极提出合理化建议，并有良好的执行力。	A	B	C
物质文化	班级环境安全整洁，摆放有序，收取方便，富有儿童情趣。	A	B	C
	活动区各种材料安全、适宜、充足，能合理利用自然物，符合幼儿年龄特点。	A	B	C
学习文化	积极为班级工作提出合理化建议，有智慧的碰撞，创新优化工作。	A	B	C
	能积极主动地通过多种学习途径，提高专业文化素养，提升自身专业能力。	A	B	C
总体的优势与建议				

（二）班级常规工作管理评价表

班级常规工作管理评价表

评价项目	评价标准	评价等级		
幼儿管理	能够照顾到大部分幼儿的普遍需求，尊重幼儿的个性差异，处理其中的矛盾与冲突。	A	B	C
	在体能测试和发展测查评估等体检活动中，能有效协调幼儿园、教师、家长、幼儿之间的关系，保证体检顺利进行。	A	B	C
教师管理	定期召开班会，班会有实质的内容、明确的主题，积极围绕班级存在的问题展开民主的讨论。	A	B	C
	在制订、实施和总结班级计划的过程中能调动班员教师的积极性，使其一起参与到班级计划的研讨活动中。	A	B	C
	根据班员教师的教龄、特点，能有针对性地采取不同的策略与不同类型的教师进行有效沟通。	A	B	C

234

评价项目	评价标准	评价等级		
班务管理	保证日常安全检查稳步进行，突发事故应急处理、安全教育和卫生保健管理两手抓，统筹协调班级安全管理工作。	A	B	C
	注重班级物品管理，加强对设施设备和日常用品的维护与更新。	A	B	C
	在临时性任务中能灵活多变，做好相应调整。	A	B	C
总体的优势与建议				

(三) 班级保教工作管理评价表

班级保教工作管理评价表

评价项目	评价标准	评价等级		
创设环境	班长积极向上、朝气蓬勃，充满正能量，并且民主、和蔼、亲切。师幼关系融洽、平等、和谐，具有包容性。	A	B	C
	环境丰富、安全、适宜、有序，材料有层次、充足，符合幼儿的年龄特点，具有目标性、发展性、挑战性、引发性。	A	B	C
观察儿童	观察全体幼儿要客观、全面，有目的性，灵活处理问题，注重对幼儿隐私的保护。	A	B	C
	观察个别幼儿要深入、延续、客观。	A	B	C
班级计划与落实	计划制订具有民主性，能够尊重大家的想法，主动沟通，形成的计划比较有意义且分工明确。	A	B	C
	计划有针对性，符合班级的实际，制订以后与园长及时对接。	A	B	C
一日活动	组织的活动能让幼儿喜欢，动静结合。	A	B	C
	集体教育活动具有目的性、计划性、挑战性、自主性、实效性、兴趣性、层次性，符合幼儿的年龄特点和发展需要。	A	B	C
	区域游戏活动具有开放性、自主性、引发性，材料丰富，有层次，能够引发幼儿的探究活动。	A	B	C
	户外活动保证安全、科学，注重幼儿的个体差异，选择适宜的场地、材料、时间，尊重幼儿的兴趣。	A	B	C
总体的优势与建议				

（四）班级家园共育工作评价表

班级家园共育工作评价表

评价项目	评价标准	评价等级		
家园共育专栏	版面安排合理，符合幼儿的年龄特点。	A	B	C
	内容具有目的性、及时性、科学性。	A	B	C
家长会	根据班级教育的特点，借助多种资源，形式多样，家长感兴趣。	A	B	C
	内容具有计划性、目的性，科学、全面，符合家长的需求。	A	B	C
家园共育活动	形式多样、严谨、有序，体现专业性，有意义，有价值。	A	B	C
	理解、支持、配合家长，有效引领家长的育儿观。	A	B	C
家访	有准备，有计划，目的性强，有针对性。	A	B	C
	建立熟悉、亲密的关系，尊重家庭习惯。	A	B	C
	家访过后及时整理、记录、总结。	A	B	C
家委会	在家长自愿的基础上，选择组织能力、宣传能力较强，善于沟通交流，充满正能量的家长。	A	B	C
	有计划，有落实，定期开会，讨论方案，合理分工。	A	B	C
总体的优势与建议				

三、班级管理工作评价应注意的问题

班级管理工作评价是对班级管理工作目标的达成度、计划与实施的有效性进行判断，以期调整班级管理工作的具体方向，从而推进班级管理工作的科学化和规范化，更好地为实现班级管理工作的目标服务。有效的班级管理工作评价能激励班级成员不断调整、完善工作，使班级管理有章可循、井井有条。但在实践中班级管理工作评价尚存在诸多问题，要做好班级管理工作评价需要注意以下几点。

（一）注重将终结性评价和过程性评价相结合

目前，受传统思想的影响，多数人认为终结性评价简便易行，能做出准确判断，而过程性评价较麻烦，不易操作，不能准确评定班级管理的结果。因此，班级管理评价更重视终结性评价，忽视过程性评价。这种重结果、轻过程的评价容易使班级出现专制化管理的倾向，不利于对班级成员的激励。

班级管理的过程性评价更多关注班级管理工作的过程，是在班级管理工作的过程中，为使班级管理效果更好，对班级管理的各方面内容不断进行的评

价。它有助于及时了解班级管理过程中存在的问题，以便及时反馈和有效调整管理工作，促使班级管理工作的质量有效提高。过程性评价很好地填补了终结性评价的死角，关注班级管理工作发展的中间环节。在班级管理工作评价时，应把终结性评价同过程性评价结合起来，对班级管理过程进行科学、有效的评价。

（二）注重将评价与指导相结合

班级管理工作评价的结果是评价班级管理水平优劣的一个重要方面，是衡量班级管理质量不可缺少的有效尺度。但片面地追求评价结果，把结果当作评价班级管理工作的唯一标准，使评价标准带有浓浓的功利色彩就本末倒置了。如何有效利用评价结果，是班级管理评价工作亟须解决的问题。

通过评价，班级教师对班级管理的过程进行回顾、分析和判断，清楚地掌握班级管理的全部过程，了解班级计划执行的情况以及班级管理的效果。对班级管理工作的评估与判断，有利于教师分析、判断工作中的利弊得失，总结成功的经验，找到失误的原因，为指导下一阶段的工作奠定一个良好的基础。

（三）注重将定性评价与定量评价相结合

在幼儿园班级管理工作评价中，评价者要注重将定性评价与定量评价相结合，立足全面，互为参照。例如，"班级文化建设评价表"中的精神文化就很难用定量的指标加以测量，而只能通过观察、调查、分析得出结论。物质文化方面又必须有确凿的数据作为证明。因此，只有综合使用定性评价和定量评价才能科学、准确地进行评价，才能做到评价的有理、有据，对提高下一阶段班级管理工作的质量十分有益。

（四）注重整合多方面评价主体的力量

实践工作中，多数班级管理评价就是幼儿园管理部门、管理者对班级管理工作的效果进行考核和评价，容易忽视班长、教师、幼儿及家长的参与，造成对班级情况不够了解，管理与评价分离，影响评价的效果。

班级管理工作评价主体的确定很重要。班级管理的评价需要整合管理者、班级成员、幼儿、家长等各方面的评价力量，全面把握被评班级的现状及发展情况，营造理解、信任、激励和促进班级发展的民主管理氛围。自评、他评相结合，可以帮助集体中每一位成员把个人行为与集体荣誉联系起来，加深对集体的认同感，强化自己的角色意识。评价的过程是所有评价主体对管理过程、管理效果进行再认识的过程，目的是从再认识中自觉规范，有效调整。

（五）注重建立有层次的评价激励机制

现在的班级管理工作评价，更多的是根据评价结果的金字塔来进行个别的奖励，这样容易孤立顶尖少数，挫伤大多数的中间层，造成发展的两极分化。

每一个班级以及班级中的每一名成员都渴望成功，渴望享受成功的喜悦。因此，班级管理工作评价在不同班级或班级成员获得进步时都应及时给予鼓励，这是培养班级及其成员成就感的最好方式，也是提高教师积极性的有效手段。

（六）注重以人为本，客观、公正地进行评价

只有公平公正地进行评价，评价过程及结果才能得到班级成员的认可和接受，才能有效地促进班级管理工作的贯彻和落实，减少执行工作中的阻力。因此，评价工作要体现以人为本的理念，尊重班级成员的意愿和建议，对人、对事要一视同仁，客观、真实地反映保教管理工作的情况，依据评价项目、标准，实事求是地对班级管理工作的内容进行评价。统计的情况和数据要与事实一致，既不夸大，也不缩小，既不编造，也不遗漏，促使班级管理工作评价真正起到应有的作用。

四、班级管理工作评价结果的运用

幼儿园的班级管理工作评价在幼儿园班级管理中属于比较薄弱的环节。班级管理工作评价的目的是为了了解班级管理工作的现状和问题，在此基础上园所进行调整和完善，不断促进班级管理工作质量的提升。有效利用评价结果，将其运用在班级管理工作中，就需要评价者在评价过程中发现问题，解决问题。

（一）班级文化建设评价

班级文化建设是幼儿园文化建设的基本单位，是产生文化、实施文化、改造文化的重要基地。因此，园所都非常注重班级文化建设，把构建好班级文化建设当作管理班级的重要法宝之一。班级文化建设是依托并通过班级这个载体来反映和传播文化的，它是由班集体中全体成员创造出来的独特的班级生活方式。班级文化作为一种隐性的教育力量，表现出一个班级独特的风貌和精神，是一个班级的灵魂所在，具有凝聚、约束、鼓舞、同化的作用。班级文化是班级建设的重要支持和核心，班级文化建设的质量直接影响着幼儿各方面的发展。适时、适宜的班级文化建设评价显得尤为重要。

案例 1

齐心协力，共建班级文化

开学一段时间后，幼儿园某班三位教师在日常交流班级幼儿需求、设计活动计划的时候，经常出现班长一人唱独角戏的情况。为了能够更加客观地了解自己班中班级文化建设的适宜性，教师们召开了班会，依据"班级文化建设评价表"的相关标准，对班级文化建设的情况进行评价。评价后，班长 A 老师认真翻阅了班员教师填写的评价结果，了解了教师们的心声，并和教师们一起

讨论评价结果。班长发现在"学习文化建设评价指标"中的"积极为班级工作提出合理化建议，有智慧的碰撞，创新优化工作"和"能积极主动地通过多种学习途径，提高专业文化素养，提升自身专业能力"这两项标准中，班中教师都选择了 C。针对大家的评价结果，我们分析了原因：由于班上教师的配备是按老、中、青三个不同年龄段安排的，因此大家的学习需求是不同的。影响教师学习的因素有四个方面：①没有时间学习，忙于工作和照顾家庭；②没有学习激情；③学习方法落后；④在职培训的机会有限。年轻教师在工作中感觉自身的经验和能力有限，有时候驾驭幼儿的能力较弱；缺乏一些专业知识的学习，提升自己教育教学能力方面有限，因此也较为苦恼。而年龄较大的教师虽然在教育教学上经验较为丰富，但随着教育观念的更新，有些教育理念的转变也使他们感到困扰。由于老教师学习的意识和能力不足，在班级工作中提出建议时，就会产生较多的顾虑。

【分析与启示】

在案例中，教师们一起分析了出现以上评价结果的原因。针对以上原因，班长可以通过好书分享、实践观摩、写作指导等方式为年轻教师提供学习的机会；通过图书推荐、经验交流等方式给予老教师更多的帮助。就这样，在大家的共同努力下，学习氛围会越来越浓，教师们也就会逐渐愿意发表自己的观点，慢慢地就会形成一个积极向上的学习共同体，班级成员在这个和谐温暖的班集体中也会更加团结和默契。

幼儿园班级文化包括四个方面：物质文化、制度文化、精神文化和学习文化。其中，学习文化是班级文化的一项重要内容。怎样才能把班级的学习文化建设好，应该成为班长积极思考的问题。

班级作为幼儿园一个较小的管理执行团队，在幼儿园这个大家庭中起着至关重要的作用。在班级文化建设评价过程中，首先，班长要起到班中领头羊的作用，做到公平、公正和客观地评价。其次，重视评价过后的反思调整。当大家把评价结果展现出来后，班长要认真仔细地分析这些结果，同时要深入了解结果背后的真实原因，并利用班会、个别沟通等方式与班员教师共同想出解决办法。班级文化建设评价既能增强班级的凝聚力，又能提高班长的班级管理能力。

案例 2

小板块有大作用

新学期班级工作开展一个月后，班长 B 老师发现，由于种种原因班级教师在执行制度方面多次出现问题。通过班会，B 老师运用"班级文化建设评价表"对班级制度文化建设工作进行了评价，发现制度文化项目等级偏低。因此，针对这一现状，结合对班级各方面情况的了解，B 老师进行了细致分析。每位教师从自身做起，查找问题，提出改进措施。

为了能够根据实际问题调整并改进工作，B 老师采用制度文化提示板的形式，将存在的问题写在提示板上。例如，上班不能随时动手机，按时上交计划，及时与家长进行信息交流等。这些提示为后期教师规范工作，严格执行制度起到了有效的作用。

【分析与启示】

在案例中，班长针对班级执行制度方面的问题，采取了相应措施，取得了良好效果。幼儿园制度文化首先表现为文本化的各种规章制度，是幼儿园要求大家共同遵守的，具有科学性、思想性、教育性的行动准则。把外在的要求转化为内在的需要是班级制度文化建设的目的和归宿。然而，班长需要依托班级文化建设评价对班级制度文化建设的程度定期进行梳理，使班员教师了解班级文化建设所处的阶段，并依据当前状况及时做出调整。

班长要带动班级成员定期对工作进行剖析、分析，总结自身存在的问题与不足，定期开展有效的沟通，促进班级制度文化建设的有效落实。

（二）班级常规工作管理评价

班级常规工作管理是幼儿园最基本的工作，班级常规工作与教师的利益息息相关。在日常工作中，班长往往会忽视对班级常规工作的评价。评价班级常规工作的管理，班长需要做到以下三点。

第一，尊重教师差异，化解矛盾，增强幼儿管理的针对性。

第二，根据教师特点，加强沟通，提高教师管理的有效性。

第三，合理安排常规管理的进程，灵活调整，提高班务管理的效率。

案例 1

过多的表扬

由于先天小脑发育不良，力力的左侧身体严重缺失运动能力，平时需要教师的特殊护理和格外关注。她不仅在游戏运动时需要教师的随时照顾，就连每次上下楼梯也要教师领着。一段时间后教师发现，力力明显对教师产生了依赖。再简单的项目，力力也会用"哭"的方式寻求教师的帮助，生活中也随时需要教师的鼓励与关注，每次完成类似吃饭喝水这样的小事，她都会用"我都吃完了""我都喝完了"来争取教师的表扬，致使其他幼儿也在完成力所能及的小事时自我炫耀，班级常规受到了影响。

为此，教师们都很纠结。到底要不要给予力力如此多的表扬呢？在集体中回应力力，会不会影响到其他幼儿的发展需求呢？教师一味表扬、肯定力力，是否会让其他幼儿产生不公平的感觉呢？怎样在保护力力的同时，培养她的独立意识和生活技能呢？带着这些困惑，教师们开始了班级工作的自查自评。

通过学习并对照"班级常规工作管理评价表"中的"幼儿管理"部分，我们对班级常规工作进行评价。在"照顾到大部分幼儿的普遍需求，尊重幼儿的个别差异，处理其中的矛盾与冲突"方面，教师们的方式方法还存在问题。班级教师经讨论后达成共识，及时调整教育策略。教师要努力为不同能力水平的幼儿创设条件，提供锻炼机会，更多采用生活化的游戏情境促进幼儿的发展。对于力力而言，教师要给予她最真实有效的鼓励，不敷衍，在更多环节为力力创设实践的机会，让她感受到平等和尊重。在家园配合方面，积极与家长达成共识。对全体幼儿，教师要营造和谐友爱的集体氛围，引导班级全体成员，以同理心关心并帮助力力这样有特殊需求的同伴。

一段时间后，班级的常规管理工作有了明显的转变，幼儿执行常规更加有序了。

【分析与启示】

本案例中显然教师对个体的关注有些过度，不但使力力产生了依赖倾向，阻碍了她独立性的发展，而且由于教师对力力的特殊关照，忽略了其他幼儿的合理需求，使得评价产生了偏差。班长有责任、有义务向家长介绍力力在园的真实情况和问题，做好家园沟通，及时分析，有效互动，共同完成对力力的教育培养任务。

当班级常规管理工作出现问题时，班长要以正确的理念为指导，树立事事以集体利益为重、以绝大多数幼儿的利益为重的意识。面对问题，班长应恰当运用评价手段，正确分析现状，正视问题，权衡利弊，用一分为二的方法看待教师的工作方式与方法，既肯定教师对特殊幼儿尊重与呵护所付出的辛劳，又要反思教育行为对幼儿和班级工作的不适宜性。班长借助评价工具，能有效控制班级工作的节奏，并有效调整工作的策略和方法，从而完善工作细节，保证工作质量。

案例 2

老师喜欢谁

接待来园时，梅梅妈妈悄悄对班长说："梅梅不爱来幼儿园，说王老师不喜欢她。"班长安慰梅梅妈妈："怎么会？王老师喜欢梅梅，喜欢所有的小朋友。"午休时，班长跟王老师谈起了这件事，了解到前一天事情的经过。区域活动时，梅梅向王老师哭诉："辰辰抢我的玩具，还打我。"王老师不但没有调查事情的真相，反而偏袒辰辰说："是不是辰辰先拿到的玩具？你要谦让，玩具要大家一起玩。"一旁的文文天真地说："是梅梅先拿到的玩具，我们俩一起玩的。"无奈，王老师只得象征性地说了辰辰："以后别抢玩具了。"而一贯被王老师"保护"的辰辰也很委屈，眼圈红红地说："可是我想玩，她不给我。"王老师马上搂着辰辰说："王老师最喜欢辰辰了，咱们去玩别的玩具。"

借此机会，根据"班级常规工作管理评价表"中"教师管理"评价的标准，班长和王老师认真地分析了她对辰辰的偏爱以及由此产生的不良后果。王老师爱孩子是没有错的，但是爱的方式和出发点需要调整。当她抱辰辰、亲辰辰的时候，应关注其他幼儿和其他家长的感受。王老师逐步意识到自己过分关注和喜爱辰辰，对其他幼儿是不公平的，偏离了面向全体的教育原则。对于家长，也会造成不良影响，不利于家园共育的良性循环。另外，教师们还分析了辰辰入园以来的变化，发现许多矛盾问题在他身上集中出现。教师们一致认为，过度关爱使辰辰的自我中心意识有增无减，这样不利于他正确的自我认知与自我评价的建立及其社会性发展。

【分析与启示】

案例中，王老师如此"爱"孩子显然是不适宜的，长此以往，不仅会导致辰辰与集体的脱节，产生不好的"自我"倾向，还会因为无视其他孩子对爱与关注的合理需求，使其产生负面情绪或对教师失去信任。另外，对于家长工作的开展也会产生不良后果，有损教师形象。

面对内心丰富又敏感的幼儿，教师要注意并善于控制自己的情感。苏霍姆林斯基曾说过："教育技巧的全部奥秘就在于如何爱孩子。"班长要引导班员教师在常规管理中树立标准意识，在理解教师的基础上，敢于直面问题，用恰当的方式方法指出教师的"特殊""过度"关爱对幼儿、对家长、对工作的不良影响。

另外，班长在班级常规管理过程中要善于借助评价手段发现和查找工作中的问题与不足。一方面，要正确对待，及时分析，大胆管理，有效调整，真正关心关爱每个幼儿；另一方面，要引领年轻教师注重提高自身的专业素养，正确施爱育爱，保证班级常规工作整体运行顺畅。

案例3

大活动来了不要怕

本学年幼儿园要在"六一"期间组织体育节大型系列活动，包括体育节开幕式、吉祥物大评比、班级游戏、争当虎宝宝、亲子游艺会等一系列活动。班长借助"班级常规工作管理评价表"中"教师管理"标准的学习，在"争当虎宝宝"的活动方案出来后，及时召开班会，与教师就以下问题达成共识：教师们熟悉并了解评选"虎宝宝"的标准、参评方式以及对家长的指导建议，协商制订了本班开展评选活动的方案，并进行了明确的分工，各负其责，责任到人。

活动中三位教师相互配合，过程中观察并关注幼儿，发现问题及时交流和沟通，让每个幼儿都充分感受到了参与活动的快乐。

【分析与启示】

本案例中，班长在"班级常规工作管理评价表"中"教师管理"标准的指导下，能够细致安排工作。与其他教师就制订、实施活动方案展开沟通，充分关注教师在班级工作中的主体地位，通过有针对性的交流，与班员教师共同协商解决问题的办法，出色地完成了"争当虎宝宝"系列活动，使孩子们充分感受到成长的快乐。

幼儿园体育节是幼儿园的一项重点工作，它包含着一系列的主题活动，活动内容丰富，要求具体。面对这样的重头戏，班长要及时召开班会，根据园里的工作要求细致分工，在制订、实施计划的过程中，充分调动班员教师的积极性，通过与班员教师的沟通交流，达成共识，明确活动的主题内容、要求及注意事项，之后再开展工作。

班长还要密切关注活动过程中出现的问题，并与其他教师及时就问题进行讨论，挖掘每项活动中的教育价值，让幼儿在活动中自主游戏，发现问题，解决问题，不断提升兴趣。

案例 4

合理分工有大作用

幼儿园要进行室内装修了，园里布置任务，要求班上三位教师将室内所有物品进行整理保存，放在室内一侧，并将园里的贵重物品锁好，以防在装修期间丢失。任务布置后，某班教师们及时召开班会，讨论如何高效地完成好这次任务。借助"班级常规工作管理评价表"，教师们就如何管理班级事务、整理班级物品进行了有效的协商。

通过商议教师们决定，一位教师负责幼儿物品的整理，把物品分别放在玩具柜和箱子里，并把桌椅叠摞起来摆放整齐；一位教师负责把贵重物品锁好，包括笔记本电脑、小音箱、U盘等；一位教师负责找来大塑料袋，将塑料袋剪开盖在所有容易落尘土的物品上，还包括墙饰、水池和小便池。协商好后，教师们就开始行动。他们把自己要做的工作写在小纸条上，每做完一件事情就做好标记。为了使工作落实到位，班长还负责监督检查每一个细节工作。比如，所有的贵重物品都属于班级公共财产，一定要确保锁好，保管好。由于日常班务管理有序，在临时性任务下达后教师们又合理分工，班级各项工作有条不紊。在全园班务管理工作检查中，该班的工作得到了园领导和姐妹班的好评。

【分析与启示】

案例中的班长在应对任务时，首先想到的是召开班会，利用相关的评估工具进行民主协商，最后制订了切实可行的分工计划，收到了良好的效果。班务工作管理不是一蹴而就的，需要班长在日常工作中下功夫，稳步推进。班长在下达常规管理临时性任务时，要注意征求其他教师的意见，倾听他们的想法。教师之间相互信任、相互帮助、相互补位是和谐相处的关键，只有这样，班级常规管理工作才能有效地开展。日常工作管理有序，临时性工作分工合理，之后的监督检查落实到位，这些都保证了班级常规管理工作的有序推进，在评价工作中也取得了较好的成绩。

班级常规工作管理需要班长有一颗敏锐而细致的心，洞察一切事物，处理好方方面面的关系。同时，还需要班长合理管理班级事务，在临时性任务中能灵活多变，做好相应调整，加强指挥和协调，保证班务管理的效率。

（三）班级保教工作管理评价

班级保教工作质量体现了教师的教育观、儿童观及其专业意识和专业能力，而尊重个体、接纳差异的理念是教师落实面向全体教育原则的具体体现。班长要善于捕捉儿童的闪光点，创设有利于儿童发展的环境，科学实施一日活动，促使班级保教工作质量有效提高。学习"班级保教工作管理评价表"的标准，有利于教师正确及时地分析班级中的问题，也为规范开展班级工作提供了参考依据。

案例1

"我帮你穿衣"——支持性环境的创设

小班新开学，某班教师根据孩子们的最近发展区布置了一面"我帮你穿衣"的操作墙来引导幼儿练习系扣子和拉拉链，用真实的小衣服，带幼儿情景的画面来引发幼儿的兴趣。教师们自认为很成功，然而，通过观察发现，孩子们参加操作墙游戏的次数很少，有时候甚至都没人参加。起初，教师们认为可能是由于操作内容有挑战性，孩子们缺乏耐心不愿参加，可孩子们的游戏内容改变了我们的看法。有一天，孩子们在娃娃家游戏，一名幼儿大喊："宝宝生病了！宝宝生病了！"于是娃娃家的"家长们"有的给宝宝吃药，有的给宝宝量体温，还有的在打电话，大家纷纷用已有的生活经验帮助宝宝。看着孩子们兴趣高涨，我们就针对宝宝为什么生病，怎样预防生病，生病了怎么办等问题与孩子们之间展开了讨论。孩子们说："宝宝没有衣服，着凉就发烧了。"教师们就赶紧投放小衣服，孩子们乐于帮助娃娃穿衣服，在帮宝宝穿衣服的过程中乐于去练习系扣子、拉拉链。孩子说："宝宝发烧要吃退烧药，贴退热贴。"教师就赶紧投放药瓶和退热贴。随着游戏内容的不断丰富，孩子们提出要给宝宝刷牙、洗脸、洗衣服，洗完衣服还要有晾衣服架。在孩子们的提议下，教师们和孩子们一起把最初创设的"我帮你穿衣"改成了宝宝的晾衣绳，还投放了用手夹着的晾衣架，这面操作墙一下子热闹了起来，孩子们每天帮宝宝晾晒衣服，还自主帮宝宝收衣服。幼儿小肌肉群的力量和灵活性也得到了锻炼。

【分析与启示】

案例中的孩子们为什么对教师自认为有意思的墙饰不感兴趣呢？通过观察孩子们在娃娃家帮宝宝穿衣服、洗脸等游戏内容，教师们发现，孩子们并不是因为系扣子、拉拉链的操作难而不感兴趣，而是教师在创设环境的时候忽略了孩子们的兴趣点和关注点。

当了解了幼儿的兴趣点后，教师及时补充幼儿所需材料，使娃娃家从环境创设到材料投放都基于幼儿的需求，幼儿的游戏忙碌有序，有趣深入。在教师的配合下，幼儿不仅玩得开心，身体和能力都得到了锻炼。

作为班长，在班级保教工作管理和评价中，要坚持正确观念的引领，将正确的理念融入班级环境创设的实践中。班级的环境创设不是以教师为中心，觉得孩子们对什么感兴趣、喜欢什么就去布置，而是要把主动权交给孩子们，让他们真正成为班级的小主人，尊重、接纳孩子们的意见和想法，根据孩子们的兴趣点和需要及时提供支持性的材料和环境，满足幼儿的发现和创想，使环境创设具有发展性、挑战性和引发性，不断营造适宜本班幼儿年龄特点和发展需要的丰富、有序的物质环境以及宽松自主的精神氛围。

案例2
小予撒饭背后的原因——有目的地观察

刚刚打扫完卫生，保育员有些抱怨地说道："最近每次孩子吃完饭擦桌子，小予面前都是饭菜撒一桌子，周围地上弄得也是。"作为班长的王老师问："最近为什么他总撒饭，以前吃饭桌面不是很干净吗？"保育员说："挑食还淘气了呗，不吃就弄得到处都是。"到底是不是保育员所说的那个原因呢？为此王老师提议："我们根据保育和教育的职责从一日生活的不同环节中仔细观察他，重点观察吃饭环节，看看能不能找到原因。知道原因后，才能有效地商讨解决办法。"在得到班里其他教师的同意后，教师们在上、下午活动尤其是在进餐环节着重对小予进行观察。

主班教师观察：早来园时，刚进门，小予的爷爷就不停地跟他说："赶紧跟老师问好，快点把杯子、毛巾放好，快进去玩吧。"就连小予跟同他一起来的小朋友聊天，爷爷也要催促道："别的小朋友都进去玩游戏了，你快点先做事情。"听到爷爷这么说，小予快速地挂毛巾，放水杯，转头就跑向活动室。爷爷转身离园。

保育员观察：午餐时，小予拿起小勺舀了一块肉放在嘴里，一边嚼一边晃了晃小脑袋，就这样吃一口、玩一下地"享受"饭菜。可看到同桌的小朋友盛汤后，他像换了一个人似的，一边盯着喝汤的小朋友，一边拿着小勺一勺接一勺地往嘴里塞饭，塞不下就拿小勺搅拌着碗里的饭菜，饭菜也随着他大幅度的动作撒到桌面上、地面上。

保育员观察：孩子们陆续地接水，回座位喝水。小予是他们桌第二个回到座位的小朋友，见别人喝完准备送水杯，小予端起水杯，从座位上站起来，咕咚咕咚地喝光了水杯里的水，小跑着去送水杯，回到座位跟同桌的小朋友说："看，我都喝完水了。"

通过不同角度的观察，教师们讨论分析了出现问题的原因：一方面，由于目前已经是小班下学期，孩子们有初步的竞争意识。小予在吃饭、喝水的过程中到处乱撒是因为看到其他小朋友吃完、喝完，赶紧追赶，导致动作幅度过大造成的；另一方面，因为家庭因素，爷爷的性子急，以大人的要求去衡量小予，在家里也事事催促他，常常通过"比赛"的形式，希望提高他做事情的速度。这两方面原因最终导致小予出现了近期的表现。

通过客观的观察、全面的分析，教师们对班级保教工作的管理做出了客观的评价，避免了对幼儿行为的误解。后期我们及时地进行了工作调整，小予的状况有了明显的改善。

【分析与启示】

当班级幼儿在某一阶段有特殊表现，或听到班级其他教师对幼儿的个别表现有主观评价时，作为班长，首先，要保持清醒的头脑。幼儿突然的"特殊"表现，背后肯定存在某些原因。其次，要注意借助班级保教工作评价的方式，及时与班级教师沟通工作中遇到的问题，引导班级教师有目的地观察孩子的"特殊行为"，针对幼儿的行为进行客观的分析，找到原因后，与班级教师商讨解决的办法。在解决问题的过程中，还需要持续、深入地观察幼儿的表现。最后，要注意与家长进行沟通，使教师能更全面地掌握幼儿的情况，保证保教工作管理的质量。

班级保教工作事无巨细。班级幼儿人数较多，活动范围较广，如何能够观察到每一名幼儿？作为班长，可以有效利用班级保教管理工作评价标准，在与本班教师协商的基础上，进行合理的分工，使教师有目的地观察，再集体交流，更好地做好班级保教工作。

案例3

"桌椅大闯关"

观察对象：全体幼儿

观察内容：整体观察

著名教育家蒙台梭利对观察在教育活动中的重要地位做出了精辟的论述："唯有通过观察和分析，才能真正了解孩子的内在需要和个别差异。"教师只有在教育活动中进行细致的观察，才能从中了解幼儿，从而发现幼儿的潜力和需要，便于教师积累经验，做出适宜的判断，采取可行有效的教育策略。

今天是幼儿服务游戏的日子，幼儿们早早来到幼儿园，和教师、同伴一起熟悉着自己服务的项目。游戏开始前，幼儿们各自跟随游戏项目的教师各就其位准备好。游戏开始后，"桌椅大闯关"游戏前聚集了很多小朋友和他们的爸爸妈妈。服务的霆子和一晗小朋友不慌不乱，一个很认真地维持着排队的秩序，另一个领着小班弟弟的手慢慢地翻越雪山。铭铭小朋友负责游戏兑奖票。当小朋友得了第一名时，铭铭就会专注地把贴纸撕下并认真地把奖票贴在扇子上，随后把碎纸屑放在小盒里。仔仔小朋友服务时会根据小、中、大班小朋友的特点和能力随时调整投篮筐的距离，耐心地讲解游戏规则。迎宾员胤胤站在门前微笑着迎接小朋友和他们的爸爸妈妈。在户外服务的小朋友不怕苦，不怕累，一次次、一遍遍认真仔细地讲解和运送游戏材料。小朋友之间轮流互换角色，让同伴都有休息的时间。班上的三位小记者在采访时更是棒棒的，他们落落大方，有礼貌地向玩游戏的小朋友提出问题：①小弟弟你都玩了哪些游戏？②你玩得开心吗？③下面你打算玩什么游戏？④你得了几个小奖票？⑤你打算兑换什么奖品呀？……孩子们的配合、采访、摄影、倾听令教师激动不已，他们为孩子们精彩的表现鼓掌欢呼：你们太棒了！

【分析与启示】

教师作为幼儿游戏的陪伴者、观察者、支持者，在幼儿"桌椅大闯关"游戏的整个活动过程中，始终全面关注着孩子们的游戏和体验过程。在整个服务游戏过程中，孩子们能根据自己的兴趣自愿报名服务的项目，各负其责，体现出坚持、勇敢、不怕困难、认真做事的学习品质，并在活动过程中积极地表现自己，大胆展现自己的能力和特点。

观察是教师了解幼儿的基本功。教师通过观察可以了解幼儿的情绪情感，以及幼儿不同的学习方式和特点。观察可以帮助师幼建立良好的互动关系。在幼儿园的教育活动中，观察是教师获得个体和群体信息的主要途径。通过观察，教师可以对幼儿在活动中表现出的情感、行为等做出评价，给予幼儿适宜有效的互动指导，让幼儿在自然化、生活化的氛围中真游戏，做真事，解决真问题。有效的观察还能帮助教师在充分了解的基础上，支持、鼓励幼儿的想法和做法，促使幼儿得到真正的发展，成为活泼开朗、积极自主的人。

观察幼儿是进行班级工作管理评价的基础和有效手段，教师应该把握观察幼儿的要领，实现有效的评价。

案例4

"超人向前冲"

观察对象：桐桐（个别观察）

观察内容：游戏创新

在幼儿们尝试"超人向前冲"的游戏后，班长发现这个游戏没有难度，幼儿们很快就能完成游戏，游戏缺乏挑战性。"怎样让游戏更好玩呢？"教师发散性的提问引发了幼儿积极的互动和回应。桐桐站起来说："可以在床的中间系上绳子，小朋友在钻的时候要小心不能碰到绳子。"有的幼儿说："在小床上摆上积木有高有矮，小朋友在玩的时候就要小心不能把积木碰倒。"还有的幼儿说："可以在小床上放上纸箱和矿泉水瓶……"班上的幼儿提出了很多方法。经过尝试之后，大家一致觉得桐桐的建议和方法简单有意思。这时，班上的小朋友又遇到了新问题：不会用绳子系扣打结。这怎么办呢？这时桐桐自告奋勇地又站起来说："我会系扣，而且我会系活扣。"然后幼儿们对桐桐说："桐桐你教我们吧。"桐桐欣然同意。接下来，桐桐认真地教几个幼儿系活扣，边系边说："你看我！"说完桐桐示范系了个很漂亮的蝴蝶结活扣，可是旁边的幼儿依然没有学会。"你们别着急，认真再看我系一次，我也是跟我妈妈学了很久才学会的。""两根绳交叉，一根绳从圆圈里套过来。"几个幼儿按照桐桐说的方法又试了一次没成功。桐桐没有着急，两只小手放慢速度，一步一步耐心地又做了一遍，反反复复示范了四遍之后，几个幼儿终于成功系好活扣。

【分析与启示】

案例中桐桐的想法有新意，她也很愿意将自己掌握的本领教给其他小朋友。在这一活动中桐桐体验到了做小老师的成就感。在本领教学的过程中，她愿意坚持，耐心地反复示范，乐于分享。教师及时关注到了桐桐的闪光点。教师应对幼儿在日常活动中表现出的已有经验、采取的有效策略，提供适宜的支持，从而有效促进幼儿的发展。

在班级保教管理评价中，观察的意义不仅在于能帮助教师获得幼儿"在做什么"的信息，而且在于能帮助教师了解幼儿的发展水平及兴趣所在。观察帮助教师发现幼儿的"最近发展区"，以及幼儿需要什么样的支持和挑战。在教育实践中，观察能力的培养，可以有效提高教师发现问题的敏感性，提高教师解读幼儿、理解幼儿及提出有针对性的教学建议和策略的能力，更重要的是提升教师的专业能力，有效保证了幼儿的持续发展。

案例 5

壮壮性格的改变

也许是由于性格原因，壮壮很少和小朋友交流，从不主动说出自己的想法。每天的区域活动，他总是独来独往，不是一个人玩拼图、看书，就是到处溜达。慢慢地，教师发现很多小朋友不喜欢壮壮，也不愿意跟他玩。壮壮经常在教室里到处乱跑，不是跟别人抢玩具、抢椅子，就是与人发生冲突。为了不影响集体的正常活动，有时教师会把壮壮叫到身边，让他一边冷静一边学习小朋友是怎样游戏的。每当听到壮壮说"我下次不这样了"，看着他的眼睛，班长心里有一种说不出的滋味。

在一次区域活动时，班长发现壮壮在美工区里把四个大纸盒摆在一起，还自言自语道："我要把货收拾好，摆到我的店里去。"一阵惊喜之后，教师有策略地问他店里有没有小朋友需要的东西，他很机智地回答："有啊，有彩色颜料、桌垫，还有好多盒子。"教师顺势问道："我想要一盒油画棒，请问你能帮我送到建筑工地吗？"壮壮高兴地回答："可以，马上就送。"看到这一幕，小朋友们陆续来到了小店"买"东西，壮壮忙得不亦乐乎。壮壮的小店正式开业了。欣欣从开始的到处乱送、乱放货物，到接收订单、快递上门，发展到现在的打电话联系客户并送货上门。老师真替他高兴，因为壮壮终于有了自己喜欢的游戏，有了更多和同伴交往的机会。

【分析与启示】

在案例中，教师为了让壮壮融入集体，为他创造了机会。班级教师利用班会学习了"班级保教工作管理评价表",教师深切感受到,教师对幼儿的观察、理解、尊重对其健康心理的形成多么重要。教师让壮壮暂时脱离集体的做法虽然是无奈之举,但确实不符合尊重幼儿、保护幼儿身心健康的原则与要求。作为教师,要在专业技能上不断钻研,不断提高教育策略。

在使用"班级保教工作管理评价表"时,班长要敢于正视自己,正视班级中的问题,既要学习评价中的理论依据,更要落实评价中的要求,在完善自己的同时提高班级保教工作的质量。

(四)班级家园共育工作的评价

家庭是幼儿园重要的合作伙伴。班长应本着尊重、平等、合作的原则,争取家长的理解、支持和主动参与,并积极支持、帮助家长提高教育能力。班长要带领班员教师努力做好家长工作,帮助家长转变观念,及时与家长进行沟通,让家长主动参与到幼儿园教育中来,使他们成为教师的合作伙伴,有效提高班级保教工作的质量,促进幼儿全面健康地发展。

案例1
家访的一些事儿——"家园共育工作评价表"的运用

开展家访工作对于幼儿、家长、教师而言都起着至关重要的作用。某园开展家访工作要求百分百的家访率,力争做到对幼儿心中有数,为家园共育工作打下良好的基础。

在家访前,班长首先要进行家访工作方案的设计。她根据之前家访的经验拟订家访方案,并召开家长会商讨在其过程中的各项事宜,明确教师在家访过程中的分工,根据班内幼儿的名单及住址安排确定家访时间。但在随后的家访工作中还是遇到了一些问题。根据"家园共育工作评价表",教师们进行了有针对性的分析。

通过对本班家访工作的评价,教师们发现,家访前的准备不够细致,导致家访时有疏漏。比如,时间拖沓,工作效率不高等。针对这一问题,教师们根据"家园共育工作评价表"的标准要求,完善了教师们家访的工作方案,将家访工作按照家访前、家访中、家访后的程序进行了细化,保证家访更有实效。例如,在家访前教师们不仅按照比较相近的路线进行家访,还准备好自己的水杯,保证不喝家长准备的饮料,带好鞋套,注意卫生;在家访时细致询问;在家访后进行分析。

【分析与启示】

案例中的班长依据"家园共育工作评价表"制订家访计划,她积极带动班员教师理解细化"家园共育工作评价表"的相关标准，根据班级情况制订符合本班情况的家长工作有效方案，带领班员教师共同做好每项工作。过程中及时与班员教师进行沟通，虚心听取有经验教师的意见，营造了良好的家长工作氛围，提高了服务家长的意识。

班长在家园工作中起到的是承上启下、积极引领的作用。为了有效开展家访工作，教师需要关注"家园共育工作评价表"中的标准，在班级工作中将标准细化，使之更具实效性、针对性。班长要按照园内家访工作的计划，根据本班幼儿的情况进行分析，带动班上教师共同完善班级家长工作，及时调整、反思与创新，将班级家长工作做得更好。

案例 2
借力家委会，支持家园教育合力

随着儿童节的到来，园所庆"六一"文艺演出活动也如期开展。由于场地有限，本次活动演出的幼儿们和家长们分开坐，幼儿们进行备场、演出，家长在另一侧观众区观看，教师全程要和幼儿们一起准备。活动前本班家长观看区椅子的摆放、过程中家长在观众区的秩序以及家长来园后的引导，还有活动前"家长活动反馈表"的发放和收取等一连串的事情让我们班的三位教师感到分身乏术。根据幼儿园的工作方案，教师们准备调动家委会成员参与活动的策划、组织及协调。教师们以"家园共育工作评价表"家委会项目的标准为指导，邀请两名具有正能量、善于沟通的家委会成员参与班会，对本班家长情况进行了分析，一起熟悉本班家长的观看区域，一起协商制订家长来园后的组织方案。他们二位带领本班家长一起搬椅子到指定地点，分发水和反馈表，并在场地内维持本班家长的观看秩序等。活动结束后，他们带领家长把椅子归还各个年龄班，还带头留下帮助班里教师一起收拾环境卫生。正是有了他们的带动，家长们在观众区既兴奋又有序，整个活动也能顺利进行。

【分析与启示】

在此次活动中，幼儿和家长要分场地去备场和观看节目。教师在筹备活动过程中，因要组织家长们和幼儿们的秩序并安排其他事情而感到人力不足，于是选择了具有一定组织能力、宣传能力和善于沟通的班级家委会成员协助他们负责组织本班家长的一些活动。在组织家长的过程中，两位家委会成员起到了很好的带头作用，带领本班家长完成搬椅子、安排座位以及维持家长观看秩序等一系列事情，为活动的顺利开展提供了很大的帮助。

作为班长，可以充分利用"家园共育工作评价表"观察每位家长的长处，根据标准遴选家委会成员，在家长自愿的情况下建立班级家委会，确保家委会成员在班级家长之间传递正能量。

案例3
关于家园共育活动的事儿

为了使班内家长工作开展得更好，提高本班家园共育活动的水平，幼儿园某班依托"家园共育工作评价表"的学习，对家园共育活动不断进行丰富和调整。通过班会，借助评价的方式，集体讨论本班家园共育活动还有哪些不足。经过讨论该班教师发现，他们在活动形式上比较单一，在丰富性方面有欠缺。于是，班长带领班员教师通过借鉴老教师的建议、查阅资料等方式学习了家园共育形式的类型，并加以改进，不断采用开展话题沙龙活动的形式建立家园共育的桥梁。以往的话题沙龙基本以教师为主导，而调整后的话题沙龙增加了家长的参与。教师们注重在平时带班过程中发现家长较突出的育儿经验，充分利用家长资源，请家长就幼儿进餐习惯培养、阅读兴趣培养、生活习惯培养、作息时间培养等方面进行交流分享，通过分享吸取他人的优势，促使幼儿在各个方面取得更大的进步。

【分析与启示】

在案例中，班长专门组织教师学习"家园共育工作评价表"，采用了多种形式，充分发挥了家长在共育过程中的主体性。家长虽然不是专业的教育工作者，但是对孩子身体力行的教育和耳濡目染的影响却远胜于教师。作为班长，关注家园共育活动质量，带动班员教师开展一系列有效的家园共育活动显得尤为重要。

班长应充分利用评价工具，理清工作思路，引导广大家长端正和更新教育观念，充分发掘、利用家长这个丰富的教育资源，本着尊重、平等、合作的原则，努力发挥家长的主动性，与家长相互配合，更加有效地开展家园共育工作。

班级管理工作是一项纷繁琐碎而又意义重大的系统工程。班长是幼儿园班级工作的组织者，是教学工作的协调者，也是班级目标管理的具体实施者，是沟通幼儿园、家庭和社会的桥梁和纽带。班级管理工作评价是整个班级管理过程中重要的一环。班长带动班级成员实施科学有效的班级管理评价可以使班级管理工作更为合理和完善，它不仅有利于班长开拓思维，及时把握班级管理的动向，同时可以根据评价所反馈的信息进行有针对性的调整，从而对班级管理计划的实施进行有效的调控，切实有效地提高班级管理工作的效率。

参考文献

[1] [美] 安·S. 爱泼斯坦. 学前教育中的主动学习精要——认识高宽课程模式[M]. 霍力岩, 郭珺, 等, 译. 北京: 教育科学出版社, 2012.

[2] [美] 苏·克拉克·沃瑟姆. 学前教育评价[M]. 向海英, 译. 北京: 北京师范大学出版社, 2013.

[3] [美] 沃瑟姆. 学前教育评价第5版[M]. 北京: 北京师范大学出版社, 2013.

[4] 程秀兰. 学前教育评价[M]. 北京: 北京师范大学出版社, 2016.

[5] 邓惠明. 幼儿园家长工作指导[M]. 上海: 复旦大学出版社, 2015.

[6] 董旭花. 幼儿园创造性游戏区域活动指导: 角色区·建构区·表演区[M]. 北京: 中国轻工业出版社, 2014.

[7] 方钧君. 幼儿园班级管理[M]. 上海: 上海交通大学出版社, 2015.

[8] 方学虹, 朱海鸣. 幼儿园体育游戏活动设计[M]. 成都: 四川大学出版社, 2014.

[9] 何桂香. 幼儿园家长工作指导[M]. 北京: 北京师范大学出版社, 2012.

[10] 洪秀敏. 幼儿园教师必知的60条教育政策与法规[M]. 北京: 中国轻工业出版社, 2014.

[11] 霍力岩, 潘月娟, 黄爽. 学前教育评价 第3版[M]. 北京: 北京师范大学出版社, 2015.

[12] 霍力岩. 学前教育评价[M]. 北京: 北京师范大学出版社, 2000.

[13] 郎明琪, 陈培燕. 幼儿园阳光体育创新游戏活动[M]. 北京: 农村读物出版社, 2010.

[14] 刘建霞. 幼儿园户外体育活动探索[M]. 北京: 北京师范大学出版社, 2010.

[15] 刘书林. 成功人才素质论[M]. 北京: 高等教育出版社, 2007.

[16] 刘先强, 李敏. 质量 公平 创新 学前教育理论与实践探索[M]. 成都: 四川大学出版社, 2012.

[17] 刘艳珍, 马鹰. 幼儿园组织与管理[M]. 北京: 北京师范大学出版社, 2011.

[18] 莫源秋．幼儿园家长工作技能与艺术[M]．北京：中国轻工业出版社，2015.

[19] 潘月娟，董莎莎．幼儿园教育评价[M]．北京：高等教育出版社，2014.

[20] 秦明华，张欣．幼儿园组织与管理[M]．上海：复旦大学出版社，2008.

[21] 深圳市投资控股有限公司幼教管理中心．幼儿园一日生活实施指引[M]．北京：北京师范大学出版社，2015.

[22] 唐淑，虞永平．幼儿园班级管理[M]．南京：南京师范大学出版社，1997.

[23] 王劲松．幼儿园班级管理[M]．北京：北京师范大学出版社，2013.

[24] 吴丹．幼儿园家长工作指导[M]．上海：华东师范大学出版社，2016.

[25] 吴邵萍．家园共同体的建构幼儿园家长工作的方法和策略[M]．北京：教育科学出版社，2011.

[26] 吴文艳．幼儿园一日生活过渡环节的组织策略[M]．北京：中国轻工业出版社，2014.

[27] 线亚威．幼儿园文化建设指导策略[M]．北京：高等教育出版社，2011.

[28] 邢利娅，张燕．幼儿教育管理理论与实践[M]．北京：北京师范大学出版社，2002.

[29] 鄢超云．学前教育评价[M]．北京：高等教育出版社，2010.

[30] 杨再鹏．幼儿园班级管理[M]．北京：首都师范大学出版社，2011.

[31] 袁爱玲．幼儿园环境创设[M]．长沙：湖南大学出版社，2015.

[32] 袁萍，唐敏．幼儿园管理[M]．北京：北京师范大学出版社，2012.

[33] 张凤．学前教育管理[M]．沈阳：辽宁大学出版社，2013.

[34] 张富洪．幼儿园班级管理[M]．上海：复旦大学出版社，2012.

[35] 张莅颖．幼儿园班级管理[M]．北京：高等教育出版社，2010.

[36] 张欣，程志宏．现代幼儿园管理实务[M]．上海：复旦大学出版，2014.

[37] 赵春龙，王国昌．幼儿园班级管理[M]．长沙：湖南大学出版社，2012.

[38] 左志宏．幼儿园班级管理[M]．上海：华东师范大学出版社，2015.

[39] 范宝峰．春风化雨 滋润心灵：班级精神文化建设探索[J]．教育教学论坛，2011（19）.

[40] 费广洪，汪文娟，赵嘉茹. 观察学习对幼儿提问的影响[J]. 学前教育研究，2014（12）.

[41] 郭星白. 幼儿园环境创设的策略[J]. 学前教育研究，2012（4）.

[42] 蒋晨. 幼儿园支持性环境的创设[J]. 学前教育研究，2013（2）.

[43] 李亚娟，于海燕. 生态学视域下幼儿园环境创设实践的解读[J]. 上海教育科研，2012（12）.

[44] 刘占兰. 幼儿园教师的专业能力[J]. 学前教育研究，2012（11）.

[45] 彭丹. 新西兰学习故事及其对我国幼儿园评价工作的启示[J]. 早期教育（教科研版），2016（1）.

[46] 王福兰，任玮. 幼儿在园亲社会行为的观察研究[J]. 学前教育研究，2006（C1）.

[47] 王凯. 教师观察行为的专业主义视野[J]. 教育研究与实验，2009（2）.

[48] 王小英，陈欢. 基于儿童视角的幼儿园物质环境质量评价[J]. 学前教育研究，2016（1）.

[49] 吴红霞. 幼儿园班长教师的角色及应具备的能力[J]. 学前教育（幼教版），2014（4）.

[50] 吴亚英. 幼儿教师观察能力现状调查及问题分析：基于江苏省常州市的调查[J]. 中国教育学刊，2014（2）.

[51] 邢利红. 中小学生综合素质评价：班级管理的助推力[J]. 思想理论教育，2013（8）.

[52] 杨文. 当前幼儿园环境创设存在的问题及解决对策[J]. 学前教育研究，2011（7）.

[53] 于冬青，管钰嫦. 以儿童发展为中心的班级物质环境创设探析[J]. 教育理论与实践，2016（8）.

[54] 袁静. 幼儿园提升环境价值的策略[J]. 学前教育研究，2012（11）.

[55] 赵敏. 近二十年我国学前教育评价研究的文献综述[J]. 四川教育学院学报，2006（12）.

[56] 周菁菁. 十年来我国学前教育理论研究文献综述[J]. 当代教育理论与实践，2015（2）.

[57] 朱爱武. 幼儿园班主任的多重角色[J]. 山东教育（幼教版），2009（7）.

[58] 庄婉瑜. 幼儿园生态式区域活动中教师观察存在的问题与解决策略[J]. 学前教育研究，2016（3）.

[59] 陈丹. 幼儿园家长委员会的研究[D]. 华东师范大学硕士论文，2009.

参考文献

［60］何绣伶．班级制度文化过度规训问题的研究：以四川省 N 中学为个案［D］．西南大学硕士论文，2012．

［61］刘圣福．以人为本的教师管理探析［D］．曲阜师范大学硕士论文，2004．

［62］柳剑．幼儿教师运用观察记录法中存在的问题与对策研究［D］．东北师范大学，2009．

［63］张云杰．班级文化建设的实践策略研究［D］．东北师范大学硕士论文，2008．